# 위기, 변화, 그리고 공동체학습

부안 핵폐기장 반대 운동을 통해 본
지역사회운동과 주민학습의 생생한 리포트

허 준

2013년도
대한민국학술원 선정
**우수학술도서**

이 도서는 교육부의 지원으로
대한민국학술원에서 선정한
"2013년도 우수학술도서"임.

교육과학사

# 머리말

학습은 일상적인 행위이다. '평생학습'이라는 말이 널리 쓰일 정도로 학습은 더 이상 교실에서만 이루어지는 특정 행위로 인식되지 않는다. 학교 안에서의 학습에 익숙했던 시대적 인식의 변화가 일어난 것이다. 이러한 변화가 이루어진 이유는 학교 안에서의 학습으로는 더 이상 살아갈 수 없을 정도로 우리의 삶이 다양해지고 복잡해졌기 때문이기도 하겠지만, 그동안 우리가 깨닫지 못했던 학습의 편재성에 대한 재발견이 이루어졌기 때문이기도 할 것이다. 평생교육학의 발전과 이러한 학습 양상의 재발견은 무관하지 않다.

이 책은 학교 밖 공간 중에서도 사회운동의 장으로 2003년에 촉발된 '부안핵폐기장 반대운동'에서 이루어진 주민들의 학습과정을 담고 있다. 전통적인 교육학에서 '사회운동'은 낯선 주제다. 일반적으로 사회운동은 사회학에서 주로 다루지만 우리의 근현대사만 보더라도 사회운동은 교육 문제이기도 하다. 우리에게 익숙한 야학의 역사만 보더라도 그렇다. 구한말 처음 생긴 야학은 당시 애국계몽운동의 중요한 역할을 했다. 일제강점기에 독립운동가 양성 기능을 담당하고, 1970년대 및 1980년대 민중운동의 중요한 '통로'의 역할을 한 것도 야학이었다. 민중운동과 민중교육이 동일시될 만큼 사회운동과 교육은 불가분의 관계였다. 참여 주체의 각성을 위해 교육이 요청되기도 했고, 교육활동이 새로운 사회적 실천을 불러일으키기도 했다. 또한 4.19세대, 386세대, 촛불세대의 탄생이 보여주듯 사회운동은 집단 경험을 통한 학습이 이루어지는 장이기도 했다.

2003년, 부안에서는 이러한 집단적인 학습 경험이 지역사회 차원에서 전방위적으로 이루어지고 있었다. 갑작스러운 핵폐기장의 유치와 이에 대한 위기감으로 촉발된 '부안 핵폐기장 반대운동'은 일년 넘는 시간 동안 부안 주민들의 일상을 뒤흔들어 놓았다. '평범했던' 주민들은 거리로 나서야 했고, 촛불을 들고 광장을 밝혀야 했다. 핵폐기장을 둘러싸고 '찬성'과 '반대'라는 극한적인 지역적인 갈등도 경험해야 했다. 이 과정 속에서 '교육'은 주민들의 참여를 독려하고 '반대 여론'을 공고하기 위한 지도부의 중요한 전략이기도 하였다. 한편으로 적극적인 '학습'을 통해 각성된 주민들의 참여로 반대운동은 활성화되고 발전하기도 하였다. 또한, 반대운동 과정에서 이루어진 주민들의 집단 경험은 부안 지역공동체성의 질적 변화를 가져오기도 하였다. 이러한 일련의 과정은 삶의 터전에 닥친 위기와 변화에 대한 학습의 과정이기도 하였지만 부안 지역사회 차원에서 이루어진(개인의 문제로만 환원되지 않는) 일종의 '공동체학습'의 과정이기도 하였다.

이 책은 이러한 부안의 '핵폐기장 반대운동' 사례를 분석한 필자의 박사논문 '사회운동에 나타난 공동체학습과정의 특성에 관한 연구'를 정리한 것이다. 책의 형태에 맞도록 글의 구조를 일부 바꾸었으며 문체나 용어 등을 수정하였지만, 전반적으로는 기존 논문의 틀을 유지하였다. 이에 따라 전반부는 사회운동과 학습에 대한 이론적인 논의를 담았으며, 중반부에는 부안에서 일어난 핵폐기장 반대운동과 주민들의 학습경험을 담았고, 후반부에는 이 경험들에 대한 교육학적 분석을 담았다.

이 책을 읽는 독자들은 역동적인 사회운동의 장이었던 부안 지역사회의 사례를 통해 다채로운 인간 학습의 양상들을 만날 수 있을 것이다. 집단학습의 구체적이고 다양한 전개 양상, 사회운동과 교육활동이 결합되는 방식, 학습활동이 조직되고 진화하고 분화되는 방식, 집단적인 학습결과가 지역사회에 내면화되고 변형되는 양상 등 부안 핵폐기장 운동은 일종의 인간 학습의 실험장이자 경연장이기도 하다. 하지만 한편으로 다시 이 글을 세상에 내놓아도 될까 하는 두려움이 있다. 이 책의 모태가 된 필자의 논문은 사회운동에 담긴 일반적인 학습원리를 발견하겠다는 호기로 시작된 것이었다. 그러나 이러한 연구자로서의 의지가 지나친 욕심이었다는 것을 어렵지 않게 깨달을 수 있었다. 필자가 자료수집을 집중적으로 실시한 당시(2005년 6월~2006년 1월), 부안 지역사회는 새로운 전환기를 겪고 있었다. 부안 주민들은 다시 일상으로 돌아갔고, 일상의 평온함 속에서 반대운동의 경험을 조용히 내면화하고 있었다. 한편에서는, 지역 정치 문제 등으로 새로운 갈등이 표출되고 있었다. 반대운동의 경험은 그 운동의 종결과 함께 완성되는 것이 아니라, 이후 일상세계로 복귀 이후 일상적인 문제와 결합되면서 여전히 소리 없이, 그러나 역동적으로 재구성되고 있었던 것이다. '일반적 원리'로 포착했다고 생각하는 순간, 이미 현실은 저만치 달아나 버리고 있었다. 하여, 지금 이 시점에서 부안 주민들의 경험을 책으로 출판하는 일은 매우 두려운 일이다. 박사논문을 쓴 이후 또 5년여의 세월이 흘렀다. 연구자로서 포착했던 '의미'는 주민들에게 또 다른 의미로 재구성되고 있을 터이다. 부디 이 책을 읽는 독자라면 5년 전의 필자의 눈에서 멈춰 서지 말기를 바란다. 더 깊은 눈으로 부안 주민들의 경험을 현재진행형으로 읽어낼 수 있기를 바란다.

낯선 필자를 기꺼이 지역사회에서 받아준 부안 주민들이 아니었다면 이 책은 나올 수 없었다. 부안에서 만난 80여 명의 모든 주민분들을 한 분 한 분 거명하며 감사를 드려도 모자람이 없다. 비록 이 책에는 가명으로 등장하지만 이 책의 진정한 주인공이자 저자는 필자가 아니라 이분들이기 때문이다. 특히 부안의 첫 길잡이가 되어 주고 기꺼이 필자가 머물 수 있는 거처까지 마련해 준 부안 농민회 분들에게 머리 숙여 감사를 드린다. 이 분들은 부안 핵폐기장 반대운동의 주역이기도 하지만, 이 책의 진정한 산파라 할 수 있다.

평생교육의 길로 필자를 인도해 주시고 사회운동이라는 낯선 주제에 감히 덤빌 수 있도록 용기를 북돋아 주시고 학문적인 길잡이가 되어 주신 서울대의 한숭희 교수님, 부안 핵폐기장 반대운동의 사례를 추천해 주시고 쓰린 충고도 아끼지 않으셨던 방송대의 정민승 교수님께도 감사의 말씀을 드린다. 또한 한국연구재단(당시 한국학술진흥재단)의 연구비 지원이 없었다면 이 연구는 불가능했을 것이다. 필자의 연구물이 책의 형태로 세상의 빛을 다시 볼 수 있도록 기회를 주신 교육과학사의 김동규 사장님께 깊은 감사를 드린다. 마지막으로 영원한 나의 친구이자 후원자로서 든든히 내 옆을 지켜준, 사랑하는 아내에게 이 책을 바친다.

2011년 12월 허준

# 차 례

# 서 문

우리 사회처럼 역동적으로 사회운동을 경험한 곳도 드물다. 일제 강점기 시기의 3.1운동, 광주학생운동, 해방 후 이승만 정권을 물러나게 했던 4.19혁명, 1980년대 군부독재와 맞서 싸워 일어났던 광주민주화운동과 6월 항쟁, 2008년 광화문을 촛불로 가득 메웠던 미국산 소고기 수입 반대 운동 등, 우리 기억 속에 또렷이 남아있는 사회운동만 하더라도 헤아리기 힘들 정도이다.

우리의 삶 속에서 사회운동을 경험해오면서, 사회운동의 형태와 참여 주체가 다양해졌다. 1990년대 이전에는 독재 권력과 체제에 저항했던 학생운동, 노동운동, 빈민운동 등이 사회운동의 중심이었다면, 그 후로는 다양한 형태의 시민운동이 등장했다(김성국, 1998; 정수복, 1996, 2001). 환경운동, 지역운동, 반전운동, 인권운동, 여성운동, 평화운동 등 운동의 영역이 다양해졌을 뿐만 아니라, 농민, 학생뿐만 아니라 여성, 장애인, 동성애자, 청소년 등 참여 집단도 다양해졌다. 최근에는 '네티즌'이라는 새로운 집단이 등장하였다. 2002년 효순이 미선이 사건이 일어나자 촛불집회를 처음 제안하여 다수 시민들의 참여를 촉발시킨 사람은 다름 아닌 네티즌이었다. 2008년 미국산 소고기 반대운동을 주도했던 이들도 네티즌이었다.

사회운동의 실천 공간도 다양해졌다. 과거의 사회운동은 정권과의 대결 구도 속에서 이루어졌기 때문에 주로 비합법적인 제도권 밖에서 이루어졌다. 오늘날에는 합법적인 공간이 적극 활용되는 등 사회운동의 실천 공간도 확장되었다. 인터넷의 발달로 사이버 공간도 사회운동의 중요한 장으로 등장한 지 오래다. 사회운동의 방법도 다양해졌다. 과거에 사회운동하면 '시위' 또는 '데모' 형태의 군중집회를 떠올렸지만, 촛불집회, 일인시위, 삼보일배, 플레시몹 등의 방법도 이미 익숙하다. 1990년대 이후 생활정치와 생활운동에 대한 중요성이 인식되고 시민운동이 확대되면서, '거리'나 '광장'으로 나가지 않고 일상 속에서 신념을 실천하거나 새로운 문화를 만들고 생활양식을 바꾸는 일도 사회운동의 중요한 방법론으로 자리 잡고 있다.

과거 1990년대 이전처럼 이념적이고 조직적이며 전투적인 사회운동의 역동성은 사라졌지만, 다양한 영역 및 주체의 분화, 활동 공간의 확장, 운동문화의 다양화 등을 통해 사회운동은 우리의 삶 속으로 더욱 가까이 다가 온 셈이다. 사회운동은 '의식 있는' 학생이나 노동자 계층의 전유물이거나 또는 권력체제의 폭력적 억압이 가해지는 시대적 상황 속에서만 발생하는 '낯선 일'이 아니라 우리의 일상에서 언제나 출현하고 목격할 수 있는 '친숙할 수 있는 일'이 된 것이다.

사회운동 속에서 참여 주체들은 집단적인 참여와 행동을 통해 소기의 목적을 달성하고자 한다는 점에서 '교육'을 명시적인 목적으로 하지는 않는다. 사회운동의 목적은 사회 변화에 있다. 이 점에서 사회운동은 사회 "변혁의 엔진(engine of change)", 즉 사회변화를 촉발시키는 동력으로 이해하는 것이 일반적이다(정수복, 2001; Hall & Chow, 2005). 이것이 사회운동이 인간의 삶의 다른 영역과 구별되는 중요한 지점이기도 하다.

교육이 아니라 사회변화를 주목적으로 하는 사회운동을 교육학에서 다룬다는 것이 어떤 의미일까? 학교에서 일어나는 교육 현상을 주된 연구 대상으로 삼고 있는 전통적인 교육학적 관점에서 본다면, 교육을 목적으로 하지 않는 사회운동은 연구대상이 되기 힘들다. 물론, 사회운동의 진원지가 학교 안이고, 주된 참여주체가 학교 내의 구성원이며, 운동의 목적이 학교 내 교육 문제와 관련이 된다면 충분히 전통적인 교육학의 문제로 다룰 수 있다. 하지만 교육 문제를 전면적으로 내세우지 않는 사회운동 일반을 전통적인 교육학적 문제로 다루기는 쉽지 않다.

전통적인 학교의 틀을 넘어 생애 전반(life wide)과 전 생애(lifelong)의 관점에서 교육 현상을 조망하고자 하는 평생교육 패러다임은 이러한 기존의 교육학의 한계를 넘어서고자 한다. 여기서 교육 현상은 더 이상 학교 안에서 독점적으로 이루어지는 것으로 간주되지 않는다. 학교 밖의 일상 영역도 중요한 교육학적 연구 영역으로 주목받는다. 이 때문에 교육학의 영역은 학교를 넘어 일상적인 우리의 삶의 맥락까지 확대되고 있다. 전통적인 학교교육 패러다임을 넘어 사회교육의 영역, 더 나아가 일상의 영역까지 포괄하는 평생교육 패러다임의 출현은 이와 같은 교육학적 영역 확대에 기여하고 있다(김신일, 2005; 한숭희, 2005).

특히, '교수활동'을 중심에 놓고 전개되었던 전통적 교육학의 패러다임과는 달리, '학습활동'을 보다 본질적인 것으로 간주하는 평생교육의 관점은 인간 세계에 나타나는 다양한 삶의 양상을 교육학적으로 조망할 수 있는 가능성을 제공한다. 즉, 공식화된 '교육과정'이 아닌 인간의 학습활동이 교육학적 논의의 중심에 자리 잡게 됨으로써 학교와 같은 제도적 영역뿐만 아니라 학습활동이 이루어지는 비제도적 영역, 더 나아가 일상의 영역이 교육학적 연구 영역으로 포함될 수 있는 것이다(한숭희, 2001b).

이러한 관점에서 볼 때 사회운동의 영역도 당연히 교육학의 학문적 대상이 될 수 있다. 사회운동이 사회의 변화를 목적으로 하고 있음에도 불구하고 역사 속에서 사회운동과 인간의 학습활동이 밀접한 관계가 있었다는 사실을 발견할 수 있다. 우리나라 구한말 및 일제강점기의 애국계몽운동과 1970~80년대 노동운동에서 중요한 역할을 담당했던 야학(夜學)(허준, 2001; 양병찬 외, 2004), 문해교육과 시민권운동(Civic Right Movement)을 결합시켰던 미국의 '하이랜더 학교'(Freire & Horton, 1990), 민중교육운동을 통해 정치운동에 참여하고 있는 필리핀 페페(PEPE)[1]의 활동 사례(Garcia, 1999) 등이 그 예이다. 이 사례들은 '사회운동 속에서 이루어지는 학습활동' 또는 '학습활동을 통해서 이루어지는 사회운동'이 실제 어떻게 일어날 수 있는지 보여준다. 이러한 사례들은 사회운동이 학습활동을 목적으로 하지는 않지만 구성원들의 학습활동의 연관성 속에서 진행되고 있음을 말해주고 있다.

사회운동과 학습활동의 연관성은 비단 사회운동이 학습활동을

---

1) 'Popular Education for People's Empowerment'의 약자

동반하는 사례를 통해서만 발견될 수 있는 것만은 아니다. '4.19 정신'은 1960년대 민주화를 위해 싸웠던 국민들의 시대정신을, '5.18 정신'은 1980년대 민주화운동을 참여했던 민주세력들이 간직했던 '시대정신'으로 해석되고 있다. 또한 4.19세대, 386세대 등은 사회운동을 통해 참여 세대의 정체성이 구성된다는 점을 보여주고 있다. 최근 미국 소고기 수입 반대 운동은 이 사회의 10대 문화의 상징처럼 회자되고 있다. 사회운동은 구체적인 학습활동을 동반할 뿐만 아니라 특정 의미와 정체성을 형성하거나 그런 집단 정체성을 반영하는 셈이다.

사회운동을 교육학적으로 볼 때는 사회운동의 특수성과 사회운동에서 일어나는 학습활동의 일반성을 모두 고려할 필요가 있다. 사회운동에서 일어나는 학습활동의 특수성은 "집단성과 목적성"에 있다. 사회운동에서 이루어지는 학습활동의 '집단성'은 사회운동이 주로 집단적 참여를 통해서 이루어지기 때문에 나타나는 특수성이다. 사회운동 속에서 이루어지는 실천과 의지는 집단을 통해 표출되며 마찬가지로 이때 이루어지는 학습활동도 집단의 기획과 참여와 관계된다. 사회운동에서 이루어지는 학습활동의 '목적성'은 사회운동이 특정 목적을 지향하기 때문에 자연스럽게 나타난다. 특히 사회운동 속에서 의도적으로 이루어지는 학습활동의 목적은 명확하다.

한편, 사회운동 속에서 일어나는 학습활동의 '일반성'은 사회운동의 속성보다는 인간의 학습활동이 갖고 있는 기본적인 속성에 기인한다. 인간 학습활동의 일반성에 대한 다양한 논의가 가능하지만 일차적으로 고려할 수 있는 것이 학습과정의 '복잡성'이다. 복잡성은 배움과 가르침의 관계, 즉 학습관계의 복잡성, 학습활동의 복잡성, 학습결과의 복잡성 등으로 이야기할 수 있다. 똑같이 가르친다고 똑같이 배우는 것이 아니듯이, 인간의 학습은 어느 정도 외부환경과 자극에 영향을 받기도 하지만 인지주의 심리학에서 주장하고 있는 것처럼 개인적 수준에서 일어나는 자율적인 활동이기도 하다. 이러한 학습활동의 일반성은 사회운동 속의 학습활동이 갖는 특수성의 절대화를 경계한다. 예컨대, 한 학급에서 똑같은 수업을 듣는 학생들도 시험을 치르면 성적이 천차만별인 것처럼, 사회운동에서의 학습이 집단성을 띤다고 하더라도 학습결과가 꼭 집단적으로 똑같이 나타나는 것도 아니고, 목적성을 띤다고 하더라도 의도된 학습결과로 이어지는 것도 아니다.

따라서 사회운동을 교육학적으로 조망할 때 다음의 네 가지 문제에 주목해야 한다. 첫째, 사회운동에서의 학습과정을 구성하는 교육활동과 학습활동을 '종합적으로' 조망해야 한다. 학습과정은 학습을 중심으로 이루어지는 가르치고 배우는 행위의 상호작용인 '학습관계'로 구성된다(한숭희, 2001a)는 점에서 가르치는 활동으로서의 교육활동과 배우는 활동으로서의 학습활동은 학습과정을 형성하는 중요한 구성 요소가 된다. 둘째, 학습에 참여하는 주체로서 '집단'과 함께 집단으로부터 자유로운 '개인'의 학습에 모두 주목해야 한다. 사회운동에는 특정 목표를 달성하고자하는 집단이 참여하므로 사회운동 속에서 가르침과 배움의 학습관계를 통해 학습과정이 형성된다고 할 때 이때의 학습주체는 집단으로 표상되지만, 학습경험은 집단뿐만 아니라 개인 수준에서도 함께 이루어진다. 셋째, 사회운동에서 이루어지는 의도된 학습뿐만 아니라 우연히 이루어진 학습에도 주목하는 등 학습에 대한 다층적 의미를 밝혀야 한다. 사회운동의 장에서는 지도자들이 전개하는 계획적인 교육활동과 결합한 형식적이고 의도적인 학습뿐만 아니라 참여과정을 통해 이루어지는 무형식적이고 우연적인 학습도 이루어진다(Foley, 1999; Hall & Chow, 2005).

필자는 이러한 점들을 고려하여 사회운동의 과정에서 나타난 학습현상을 교육학적 안목으로 어떻게 포착할 수 있는지를 보여주고자 했다. 오늘날 사회운동은 다양한 형태로 나타난다. 이 책에서는 특정 지역을 기반으로 이루어졌다는 의미에서 지역사회운동에 일차적으로 주목한다.

사회운동을 본격적으로 다룬 교육학 연구는 많지 않다. 사회운동이 교육학 영역뿐만 아니라 평생교육학 영역에서도 아직은 낯선 주제이기 때문일 수도 있다. 때문에 필자는 이론적 체계화를 위한 사변적인 작업보다는 사회운동의 구체적 사례를 통해 새로운 의미를 구성하는 방법을 택해 이 책을 서술하였다. 따라서 이 책의 상당 부분은 사회운동에서 일어난 구체적인 학습 사례가 차지하고 있다.

제1장에서는 사회운동과 관련된 기존의 이론들을 설명하고 있다. 사회운동에 대한 본격적인 논의는 담고 있는 '사회운동론'을 비롯하여 성인교육학에서 사회변화와 교육의 관계에 주목하고 있는 비판적인 성인학습담론의 주요 흐름과 특성을 분석하였다. 또한 집단으로서의 학습 주체의 문제를 기존의 사회운동론과 성인학습론 차원에서 분석하고, 사회운동 참여 주체의 특성을 반영할 수 있는 공동체적 접근을 검토하였다. 이러한 논의를 토대로 사회운동에서 일어나는 집단적인 학습과정을 분석할 수 있는 이론적 틀로서 공동체학습론을 제시하였다.

제2장과 3장에서는 2003년 이후 부안 핵폐기장 유치 반대운동에서 나타난 학습 사례를 본격적으로 다루고 있다. 이 두 장은 필자가 2005년 6월부터 2006년 1월까지 수집한 문서자료, 영상자료, 심층면담자료를 토대로 구성하였다. 제2장에서는 핵폐기장 유치 반대운동에서 나타난 학습과정의 맥락을 이해할 수 있는 부안지역사회의 특징, 핵폐기장 유치 과정 및 반대운동 과정을 살펴보았다.

제3장에서는 본격적으로 핵폐기장 유치 반대운동이 전개되는 과정에서 이루어진 반핵공동체학습 과정을 네 단계의 시기적 구분에 따라 나누어 살펴보았다. 첫 번째 시기는 위도주민들에 의해 핵폐기장 유치운동이 일어나기 시작한 2003년 5월초부터 부안군민들의 본격적인 대규모 참여가 일어나기 직전인 2003년 7월 말까지의 시기, 두 번째는 2003년 말부터 등교거부투쟁 이후 정부와의 대화 국면이 형성된 2003년 10월 전후의 시기, 세 번째는 정부와의 협상 결렬로 촛불집회를 비롯한 대중 집회 원천봉쇄 되는 등 반대운동이 위축되다가 자치적 주민투표를 통해 승리를 선언한 시기인 2004년 2월 14일까지, 네 번째는 2004년 2월 14일 주민투표 이후 오늘날까지로 반핵공동체의 학습경험이 어떻게 일상 속에서 맥락화되고 있는가를 볼 수 있는 시기이다.

제4장에서는 핵폐기장 유치 반대운동에서 나타난 부안 반핵공동체학습 과정을 분석하였는데, 반핵공동체의 학습과정의 구성요소로서 학습필요, 교육활동, 학습활동, 학습관계, 학습내용이 형성되고 관계 맺는 방식에 초점을 두었다.

마지막 제5장에서는 부안 핵폐기장 유치 반대운동에 나타난 공동체학습과정의 특성에 대한 분석을 토대로 지역사회운동이 갖는 평생교육적 함의를 종합적으로 검토하였다.

# 1

# 사회운동과 공동체학습

## 1. 사회운동론과 비판적성인학습담론

### 사회운동론

사회의 변화가 일상을 위협하는 양상으로 나타날 때, 그리고 이러한 변화가 제도적인 노력으로 해결될 수 없다고 인식될 때, 사회운동은 특정 집단이 집합적으로 취하는 적극적인 대처 방식이라고 할 수 있다. 이러한 점에서 사회운동은 "기존의 제도권 외부에서 집합 행위를 통하여 공통의 이익을 증진시키거나 공통의 목적을 달성하려는 집합적인 시도"(Giddens, 2005)라고 정의 내릴 수 있다.

공통적으로 집단적 의지를 표출하고 이를 실현하기 위한 과정에서 사회운동이 출현한다는 점에서, 사회운동은 사회변화라는 목적과 불가분의 관계에 있다. 실제 우리나라 근현대사 속에서 이루어졌던 사회운동을 보더라도 사회운동은 사회변혁과 변화를 촉발한 중요한 기제였다. 이승만 정권을 몰락시킨 1960년 4.19혁명, 제5공화국의 종언을 알린 1987년도 6월 항쟁, 1990년대 이후에 호주제 폐지 등 다양한 사회제도의 개혁을 이룬 시민운동 등은 이러한 사회변화의 기제로서 사회운동의 역할을 보여주는 예라고 할 수 있다. 이 때문에 기존의 사회운동론에서 사회운동은 사회변혁 또는 사회제도의 변화라는 사회운동의 목표와의 연관성 속에서 주로 논의되었다.

사회학적 관점에서 사회운동에 대한 접근은 사회학의 전통적인 접근 방식인 거시적 방식과 미시적 방식을 통해 이루어졌다(정수복, 2002). 19세기 말 마르크스와 엥겔스로 대표되는 사회운동의 목표를 사회체제의 변혁에 두고 있는 고전적 혁명론이 출현한 이후, 사회학 초창기의 사회운동에 대한 접근은 레본(Lebon)의 '폭도심리' 등으로 대표되는 사회심리학적 관점에서의 미시적 접근 방식이 주를 이룬다. 이때 사회운동 과정에서 나타나는 집단행위는 비합리적 군중행위로서 사회적 병리현상이자 사회적 변화에 대한 비합리적 대응 방식인 미숙한 의사소통 형태로 이해된다(Holford, 1995: 97).

1970년대 이후 이와 같은 사회운동에 대한 부정적인 입장에 근거한 미시적 접근을 넘어서 사회운동을 사회구조적 맥락에서 이해하는 거시적 접근방식이 등장하는데, 미국 사회학자를 중심으로 한 자원동원이론(Resource Mobilization Theory)과 유럽학자들을 중심으로 한 신사회운동론(New Social Movement Theory)이 대표적이다(임현진, 1991; Eyeman & Jamieson, 1991; 임희섭, 1999; 정수복, 2001).

자원동원이론은 사회심리학에서처럼 사회운동을 부정적으로 그리지 않는다. 즉 사회운동은 병리적 현상이 아니라 행위의 합리적인 선택의 과정이라는 것을 인정하면서 행위자들의 이해관계를 통해서 집합적으로 조직화되고 동원되는 과정으로 이해된다(정태석, 2002). 따라서 구성원들의 집단행동은 집단성원들의 공통된 이해관계에서 출발하며 궁극적인 목적은 모든 자원을 동원하여 정책결정 과정에 영향을 미치거나 특정 집단에 유리한 방식의 제도화를 달성하는 것으로 간주된다(Eyeman & Jamieson, 1991; 임희섭, 1999). 이 때문에 자원동원론에서 사회운동은 정치운동 및 정당운동과 더 큰 친화력을 갖는다.

한편, 1970년대 이후 유럽을 중심으로 전개되었던 사회운동론은 마르크시즘에 기반한 구사회운동론과의 대비 속에서 이해된다. 구사회운동론이 정치 및 경제체제 변혁을 지향하는 노동운동을 중심으로 하고 있는 반면 여성운동, 환경운동, 평화운동 등 부문 운동 등의 분화 과정 속에서 대두된 신사회운동론은 산업사회의 도래와 함께 새롭게 등장한 다양한 사회운동의 발견과 해석에 관심을 기울인다(Offe, 1985; Eyeman & Jamieson, 앞책; 김성국, 1998). 스코트(Scott, 1994)에 따르면 노동운동과 신사회운동은 운동이 이루어지는 '위치', 사회운동의 '목표', 운동의 '조직형태', 그리고 집단행동이 이루어지는 '매체'에 따라 명확한 차이가 나타난다.

▶▶ **표 1.** 신사회운동과 노동자운동 간의 핵심 대조점(Scott, 1994: 30)

| | 노동자 운동 | 신사회운동 |
|---|---|---|
| 위치 | 정치 정체 내 | 시민사회 |
| 목표 | 정치적 통합, 경제적 권리 | 가치관과 생활양식의 변화, 시민사회의 방어 |
| 조직 | 형식적, 위계적 | 그물망 조직, 풀뿌리 조직 |
| 행위의 매체 | 정치적 동원 | 직접행동, 문화혁신 |

즉, 신사회운동은 정치 및 경제체제의 전면적 '변혁'보다는 자율적인 시민사회 영역의 구축과 체제(system)로 부터의 공격 방어에 관심을 갖는다. 따라서 신사회운동의 위치는 비일상적 정치의 장이 아니라 일상[2]적 시민사회 영역이 된다. 신사회운동론은 이 점에 주목하여 정치체계보다는 "체계에 대항하여 자율성과 독립성의 영역에 대한 통제를 지향"(임희섭, 1999: 115)하며 따라서 정치운동보다는 시민운동, 지역운동, 환경운동 등에 대해 친화력을 갖는다.

한편, 사회운동의 과정 자체가 인지적 실천(cognitive praxis)의 장이자, 정체성 형성의 장이라는 구성주의적인 접근방식이 사회운동론 일각에서 이루어지고 있다(정수복, 1996; 구해근, 2002; Eyeman & Jamieson, 1991; Holford, 1995). 사회운동은 기존의 지식과 정체성(identity)을 거부하는 과정이자 이를 통해 새로운 지식과 자기 정체성을 형성하는 과정이라는 것이다. 이와 같은 논의는 기존의 사회운동론이 사회운동에 대한 과정적 측면에 대해서는 주목하지 못했다는 비판에서 시작된다. 즉, 기존의 사회운동에 대한

2) 이 점에서 일상은 단순한 사적 영역이 아니라 사회적 맥락 안에서 고려해야하는 공간이다. 즉 일상의 영역은 끊임없이 지배를 위한 시도와 저항이 일어나는 생활정치의 장이라는 의미(Lefébre, 1968, 강수택, 1998, 최종욱, 1998)를 갖는다.

사회학적 접근들은 참여주체들의 참여 과정이 어떻게 그리고 왜 이루어졌는지에 대한 질문에 대해서는 적절한 답을 내놓지 못했다는 것이다. 이 점에서 구성주의적 접근 방식은 "사회운동의 발생과 전개가 참여자들과 다른 행위자들(정부, 공중, 반대 집단 등)과의 상호작용을 통해 구성되는 집합행동의 틀(collective action frame)에 의해 매개"(임희섭, 앞책: 175)된다고 보고 이러한 틀 작업(framing)에 대한 인지적, 사회 심리적, 문화적 차원의 접근을 시도하고 있다. 이때의 틀 작업이라는 것은 사회 구조적 조건에 대한 '행위자들의 주관적 해석과정'을 의미한다는 점에서 운동 참여자들에 의해 이루어지는 학습과정으로 이해할 수 있다.

이처럼 사회운동에 대한 구성주의적 접근은 사회운동에 참여자들의 참여과정을 규명하기 위해 '학습의 문제'를 본격적으로 제시하고 있다. 그러나 구성주의적 접근방식이 사회운동 속에서 이루어지는 학습의 과정으로 읽어낼 수 있는 의미 있는 시도를 하고 있음에도 불구하고 여전히 기존 사회운동론이 갖고 있었던 사회변화나 변혁이라는 집단적 목표를 실현하는 과정 속에서 이해되고 있다는 점에서 근본적인 한계를 갖는다. 즉, 구성주의적 입장을 취하고 있는 사회운동론의 경우에도 집단적 목표를 달성하기 위해 이루어지는 계획적이고 의도적인 '목적 지향적 학습'에 초점을 맞추고 있다. 이러한 구도 속에서 사회운동의 맥락 속에서 이루어지는 '자연상태'의 학습의 양태가 온전하게 드러날 수는 없다. 사회운동이 갖는 궁극적인 사회변화의 목표를 위해 이루어지는 의도적이고 계획적인 학습뿐만 아니라 무형식적이고 우연적인 학습이 사회운동의 과정에서도 일어날 수 있다는 측면에서 사회운동의 영역에서 학습의 문제는 보다 포괄적으로 다뤄져야 하기 때문이다.

그렇다면 기존의 교육학에서 사회운동의 영역은 어떤 방식으로 다뤄지고 있을까? 이에 대해서는 급진적 성인교육자들이 주도했던 비판적 성인학습담론에 대한 검토가 필요하다.

### 성인교육학적 접근: 비판적 성인학습담론

교육학 영역에서는 사회운동을 주로 비판적 성인학습담론(critical adult learning discourse)안에서 다뤄지고 있다. 이때 '비판적'이라고 함은 웰톤(Welton)이 'critical'의 어원 분석을 통해 밝히고 있는 것처럼, 개인 반성적 사고(reflective thinking)뿐만 아니라, 당대 사회가 안고 있는 위기(crisis)에 대한 인식을 포함한다(Welton, 1995). 즉, 비판적 성인학습담론은 개인적인 수준에서뿐만 아니라 사회적인 맥락에서 이루어지는 학습을 당대 위기를 극복할 수 있는 실천 활동과의 관계 속에서 연구되고 있다. 비판적 성인학습담론이 개인 수준에서의 학습과 사회변혁 사이의 관계에 대한 문제에 오래 동안 관심을 보이고 있는 이유도 여기에 있다(Finger & Asun, 2001).[3)]

민중교육 진영과 사회조직가 진영 사이에서 이루어졌던 '의식화-조직화 논쟁'은 이와 같은 논의 구도 위에 있다. 의식화의 경우에는 개인 또는 집단의 의식과 실천의 프락시스(praxis)적 고양 과정에 초점을 맞추고 이를 사회변혁과 관련시키는 방식이라면, 조직화는 지식인들의 선도적인 조직화 과정과 이를 통한 조직 차원에

---

3) 이 점에서 일상은 사회 구조적 맥락에서 재경험되어야 한다. 이에 대해 마요(Mayo)는 "변혁적 성인교육 (transformative adult education)은 지배이데올로기의 베일을 벗기고 근간을 흔드는 역할을 한다. 당연한 것으로 생각했던 일상의 경험의 영역은 변혁적 성인교육의 과정의 초점이 된다...일상경험은 '비범하게 평범한 것을 재경험하기'를 동반하는 대화의 과정을 통해 일깨워진다(Mayo, 1999: 131)"고 밝히고 있다.

서의 의식 고양의 문제를 보다 강조한다.[4] 의식화의 경우가 사회운동에 대한 교육적 접근방식이라면 조직화는 교육에 대한 사회 운동적 접근 방식이라고 할 수 있을 것이다. 이 점에서 비판적 성인학습담론은 교육을 통해 변혁의 문제에 접근하는 의식화론의 입장을 주로 취하고 있다.

어떻게 학습과 사회변혁의 문제를 연결시키고 있는가에 대해서는 비판적 성인학습담론에 중요한 영향을 미치고 있는 프레이리(Freire)의 의식화론에서 그 단초를 발견할 수 있다. 프레이리는 보다 적극적으로 학습과 사회변혁을 관계 지음으로써, 1970, 80년대 한국 민중교육에 큰 영향을 미쳤다(한숭희, 1995). 프레이리는 학습자로서의 기층 민중에 대한 절대적 신뢰를 보낸다. 즉 그는 민중들 자신이 지식의 생산자가 될 수 있을 뿐만 아니라 사회변혁의 주체(agent)가 될 수 있다는 믿음을 잃지 않는다(Freire, 1985, 1998; Freire & Horton, 1990; Elias & Merriam, 1995). 따라서 프레이리 민중교육론에서 '학습한다는 것'은 학습자와 세계가 서로 관여하고 영향을 미치는 과정이자 자신을 변화시키는 과정인 동시에, 세계를 변화시키는 과정이라고 할 수 있다.

비판적 성인학습담론에서 '학습한다'는 것은 늘 사회적 맥락 안에서 고려되어 왔기 때문에 단순히 개인적인 차원에서 이루어지는 학습행위만 다루지 않는다. 개인이 소속된 집단 차원에서의 학습, 그리고 이러한 학습과 사회변화 사이의 관계에 대해 초점을 맞춘 논의들이 이루어졌다. 개인과 집단 그리고 사회를 아우르는 변화의 과정이 학습 주체들의 적극적이고 집단적인 '참여'를 통해 이루

4) 이에 대해 한숭희는 전자의 경우가 '민중중심의 학습주의'를 후자의 경우가 '지식인중심의 교육주의'라고 구분한 바 있다(한숭희, 1995 참조).

어져 왔다는 점에서 사회운동에 대한 비판적 성인학습담론의 관심은 크다고 할 수 있다. 그렇다면 비판적 성인학습담론에서의 사회운동이란 어떤 의미를 갖는 것일까?

**"학습의 장"**

홀 등(Hall & Chow, 2005)은 사회운동 맥락에서 이루어지는 학습을 사회운동학습(social movement learning)이라는 개념으로 설명하면서 이때 사회운동학습을 a) 사회운동에 참여하는 사람들의 학습 b) 사회운동의 결과 또는 그 영향으로 사회운동에 참여하지 않는 사람들이 하게 되는 학습으로 정의하고 있다. 폴리(Foley)도 여성운동이 갖고 있는 학습 차원을 "논의와 반성의 시간과 기회를 제공하는" 중요한 학습공간에서 찾고 있다(Foley, 1999: 105). 즉 사회운동은 사회운동에 참여하는 사람들뿐만 아니라 그 외의 사람들에게 일종의 '학습의 장'(site of learning)으로 이해되고 있는 것이다.

'학습의 장'으로서 사회운동을 이해하고 있는 대표적인 성인교육학자로는 웰톤(Welton)이 있다. 그는 하버마스(Habermas)의 사회이론을 토대로 하여 신사회운동이 갖는 사회학습의 장으로서의 특성을 분석하고 있다(Welton, 1993). 그 출발에는 하버마스가 말한 '체제(system)에 의한 생활세계(life world)의 식민화'가 놓여있다(Habermas, 1969). 그는 이 과정을 다음과 같이 그리고 있다.

> 국가의 기능과 책무가 커지면 커질수록 통제력이 증가하며 예술분야, 과학 분야, 가족 등은 독립성을 상실하고 자율적인 학습과정을 유지하기 위해 필요한 문화지원구조도 잠식된다(Welton, 1993: 154)

하버마스의 관점에서 신사회운동이 체제에 의한 생활세계의 식민화 과정을 저지하고 체제로 부터의 위협에서 생활세계를 방어하는 과정이다. 그리고 이는 궁극적으로 인간으로서의 자기 정체성(identity)에 대한 위협으로부터 자기 자신을 구해내기 위한 공론의 장을 형성해가는 과정이다(Welton, 1995). 이 점에서 신사회운동의 장은 의사소통적 합리성의 복원, 즉 생활세계적 공론의 장을 복원해 가는 사회학습의 장인 것이다.

웰톤의 논의는 첫째 노동운동의 장 등을 포괄하지 않는 신사회운동의 장에 한정된 논의를 전개하고 있다는 점에서(Spencer, 1995), 둘째 제3세계의 맥락과는 괴리가 있는 사회복지국가라는 틀 내에서 논의를 전개하고 있다는 점에서(Holford, 1995; Foley, 1999) 비판을 받고 있다. 웰톤의 논의가 하버마스의 인식론에 터해 있고, 하버마스 이론이 1968년 이후 유럽, 특히 독일의 사회운동의 흐름을 적극적으로 반영하고 있기에 제기될 수밖에 없는 한계이다. 이 점에서 웰톤이 말한 학습의 장으로서 사회운동은 신사회운동이라는 맥락적 이해를 통해서 검토될 필요가 있을 것이다. 그러나 이러한 맥락을 감안한다고 하더라도 사회적 실천과 정치 투쟁에서의 무형식학습(informal learning)에 대해서는 귀 기울이지 못했으며 이에 대한 구체적인 사실연구가 부재하다는 폴리의 비판(Foley, 1999: 39 참조)에서는 자유로울 수 없다.

사회운동의 장은 집단적 참여와 집단적 경험이 이루어진다는 점에서 그리고 이러한 과정을 통해 집단적 변화가 이루어진다는 점에서 여기에 참여하는 개인 또는 집단에게 중요한 학습의 장이 되는 것은 분명하다. 하지만 '학습의 장'으로서 사회운동의 맥락을 규정하는 것만으로는 사회운동에서의 학습을 만족스럽게 설명할 수는 없다. 여기에는 학습의 장으로서 사회운동의 맥락에 참여한 구성원들이 어떻게 학습하는가? 무엇을 학습하는가? 왜 학습하는가? 등의 보다 구체적인 문제가 남아 있기 때문이다.

**"지식생성의 과정"**

홀포드는 사회운동을 인지적 실천(cognitive praxis)이 이루어지는 과정이라는 아이맨과 재미슨(Eyeman & Jamieson, 1991)의 관점을 수용하면서 사회운동을 학습의 장으로서뿐만 아니라 새로운 지식의 형태가 생성되는 장으로 보아야 한다고 주장한다(Holford, 1995: 104). 그리고 이러한 과정을 통해 생성된 새로운 지식은 일상적 지식을 넘어 과학적 지식 및 스스로의 정체성 문제까지 포괄하는 것으로 본다.

> 인지적 실천(cognitive praxis)의 과정으로 일상적인 지식뿐만 아니라 과학과 이데올로기가 사회운동을 통해 새로운 관점을 개발한다. 운동은 한 걸음 더 나아간 인지적 과정을 통해 전개되고 이러한 창조와 발달의 과정 속에서 운동은 새로운 지식의 생성을 통해 스스로 정체성들을 생성한다. 이러한 과정이 '인지적 실천'을 구성한다. (Holford, 1995: 101)

이 점에서 홀포드가 말한 인지적 실천을 통해 생성된 '지식'은 기존의 지배담론에 대항할 수 있는 담론, 즉 반대담론의 형태를 띤다. 이 점에서 사회운동에 대한 참여는 "반대담론 학습에 참여하는 과정"(Foley, 1999: 104)임과 동시에 반대담론을 생성하는 과정이라고 할 수 있다.[5] 그렇다면 이 반대담론은 무엇을 의미하는가?

힐(Hill, 2004)은 '쓰레기 투기장 반대운동', '저준위 방사선 폐기물 처리장 반대운동', '열병합발전소 반대운동', '유해 쓰레기 소각장 반대운동'에 대한 사례분석을 통해 사회운동에서 학습되고 생성되는 지식의 성격을 규명하고 있다. 힐이 보기에 정부 및 개발론자가 구축하고 있는 지식은 낙관적이고 기술 합리적이며 성문화된 법령을 통해 규정되고 비당파적 객관성을 갖고 있는 것으로 간주된다. 이 때문에 이와 같은 지식은 비전문가인 시민들에게 설명될 필요도 없다. 시민들은 이 지식을 반박할 근거를 갖지 못하며, 이러한 '객관적' 담론에 대한 저항은 부적절하며 민주주의에 대한 전복이라고 매도되기도 한다(Hill, 2004: 226-7). 여기에서 기층 민중들이 운동의 과정을 통해서 구축하는 지식은 공식적인 지식의 지배 또는 전문가들의 통제에서 벗어난다는 점에서 탈주지(fugitive knowledge, 脫走知)로서의 특성을 갖는다. 힐은 탈주지가 다음과 같은 특성을 갖는다고 본다.

> 탈주지는 해방적 지식의 한 유형으로 ...(중략) ... 민중의 일상적 경험에 근거한 지식을 말한다. 이 지식은 지식 엘리트나 전문 지식인들의 통제 밖에 있다...(중략) ...그람시의 유기적 지식인 개념에 근거해 볼 때, 탈주지는 민중들이 공유하고 유산으로 가지고 있는 상식적 지식(common sense knowledge)이다. 이 지식은 반드시 성문화되어 있는 것은 아니지만 실천적이고 생동감 넘치며 민중들의 힘을 북

---

5) 홀포드는 사회운동이 '인지적 실천'과 동일하다고 보면서, 사회운동이 전개됨에 따라 세계 이해의 새로운 방식을 창출된다고 보고 있다. 그러나 폴리는 "자본주의 비판이 성인교육의 중심이 되어야 한다"(Foley, 1999: 138)고 보면서 홀포드의 이와 같은 후기구조주의 관점 즉 "자기이미지가 관념과 언어로 구성된다"는 관점을 비판한다. 폴리가 보기에 사회운동을 학습의 과정으로 밝힐 때 보다 중요한 것은 복잡한 역사적 과정을 반영한 정치경제적 학습양태의 규명이다.

> 돋는 지식이다. 탈주지는 전문가들이 부정하고 억압하고자 하는 위험한 지식이기도 하다. 또한 정치적이라는 점에서 혁명적 지식일 수도 있다(Hill, 2004: 228).

이처럼 탈주지는 구성원들의 일상적 경험에 친근하고, 명시지(explicitly knowledge)와 암묵지(tacit knowledge)를 포괄하며, 실천지(practical knowledge)이자 혁명지(revolutionary knowledge)로서의 특징을 갖는다. 지역을 기반으로 한 환경운동이 공유하고 생산하는 지식은 이와 같은 점에서 근본적으로 사업 주체(정부 등의 개발주체)가 내세운 개발 논리 또는 과학 논리와 대립적일 수밖에 없으며, 이 때문에 이러한 맥락에서 이루어지는 지역운동에서 담론 싸움은 중요할 수밖에 없다. 따라서 개발 담론에 대항할 수 있는 생태학적 또는 반개발주의적 담론에 대한 학습은 힐이 예로 들고 있는 사회운동의 과정에서 핵심적이다. 그렇다면 이러한 탈주지는 '어디서부터' 오는가?

힐은 이에 대해 사회운동에 참여하고 있는 집단 내부가 탈주지의 생성처(生成處)라고 본다. 물론 환경주의적이고 생태주의적 세계관이 힐이 들고 있는 사례에서 생성된 탈주지에 공통적으로 영향을 미친다는 것을 부정할 수는 없다. 그러나 힐은 모든 사례에서 집단적 지식은 구체적이자 상황 기반적(situation based)이라는 점에서, 탈주지는 그 지역사회의 역사, 문화적 맥락에서 생산된 지식이라고 본다(Hill, 2004: 227). 이 점에서 사회운동에 참여한 집단에 의해 생산된 탈주지는 다시 환경담론이나 생태담론의 '큰 이야기'로 환원되지 않는 그 지역사회에 특정된 '작은 이야기'로서의 자리매김을 한다. 이는 포스트모던 인식론이 공통적으로 던지는 화두다. 근대적 합리성이라는 거대 담론 속에, 늘 토착지식(민중 지식)은 열등한 것, 즉 주관적 지식으로 간주된다. 하지만, 이와 같은 합리성에 기반한 객관적 지식에 대한 믿음은 근대성 자체에 대한 문제제기와 함께 허물어지고 있다. 이러한 맥락에서 포스트모던 인식론자들은 거대 담론으로 환원되지 않는 작은 이야기들에 대한 관심을 쏟기 시작했다(Lyotard, 1979). 포스트모던 담론이 아니더라도 우리는 민중교육의 담론 속에 이와 같은 탈주지에 대한 모티브를 쉽게 발견할 수 있다. 민중교육에서 말하는 민중지식은 힐이 말한 맥락 의존적인 탈주지와 많이 닮아 있다. 지식 생산자로서 민중, 그 기반으로서 민중문화를 긍정한다는 점에서 민중교육의 전통 속에서의 지식은 어찌 보면 포스트모던적 지식관 안에서 이해될 수 있다(Freire & Horton, 1990).

사회운동 참여자의 입장에서는 개발담론에 저항할 수 있는 '기존의 탈주지(given fugitive knowledge)'[6]를 학습하는 수동적 학습자(adaptive learner)임과 동시에 상황 맥락적인 '새로운 탈주지'를 생산하는 생성적 학습자(generative learner)로서 등장한다. 힐은 이러한 탈주지(또는 반대담론)를 학습하고 새로운 탈주지를 생성하는 과정과 함께 기존의 공식적 지식에 대한 '지식 학살(knowledge massacre)'[7]이 일어난다고 말한다. 즉 "시민들은 지배적인 지식의 가면을 벗기고 자신들의 지역사회 오염에 대해 책임감을 갖는 학습

---

6) 여기에서 '기존의 탈주지'는 학적 영역에서 생산된 환경 지식 또는 생태학적 지식을 의미하기도 하겠지만, 다른 지역의 구체적인 운동 과정에서 생산된 탈주지도 포함될 것이다. 그러나 이러한 '기존의 탈주지'는 그 자체가 맥락적 지식(contextual knowledge)일 뿐만 아니라 새로운 운동의 상황에 맥락화된다는 점에서 거대 담론으로서의 지위를 갖지 못한다.

7) 그람시의 관점에서 본다면 통제 집단과의 헤게모니적 동의 구조를 끊는 과정이기도 할 것이다(Mayo, 1999 참조).

을 위해 애썼다"(Hill, 2004: 238)고 봄으로써, 기존의 지배 담론을 비판적으로 인식하는 단계가 이러한 과정에서 필수적임을 보여준다. 그러나 이와 같은 탈주지의 한계는 혁명적 요소를 갖고 있다고 하더라도 혁명의 상황이 아닌 환경운동과 같은 신사회운동의 장에서는 결국 공식지로 인정받지 못하다는 데에 있다. 이는 탈주지의 한계이자 환경운동이 궁극적으로 정치적 운동과의 결합해서 이루어져야 함을 보여준다. 다음과 같은 힐의 지적은 눈여겨 볼만하다.

> 그러나 토착적 담론은 궁극적으로 최종적인 정책결정과정에서는 인정받지 못했다...(중략)... 환경 위협을 둘러싼 의미의 구성은 결국 주도권을 쥐고 있는 정부와의 권력과 정치와 관련되는 것이었다(Hill, 2004: 238-9).

요컨대, 사회운동의 맥락은 기존의 지배담론을 학습하고 이에 반하는 반대담론을 학습하는 동시에 이를 토착적 지식으로 생산해내는 학습의 장이자 학습의 과정으로 이해할 수 있다. 그리고 이때의 지식은 공식적 지식으로 인정받기는 어렵고 근본적인 사회 변화를 가져오기는 힘들다는 점에서 한계가 있는 지식이지만, 사회운동에 참여하는 공동체 구성원들의 구체적인 삶의 맥락에서 유의미한 지식으로 자리 잡는다.

이처럼 사회운동을 구체적인 지식의 학습과 생산의 과정으로 이해한다고 할 때, 여전히 문제로 남는 것은 첫째 이러한 지식이 어떻게 집단적으로 학습되는가의 문제이다. 특히나 사회운동은 집단적인 참여과정을 통해 이루어지기 때문에 이때 일어나는 지식에 대한 학습은 집단학습의 관점에서 이해되어야 한다.[8] 둘째, 이와 같은 반대담론이 공동체 구성원을 결집시키고, 개발주의자들에 대항케 하여 이를 통해 당장의 운동의 목표를 달성했을 때, 이 담론의 '흔적'은 참여자들의 삶에 어떻게 남게 되는가의 문제가 발생한다. 반대담론이 사회운동의 목표 실현을 위한 도구적 지식으로서 자기 생명을 다했다면 그 역할은 끝나는 것인가? 이는 사회운동이 종료된 이후의 일상의 삶 속에서 사회운동의 경험이 어떻게 작용하고 있는가를 검토하는 등 학습결과에 대한 보다 포괄적인 이해를 요청한다. 셋째, 반대담론에 대한 학습의 과정은 홀포드가 강조한 것처럼 적극적인 교육자에 의한 교육활동에 의해 주로 이루어진다(Holford, 1995 참조). 이 때문에 지식의 학습과 생성의 과정을 중심으로 사회운동 과정을 이해할 때 형식적 학습의 장 밖에서 이루어지는 무형식학습에 대한 논의는 이루어지지 못하고 있다(Foley, 1999). 무형식학습은 교육자의 개입보다는 참여자들의 자발적이고 주체적인 참여과정을 통해 일어나는 우연적인 학습(incidental learning)의 특성을 갖는다고 할 때, 사회운동에서 이루어지는 이와 같은 무형식학습이 과정과 이를 통해 이루어지는 변화의 양상들에 주목할 필요가 있다.

### "정체성의 형성"

사회운동을 성인 교육적 관점에서 접근하는 또 다른 방식은 '집단 정체성의 형성'에 주목하는 것이다. 물론, '집단적 정체성'은 참여자를 결집시키고 보다 많은 잠재적 참여자들을 적극적 참여자로

8) 이 점에 대해 "프레이리도 문제의 해결뿐만 아니라 사회문화적 맥락의 변화가 바로 집단적으로 이루어진다고 강조한 바 있다."(Finger, 2001: 86).

끌어들여야 하는 사회운동의 성질상 필연적으로 요청되는 것이라고 할 수 있다.

킬고어(Kilgore)는 본격적으로 '집단학습'을 사회운동에 대한 성인 교육적 이해의 틀로 활용하자고 주장하면서, '나'의 문제 보다는 '우리'의 문제가 논의의 중심에 놓는 '집단 정체성'의 문제를 집단학습의 출발점으로 삼는다. 그녀가 보기에 개인이 학습시스템인 것처럼 집단도 학습하는 학습시스템이다. 이러한 학습시스템으로서의 집단은 집단으로서의 자기 정체성을 형성하고 공유하는데서 집단학습을 시작한다. 이때 집단 정체성(collective identity)은 '우리는 누구인가?'에 대한 답을 의미하며 이러한 집단으로서 우리를 구성하고 집단적으로 행동하는 과정 속에서 집단의식(collective consciousness)을 갖게 된다(Kilogore, 1999: 197). 킬고어는 집단적 정체성을 복잡성 속에서 규정한다. 집단적 정체성은 다양한 구성원들의 협의를 통해 구성되기도 하지만 갈등의 산물일수도 있기 때문이다. 여기에 참여하는 개인은 자기 자신의 행위의 통제자로 남아 있는 경우도 있지만 강한 집단적 일체감 속에서 행동하기도 한다(Kilgore, 1999: 198). 이 점에서 집단 정체성의 형성은 집단행동을 통해 집단 의지를 표출하고 집단적인 목표를 실현하는 데 있어서 기본적인 토대가 된다.

한편, 이와 같은 참여의 과정을 통해 집단으로서의 '우리'는 공통의 경험을 공유함으로써 새로운 변화를 겪는다. 톰슨(Thompson)의 '노동계급 형성론'에 근거하여 우리나라 노동계급의 형성과정을 분석한 구해근은 노동운동 과정을 통해 노동자로서의 자기 정체성을 형성해가는 과정을 잘 보여주고 있다. 그가 보기에 노동운동의 과정은 노동자로서의 자기 정체성, 즉 노동계급 의식이 형성되는 과정과 다름 아니다(구해근, 2002 참조). 이처럼 사회운동과의 연관 속에서 '집단 정체성의 형성'을 축으로 하는 집단학습에 대한 연구가 중요함에도 불구하고 기존의 성인교육론에서 집단학습에 대한 논의는 본격적으로 이루어지고 있지는 않다(Kilgore, 1999; Finger & Asun, 2001).

요컨대, 사회운동에서 집단 정체성은 사회운동의 출발임과 동시에 그 결과이다. 사회운동을 학습의 장 또는 학습의 과정으로 본다고 할 때 어떠한 집단적 정체성이 기본적 토대가 되었는지 그리고 이러한 정체성이 참여 과정을 통해 어떠한 변화를 겪게 되는지에 대해 주목할 필요가 있다. 한편 집단 정체성이 형성되는 과정을 역동적인 관점에서 볼 필요가 있다. 킬고어가 지적한 것처럼, 집단 정체성의 형성에는 구성원 간의 협의의 과정뿐만 아니라 갈등의 양상도 포함하고 있기 때문이다(Kilgore, 1999). 특히 집단의 규모가 크고 다양한 구성원들의 참여로 이루어질 때 집단 정체성의 형성 과정은 복잡한 양상을 띨 수밖에 없을 것이다.

사회운동 과정에서 구성원들의 힘을 결집해 내고 서로 간의 공감대를 형성해나가는 데 있어서 집단 정체성의 문제가 중요한 것은 분명하다. 하지만 집단 정체성의 형성이 갈등과 협의 등의 복잡한 과정을 통해 이루어진다고 할 때, 이를 보다 상황 맥락적인 관점에서 주목해 볼 필요가 있다. 사회운동이 진행되는 과정, 구성원들이 참여과정에서 하게 되는 (협의적 또는 갈등적) 상호 작용, 사회운동의 이슈를 둘러싸고 일어나는 담론 쟁투의 과정 등 집단 정체성 형성을 둘러싸고 일어나는 일련의 사태들은 공동의 참여를 이끌었던 애초의 상황과는 다른 양상의 집단 정체성을 형성케 할 것이기 때문이다. 이 때문에 사회운동 과정을 통해 형성된 집단 정체성은 사회운동의 맥락에만 기능적으로 결합한다고 보아서는 안 된다. 설령, 집단적인 운동 목표가 실패로 돌아간다고 하더라도 사회운동을 통해 형성된 집단 정체성은 기존의 일상에 어떤 식으로든 영향을 미치게 될 것이다. 새로운 집단 정체성이 형성되었다는 것은 이전과는 다른 학습주체가 출현했다는 것을 의미하기 때문이다.

## 2. 사회운동과 학습 주체

사회운동에 나타나는 학습과정에 참여하는 학습주체는 어떻게 이해해야 할까? 사회운동은 집단적 참여를 통해 이루어진다는 점에서 이때 등장하는 학습주체는 개인학습과정에서 드러나는 학습자와는 다른 관점에서 이해되어야 할 것이다.

### 운동 주체

사회운동의 주체를 이해하는 관점은 다양하다. 일찍이 마르크시즘을 기반으로 전개되었던 구사회운동론에서 사회운동의 주체는 계급론적 관점에서 이해되어왔다. 앞서 살펴보았던 것처럼 고전적 혁명론에서 사회운동은 자본주의적 생산양식과 생산관계 사이에서 나타나는 근본적 모순[9]을 계급투쟁을 통해서 극복하는 과정으로 이해할 수 있다. 따라서 이때 사회운동의 주체는 자본주의

9) 생산과정 중의 노동력은 노동력 자체가 구현되고 판매되는 가치보다 큰 가치를 창출하는 것이다. 이러한 임금관계의 두 얼굴은 번갈아 가면서 임금관계의 모순적인 측면을 폭로한다. 유통의 영역에서 자유로이 계약된 등가교환, 생산영역에서 잉여노동에 대한 강제, 이것이 자본주의의 착취의 특성이라는 것이다(Geras, 1986: 5-6 참조).

적 생산양식하에서 노동력을 착취당하고 있는 노동자 계급이다(Marx, 1848, 1867).

우리나라의 경우 노동자 계급으로 환원되지 않는 피지배계층으로서 '민중'(民衆)이라는 개념이 사회운동의 주체를 지칭하는 개념으로 사용되었다. 이때 민중은 계급론에 토대를 둔 특정 계급을 지칭하는 것이 아니라 억압받는 상황에서 공동의 저항을 위해 연합할 수 있는 제 계급을 아우르는, 즉 계급 연합적 개념으로 이해되었다(한완상, 1984; 한숭희, 2001a). 그러나 동구 공산권의 몰락 및 구사회운동의 퇴조와 함께 신사회운동론에 근거하여 사회운동 주체에 대한 새로운 이해가 이루어지기 시작한다. 신사회운동론에서는 구사회운동론이 근거하고 있었던 경제주의적 토대이론을 비판하면서, 새로운 사회운동의 영역으로서 시민사회에 주목하고 시민사회의 구성원이자 사회운동의 주체로서 '시민'에 대해 관심을 갖기 시작한다.

시민사회는 국가와 개인이나 가족과 같은 사적 영역 사이에 존재하는 중간 층위로서, 한편으로는 국가에 대해 자율적이고, 다른 한편으로는 사적관계들의 수준을 넘어서 이들이 공동의 문제를 통하여 어우러지며 창출해내는 공적 영역을 말한다(최장집, 1996). 이와 같은 관점에서 시민사회는 단지 서구의 시민혁명 단계에서 대두된 개념인 부르주아적 시민의 사회를 의미하지만은 않는다. 시민사회는 국가권력에 대해 자율적인 공간인 동시에 개인적 생활공간을 기반으로 하고 있으면서 공동의 문제를 창출해 가는 공적 영역으로 정의될 수 있다.

이 관점에서 시민에 대한 규정은 포괄적이다. 시민은 특정 계급 또는 계층을 지칭하는 개념이라기보다는, 일방적 국가권력에 대해 자율적이면서도 생활 세계의 사적인 성격을 거부하는 공적 영역으로서의 '시민사회 구성원'으로 규정된다. 따라서 우리나라의 경우 시민사회와 시민운동에 대한 논의 또한 참여 구성원의 계급적 계층적 특징보다는 그 운동이 가진 (권력에 대한) 자율성과 (개인적 생활에 비해) 공적인 특징을 중심으로 이뤄지는 경우가 많다(최장집 1996, 정수복 1996).

이처럼 사회운동 속에서의 참여주체는 사회운동의 등장하는 사회구조적 맥락 속에서 이해되고 있다. 즉, 사회운동이 발생하는 사회구조적 이해 속에서 운동의 주체는 민중 또는 시민으로 이해되고 있는 것이다. 예컨대, 우리나라의 경우 1990년대 이후 나타난 사회운동의 주체로서 '시민'에 대한 주목은 정치적 민주화 및 동구권의 몰락에 따른 사회운동의 구조적 토양의 변화와 관련된 것이었다. 그렇다면 이러한 사회운동의 주체는 어떻게 출현하며 어떠한 과정을 거쳐 사회운동의 장에 참여하게 되는 것일까? 거대담론에 근거하여 이루어지는 사회이론에서 민중과 시민은 사회구조적으로 실재(實在)하는 존재이기에 이러한 질문에 적절한 답을 제시하고 있지는 못하다.

### 학습 주체

사회운동에서 학습과정을 읽어낼 때, 이 학습과정은 집단적 학습주체에 의해 주도되는 과정이다. 이러한 관점에서 사회운동론에 등장하는 노동자, 시민, 민중 등은 학습과정에 공통적으로 학습주체로 등장하게 된다. 그렇다면 이때 등장하는 집단으로서의 학습주체를 기존의 성인학습론에서 어떻게 이해할 수 있을까?

전통적으로 성인학습론에서는 학습자의 자율적이고 자기 주도적 속성을 강조하고 있다(Collins, 1996; 이지혜, 2000; 정민승, 2000). 특히 '자기주도성'은 성인학습자가 갖는 핵심적인 특성으로 간주되고 있다(Tight, 1998). 엘리아스와 메리암(Elias & Merriam)은 학습자의 자율성과 자기주도성에 주목하는 이와 같은 성인학습론의 전통은 특히 인본주의적 성인학습론에서 이어지고 있다고 본다. 이때 인본주의적 성인학습론의 특징은 첫째 개별 학습자의 자율성과 자기주도성을 강조하고 있으며, 둘째 학습자의 비판의식을 강조한다고 하더라도 사회 정치적 분석 수준이 아닌 개별 학습자의 세계관, 교수자와 학습자의 관계, 의식구조 등의 개별 학습자와 개별 학습 상황 내에서 다루고 있으며, 셋째 사회운동과 관련된 실천이론을 담고 있지 않다는 데에 있다(Elias & Merriam, 1995: 216-24). 이 점에서 학습자로서의 자기주도성 및 자율성에 대한 논의는 '개인 학습자'에 맞춰져 있으며, 이 때문에 인본주의적 성인학습론은 개인주의적 인간관을 전제한 학습론이라 평가받고 있다(Elias & Merriam, 앞책; Finger & Asun, 2001). 이와 같은 개인주의적 인간관에 근거하고 있는 학습자관을 통해서 사회운동에 참여하는 주체를 이해하는 데에는 한계가 있다. 앞서 언급했던 것처럼 사회운동은 집단적 참여를 통해 이루어지며 이때 개인은 개인학습자의 심리적 특성을 통해서 이해할 수 있는 존재일 뿐만 아니라 사회운동이 발생한 사회구조의 맥락에서 그리고 집단적 참여를 통한 타인과의 관계맺음 속에서 이해될 수 있는 사회적 존재이기 때문이다. 개인주의에 토대를 두고 있는 인본주의적 성인학습론의 경우, 개인의 학습을 사회 변화와 '심정적'으로 연결하고 있다는 점에서(Finger & Asun, 앞책) 사회운동 맥락에서 형성되는 집단적 학습주체에 대한 설명력을 갖추지 못하고 있는 셈이다. 핑거와 아순은 더 나아가 인본주의적 성인학습론에서 등장하는 학습자의 경우 탈역사적이고 탈사회적이며 탈맥락적인 존재로 그려진다는 점에서 개인학습을 사회변화와 연결시키고자 하는 시도는 '조악'하기까지 하다고 비판한다(Finger & Asun, 앞책).

한편, 마르크시즘의 전통에 기반을 두고 있는 급진주의 성인학습론의 경우 사회운동의 주체를 집단적 학습주체로 이해할 수 있는 몇 가지 중요한 특성을 갖는다. 급진주의 성인학습론, 특히 마르크시즘 전통에 기반을 둔 접근의 경우, 첫째 성인교육의 정치성 즉, 급진적 사회조직화에 기여하는 바를 강조하고, 둘째 개인주의 이데올로기와 성인교육에 대한 심리학적 접근을 거부함으로써, 사회에 대한 이론적 분석과 실천철학까지 폭넓게 포괄하고 있다(Elias & Merriam, 앞책: 225-227). 이 점에서 급진주의 성인학습론에서 학습자는 사회적 맥락과 사회적 관계 속에서 등장하며, 사회변혁의 적극적으로 참여하는 집단적 참여주체로 이해된다. 그러나 이러한 급진주의적 성인학습론 속에 등장하는 학습주체의 경우, 개인주의적 한계를 넘어 사회운동의 맥락에서 유의미할 수 있는 집단적 학습주체의 가능성을 보여주고 있음에도 불구하고, 사회이론에 규정하는 사회적 실재로서의 운동주체, 즉 노동자계급, 시민, 민중과 학습주체를 동일시하고 있다. 뿐만 아니라 급진적 성인학습론에서 등장하는 학습자는 마르크시즘 등의 거대 담론 속에서 규정된다는 점에서 개인적 삶은 고려되지 못하는 한계를 갖는다. 급진주의 교육학자들에게 큰 영향을 미치고 있는 하버마스의 경우에도 집단적 학습주체에 대한 적절한 해답을 내놓지 못하고 있다. 오히려 '근대의 기획' 아래 전문가들의 역할을 강조하는 계몽주의적 입장을 취한다. 하버마스가 말하는 근대의 기획이란 세 가지 가치 영역인 '예술적 진실성', '규범적 정당성', '명제의 진리성'의 독자적 논리를 해치지 않으면서, 전문가 문화를 생활세계와 통합시키려는 목적을 말한다. 이러한 통합을 하버마스는 '접합'이라고 표현하는데 이는 전문가 문화가 우리의 삶에 유의미한 형태로 매개된다는 것을 의미하며, 이것은 세 가지의 타당성 요구들 사이의 균형을 성취하는 것을 뜻한다(장춘익, 1996: 77-9).

요컨대, 인본주의적 접근의 경우 학습주체가 학습과정에서 갖는 자율성과 자기 주도적 특성을 밝히고 있다는 점에서 의미를 가질 수 있으나 개인주의적 자아관에 토대를 두고 있는 사회운동의 맥락에서 등장하는 집단적 학습주체를 이해할 수 있는 관점을 제공하지 못한다는 점에서 한계를 갖고 있는 한편, 급진주의적 접근은 학습주체가 등장하는 사회적 맥락과 사회운동의 주체로서의 역할 등을 이해할 수 있는 적절한 관점을 제공해주는 대신 거대담론에 의존적이기에 학습자로서의 역동성을 드러내 줄 수 없다는 점에서 한계를 갖고 있다.

사회운동에서 나타나는 학습주체에 대한 연구는 교육학 영역에서 활발히 이루어지고 있지 않다. 앞서 살펴보았던 것처럼 개인주의적 자아관에 근거하여 개인학습과 사회변화를 '심정적'으로 연관시키거나 거대 담론에 터한 학습자에 대한 집합적 이해가 주를 이룬다. 그렇다면 개인주의에 근거를 두고 있는 인본주의적 접근과 마르크스주의적 정치경제학 및 사회이론 등 거대담론에 터하고 있는 급진주의적 접근이 갖는 한계를 아우를 수 있는 학습주체에 대한 새로운 접근 방식은 어떤 것이 있을까?[10)]

이 점에서 존스톤(Johnston)의 논의는 사회운동 맥락에서 등장하는 집단적 학습주체를 이해하는 의미 있는 관점을 제시해주고 있다. 존스톤은 기존의 지역사회에서 이루어지는 성인교육에 대한 공동체적 접근을 주장하면서, 성인교육에 대한 연구가 개인주의 또는 급진주의적 편향성을 띄고 있었다고 비판한다. 구성원들의 자율성과 자발성에 초점을 두고 있는 자유주의적 접근 방식은 사회구조적인 맥락을 고려치 못했으며, 사회구조적 분석에 초점을 둔 급진주의는 지구적 수준의 거대담론 안에 지역 수준을 편입시키는 잘못을 범했다는 것이다. 존스턴은 지역사회를 공동체로 이해하는 공동체적 접근(community adult education approach)을 통해 이러한 개인주의와 급진주의를 극복할 수 있다고 생각한다.

> 공동체적 접근은 '거대 담론'에 토대를 두고 있지 않기 때문에…지역적(local) 수준에 초점을 맞추며 한정된 규모를 상정한다 … 이 접근은 가치와 목적에 있어서 급진주의가 갖는 비판적이고 구조적인 분석과 자유주의 교육이 갖는 사회적 목적의 화해를 추구한다 … 공동체적 관점은 개인주의적 시민의 한계를 넘어서면서 어떤 공동체도 더 큰 지역과 국가 그리고 글로벌한 맥락에서 자유로울 수 없다는 사실을 인정하는 관점을 제공한다(Johnston, 2003: 16)

이 점에서 공동체적 접근은 개인주의와 급진주의적 학습자관의 한계를 넘어설 수 있는 가능성을 보여준다. 이때 사회운동에 등장하는 집단적 학습주체는 사회구조적 맥락과 그 주체가 처한 일상적 삶의 맥락이라는 이중적 공간에서 등장하는 공동체로 이해할 수 있

---

10) 필자는 이 점에서 학습자로서 '개인' 또는 사회운동의 주체로서, 민중, 시민이라는 개념을 부정하는 것은 아니다. 사회운동이라는 맥락에서는 학습주체를 이해하는 기존의 개념들이 한계를 가지고 있음을 지적하는 것이다.

다. 이때 공동체로서 집단적 학습주체는 사회구조적 맥락에서 완전히 자유로울 수 없지만, 그 맥락에 일방적으로 편입되지 않는 고유한 삶의 영역을 갖는다. 동시에 전 지구적 보편성(또는 거대 담론)으로 회귀되지는 않지만 이와 관련을 맺고 있는 공동체로서의 학습주체 고유의 지식과 가치를 생산한다.

이 점에서 킬고어가 사회운동의 맥락에서 살펴본 개인학습(individual learning)이나 집합학습(group learning)으로 일방적으로 환원되지 않는 집단학습(collective learning)에 대한 논의는 사회운동의 맥락에서의 학습과정을 주도하는 학습주체를 일종의 공동체로 볼 수 있는 의미 있는 관점을 제시해 준다. 킬고어에 의하면 사회운동 과정을 거쳐 개인은 '우리'라는 집단적 정체성을 통해 스스로를 확장한다. 예컨대 여성운동에 참여하는 개별적 여성으로서 '나'는 함께 참여하는 다른 개별적 여성과 더불어 '우리'로서의 '여성 집단'을 형성한다. 이때의 집단으로서의 자기 정체성은 개인의 집합적 참여를 통해 구성된다는 점에서 사회이론에서 말하는 사회적 실재로서의 계급 또는 계층과 구별되는 구성적 개념이다. 또한 이때 등장하는 학습주체는 개별적 개인으로 환원되지 않는 '우리'로 구성된다는 점에서 개인주의적 접근방식을 극복하는 동시에 학습주체를 사회적 실재로 다루는 거대담론을 빗겨간다. 이 점에서 킬고어의 집단학습과정에서 참여하고 성장하는 학습주체는 '우리'로서의 자기 정체성과 유대감을 공유하는 공동체적 학습주체로 이해할 수 있다(Kilgore, 1999 참조). 이 점에서 이때의 '집단'은 네그리와 하트(Negri & Heart)가 말하는 '다중'(多衆, multitude)의 개념과 유사하다. 이때 '다중'은 자본주의 사회에서 획일적으로 주조되는 대중(大衆, mass)과는 달리 자신의 고유성을 지닌 채 상호

작용을 통해 스스로를 드러내는 주체적 집단을 말한다. 네그리와 하트는 현대를 전지구화된 자본주의의 힘이 지배하는 '제국'(empire)의 시대라고 보고 이에 대한 저항의 힘을 '다중'에서 찾고 있다(Negri & Heart, 2000 참조)

이처럼 학습주체에 대한 공동체적 이해는 사회운동에 참여한 집단을 학습주체로 이해하는 과정에서 기존의 개인주의적 관점과 계급론과 계층론적 이해가 갖고 있었던 한계를 극복할 수 있는 가능성을 보여주고 있다.

## 3. 사회운동 학습과정: 공동체주의적 접근

### 공동체와 공동체주의

우리는 일상생활에서 '공동체'라는 의미를 일반 사회조직과 구별해서 이해하고 있다. 공동체는 도시화와 산업화를 동반한 근대화 과정에서 해체되거나 잊힌 인간의 '본원적' 생활양식으로 이해되기도 하며(신용하, 1985), 그렇기 때문에 현대인의 맞닥뜨린 인간소외 문제와 물신화 등의 문제를 해결하기 위한 대안적 미래사회의 생활양식으로 인식되기도 한다(Marx & Engels, 1848; 박노영, 1985). 한편, 공동체는 과거형 또는 미래형으로 뿐만 아니라 현재 존재하는 특정한 형태의 인간집단 또는 사회조직을 지칭하기도 한다. 같은 지역에서 공통된 유대감과 의존적 상호작용을 기본적 요소로 갖고 있는 사회조직체를 공동체라 보는가 하면, 공동사회(Gemeinschaft)적 성격을 유지하고 있는 농촌사회를 공동체라고

칭하기도 한다. 또는 현대적인 삶의 방식을 버리고 전통적인 삶의 방식이나 대안적인 삶의 방식을 택해 공동생활을 하는 집단을 일컬어 공동체라고 칭하기도 한다. 뿐만 아니다. 학문공동체, 신앙공동체처럼 공동의 세계관과 가치를 공유하고 공동의 작업을 수행하는 집단을 공동체로 보기도 한다. 국가나 민족단위를 국가공동체 또는 민족공동체로 보는가 하면, 근대적 조직체를 갖추고 있는 군대나 직장도 공동체라는 용어로 지칭되기도 한다. 최근에는 정보통신기술 발달에 따라 온라인 모임이 활성화되면서 인터넷을 기반으로 활동하는 집단을 '가상공동체'의 개념으로 보기도 한다(신용하, 1985; 송재룡, 2001; 강대기, 2001; Poplin, 1969; Bell & Newby, 1972).

이처럼 공동체는 과거의 기억 속이나 미래세계에 존재하는 가능태로서, 또는 현실의 경험세계에 존재하는 현실태로서 가늠할 수 있는 모종의 사회조직체 또는 인간집단을 지칭하고 있다. 경험세계에서 공동체는 다양한 양태로 포착되고 있으며 서로 모순된 속성을 가진 사회조직체가 공동체라는 동일한 범주 속에 포함되기도 해서 경험세계의 공동체를 명확한 개념으로 규정해 내는 일은 쉽지 않다(Bell & Newby, 1972).

그럼에도 불구하고 공동체를 다른 사회조직체와 구분하여 부를 수 있는 근거는 어디에 있을까? 공동체를 다른 사회조직체와 구별할 수 있도록 해주는 공동체만의 독특성은 어디서 유래하는 것일까?

공동체(community)는 사전적인 의미에서 "정치·문화·역사를 함께 하는 사회, 공동 사회" 또는 "정한 계율에 따라 공동생활을 하는 집단"(동아출판사, 2005)으로 정의된다. 이 점에서 공동체는 "특정한 관습들-가치, 규범, 의미, 역사적 정체성 등등-을 공유, 활용함으로써 서로 간의 상호 의존적인 관계성을 계속 유지"(송재룡, 2001: 101)하는 사회적 집단으로 이해할 수 있다. 한편, 사회학의 전통 속에서는 전통적으로 공동체를 1) 동질성을 가진 소집단 2) 타인과 일체되어 협동적 관계를 맺고자 하는 심성적 정신적 현상과 관계 3) 지역과 결부된 조직체 단위(신용하, 1985: 15)라는 3가지 방식으로 정의한다. 폼플린(Poplin)은 이에 따라 공동체를 첫째, 군대나 전문가 집단 같은 결사체, 둘째 마을, 촌락, 읍, 시, 거대도시 등과 같은 지역단위[11], 셋째 도덕적, 정신적 현상으로서 타인들과 일치감 및 연대성 추구하는 일(공동체를 추구하는 일)의 맥락에서 공동체 개념이 각각 사용되고 있다고 본다(Poplin, 1969; 고순철, 1994).

힐러리(Hillery)는 이러한 세 가지 요소를 모두 공동체를 이루는 기본 요소라고 보고 이를 공동체를 분석하는 통합적 분석틀로 활용한다. 그녀는 위와 같은 맥락에서 공동체를 규정짓는 3요소로서 '지리적 영역(geographic area)'[12]과, '사회적 상호작용(social interaction)', '공동의 연대(common ties)'를 제시한다(Poplin, 1969;

11) 이에 버나드(Bernard)는 공동체(Community)와 지역사회(The Community)를 구분해서 쓰자고 제안하기도 한다. 이때 공동체는 '공동의 유대'와 '집단정신'을 공유하고 있는 집단을 의미한다면 지역공동체는 '지역적인 차원을 지니는 사회조직체 단위'를 의미한다(Poplin, 1969: 47 참조).

12) 환경적 요소로서의 '지리적 공간'은 1차적 관계와 전통적인 게마인샤프트(Gemeinschaft)적 공동체 형성의 가장 기본적 요체가 된다. 교통과 통신이 발달하지 못했던 전통사회의 구성원들은 폐쇄적인 생활 반경 내에서 공동체 형태의 삶은 필연적 요청일 수밖에 없다. 그러나 정보통신기술과 교통의 발달로 공동체의 기본 요소인 지역적 기반에 대한 고려는 약해지고 있다(강대기, 2003). 특히, 인터넷 통신의 발달로 전통적인 공간 개념이 해체되고 온라인 공간을 기반으로 한 '사이버공동체'의 출현은 지역성을 기반으로 한 공동체 개념의 재고를 요청하기도 한다(송재룡, 2001; 강대기, 2003). 지리적 영역이 삶의 양식을 공유하는 전통적인 경계였다는 점에서 삶의 양식이나 관심의 공유 정도로 재해석해도 무방할 것으로 보인다.

강대기, 2003). 이는 각각 공동체가 갖는 환경적 요소, 사회적 요소, 문화적 요소를 지칭하는 것으로(강대기, 2001), 공동체는 이러한 각각의 요소의 결합체로 간주된다.[13)]

이와 같은 공동체에 대한 분석적 접근은 공통적으로 현존하는 사회조직체는 인간집단을 공동체로 규정하는 중요한 준거와 공동체를 이해할 수 있는 분석틀을 제공한다. 하지만 공동체는 '사실'로서 존재하지만 '가치'적인 측면을 가지고 있다는 점에서(김경일, 1985) 공동체 요소에 대한 분석적 접근은 공동체를 정태적인 것으로 바라보는 한계를 갖게 된다.

공동체는 경험세계에 존재하는 현실태로서 뿐만 아니라 미래사회를 예시하고 준비하는 가능태적 생활양식이라는 측면에서 바라볼 필요가 있다. 이 때문에 공동체가 추구하는 가치, 즉 공동체성에 대한 규명 또한 공동체를 규정하는 데 있어서 중요할 수밖에 없다. 현존하는 공동체를 규명하는데 있어서도 공동체를 공동체로서 규정할 수 있는 가치론적 측면은 고려되어야 할 부분이다. 공동체라고 일컬어지는 사회조직이나 집단은 현대사회의 일반적인 조직적 한계를 넘어서가나 대체하려고 하는 내부 동력과 특수성을 갖고 있다고 간주되고 있기 때문이다(고순철, 1994; 강대기 2001).

공동체주의는 사상사적으로 근대적 자유주의에 대한 안티테제로서 등장을 했다. 근대적 자유주의는 근대적 자아관, 즉 이성적이

---

13) 한편, 고순철(1994)은 공동체가 가진 정신적 차원과 지역적 차원에 보다 집중한다. 그는"공동체는 일정한 지역성에서 개인의 정신적 관계 또는 도덕적 관계를 추구하는 사회집단을 지칭하는 용어라고 할 수 있다. 특히, 이 개념에 내포된 정신적 차원은 사회구성원 간에 가치, 신념, 목표를 공유하는 '우리 의식', '동일한 의식' 등 여러 가지로 표현되기도 한다....이런 면에서 공동체는 지역성과 정신적 차원이라는 수직적, 수평적 축상에서 존재(고순철, 1994: 6)"한다고 본다.

고 자율적인 인간관을 토대로 하고 있다. 근대적 자아관의 출발이라고 할 수 있는 데카르트의 제1명제, 즉 '나는 생각한다. 고로 존재한다'에서 볼 수 있는 것처럼 근대적 인간은 더 이상 중세적 신의 명령체계에 종속되지 않고 스스로가 세계의 입법자로서 사고하고 판단하고 행동하는 자율적이고 주체적이며 이성적인 인간으로 등장한다. 이 때문에 근대적 인간은 집단과 전통으로부터 자유로운 주체적 '개인'으로 간주되며(김선구, 1999; 강대기, 2001), 특히 미국의 철학자인 노직(Nozick) 등을 중심으로 전개되었던 자유지상주의(liberatarianism)에서 개인은 공동선이나 사회정의 보다 우선하는 절대적 권위를 갖는다(Kymlicka, 1990).

공동체주의자들은 이러한 개인주의적 자아관에 반기를 들며, 개인에 선행하는 공동체적 토대를 출발로 삼는다. 자유주의적 자아관에 대한 비판은 존 롤즈(John Rawls)의 「정의론」에 대한 샌들(Sandel)의 공동체주의에 입각한 비판에서 대표적으로 촉발된다. 롤즈는 '목적에 우선하는 자아'를 내세우며 독립적이고 자율적인 존재로서 개인을 긍정한다. 이때 개인은 목적을 언제든지 수정할 수 있는 존재로 간주된다. 샌들은 이러한 자유주의적 자아가 추상적인 자아로서 탈맥락적 성격을 지닌다고 비판하면서 자아가 목적에 우선하는 것이 아니라 목적이 자아를 구성한다고 본다. 즉, 자아를 규정하는 사회적 관계에 주목한다(김선구, 1999).[14)]

개인주의적 자유주의와의 대립구도 발전한 공동체주의는 개인

14) 이처럼 "공동체주의는 기본적으로 인간의 정체성은 본질적으로 공동체적 토대와 불가분의 관계에 있다는 인식을 기초"로 하며, "개인 자아의 본성적 우선권을 추상적으로 강조하여, '공유된 가치'나 '공동선'의 심각성을 받아들이기를 거부하는 '자유주의적' 개인주의의 입장에 반대한다."(송재룡, 2001: 108).

주의적 자아관을 거부하고 공공선 또는 공유된 가치를 강조한다. 이 때문에 공동체주의는 다시 권위적이고 개인의 자유와 자율성을 억압하는 질서를 긍정하는 것은 아닌가라는 비판에 직면해야 했다(Kymlicka, 1990; 김선구, 1999; 송재룡, 2001). 이에 따라 최근에는 신공동체주의(neo-communitarianism)의 등장으로 개인의 자율성과 공공선 또는 공유 가치를 조화시키고자하는 움직임이 일고 있다. 새로운 공동체적 사고를 주장하는 에치오니(Etzioni)는 공동체 안에서도 개인의 자율성과 공동체의 가치가 조화될 수 있다고 주장한다. 그는 공동체주의가 '공동체적 결속'과 '개인의 자율성'을 모두 중요시 하는 개념으로 신공동체주의(neo-communitarianism)라는 개념을 제안하면서 공동체는 공동체적 목표가 개인에게 일방적으로 투영되는 것이 아니라 두 가지의 힘, 즉 공동체의 질서를 조장하는 '구심력'(contripetal forces)과 자율성을 조장하는 '원심력'(centrifugal forces)간의 공생적 조화의 관계의 필요성으로부터 형성된다고 주장한다(Etzioni, 1995; 송재룡, 2001).

이처럼 공동체주의는 원자적이며 추상적이고 가치중립적인 자아관을 거부하고 개인과 개인이 속한 공동체 사이의 관계 속에서 나타나는 공동체적 자아관을 전제한다. 또한 이러한 공동체적 자아에 영향을 미치는 공동체적 가치를 긍정한다. 신공동체주의의 맥락에서 볼 수 있는 것처럼 개인의 자율성과 공동체의 질서 사이의 '공생적 조화'는 공동체의 기본적 형성 구조가 된다.

요컨대, 공동체는 개념적으로 구성원 간의 1차적 관계와 상호의존적인 상호작용, 공통의 유대감, 지역적 기반을 기본 요소로 하는 경험세계의 사회조직 또는 인간집단으로 정의할 수 있다. 한편으로 공동체는 인간과 세계를 바라보는 하나의 관점, 즉 공동체주의적 관점이라는 가치 지향성을 내포한다. 그리고 이러한 공동체주의는 인간소외와 공동체의 해체를 촉발시키는 근대 자본주의적 패러다임에 대항하고 (원시 사회에서 그 원형을 찾을 수 있는) 공동체성의 실현을 목표로 한다는 점에서 공동체운동과 친화력을 갖는다. 이 점에서 공동체를 구성한 기본 요소뿐만 아니라 개인주의적 자유주의 또는 자유지상주의와의 대립 속에서 공동체적 가치를 지향하는 방식, 그리고 공동체와 긴장관계를 가질 수밖에 없는 사회체제와 관계맺음 방식 등도 공동체를 이해할 때 동시에 고려될 필요가 있다. 이 때문에 현대적 의미에서 공동체에 대한 정의는 전통적인 공동체가 갖고 있는 기본요소(상호작용, 공동유대감, 지역적 기반)뿐만 아니라 공동체주의 및 공동체 운동이 지향하는 (개인주의와 대립되는) 공동체주의적 가치를 포괄할 수 있어야 한다.

### 지역사회개발과 공동체학습

어떤 집단이나 지역을 공동체로 본다는 것은 무슨 의미일까? 특히 교육학의 논의 속에서 공동체는 어떻게 의미지어질 수 있을까? 여기에서는 기존의 교육학, 특히 성인교육학 영역에서 공동체를 이해하는 지역사회개발론과 공동체학습론에 대해 살펴보도록 하겠다.

지역사회개발론은 지역사회의 정치적, 경제적 개발에 초점을 맞추고 이를 가능하게 하는 다양한 물적 인적 자원의 동원 및 행정체제 구축에 관심을 쏟는다(김남선, 김만희, 2000; 강은숙, 2003). 최근에는 지역사회개발과 학습의 문제와 관련하여 사회자본

(social capital)을 통한 논의가 활발히 이루어지면서 공동체적 가치에 대한 관심이 높아지고 있다.

킬패트릭 등에 의하면 사회자본에 대한 이해에는 두 가지 전통이 존재한다(Kilpatrick et al., 2001). 첫 번째는 개인 중심적 전통으로 콜맨(Coleman)과 부르디외(Bourdieu)의 사회자본론이 여기에 해당한다. 콜맨은 행위자가 사용할 수 있는 특정 종류의 자원으로, 부르디외는 어느 정도 제도화된 상호 교제와 인식(mutual acquaintance and recognition)의 영속적인 네트워크의 소유와 관련된 실제적이고 잠재적인 자원의 집합, 즉 한 집단 내에서의 멤버십을 사회자본으로 이해한다. 따라서 사회자본이란 한 개인 또는 한 집단이 소유하고 있으며 다른 집단과는 상호배타적인 맥락에서 이해된다. 두 번째는 사회자본에 대한 집단 중심적 정의로 "상호 이익을 위한 협동과 협력을 촉진하는 네트워크, 규범, 신뢰 같은 사회 조직의 특성들"(Putman), "지역사회 공동의 목적인 사회적, 시민적, 경제적 복지에 기여하는 잠재성을 가진 사회적 상호작용의 결과"(Woolcock & Narayan), 또는 "사람들을 집단적으로 행동하게끔 하는 규범과 네트워크"(Falk & Kilpatrick) 등으로 정의된다(Kilpatrick et al., 2001: 23).

지역사회개발의 맥락에서는 집단중심 차원에서 사회자본에 대한 이해가 이루어진다. 이러한 관점에서 사회자본은 공동의 목적을 위해 공동체에서 활용할 수 있는 지식 및 정체성 자원[15]으로,

---

15) · 지식자원: 공동체 내외의 네트워크, 활용 가능한 기능과 지식, 선례, 절차, 규범, 의사소통의 장, 가치/공동체의 태도 전통 등에 대한 지식
· 정체성자원: 인지적이고 감성적 속성: 자기 확신, 규범, 가치, 태도, 비전, 신뢰, 공동체에 대한 기여(Balatti & Falk, 2002: 285)

(이 자원들의) 네트워크임과 동시에 이 네트워크를 통해서 생성되는 자원(Balatti & Falk, 2002), 또는 "한 공동체의 개별 구성원 사이에서 공유되는 자원"(Kilpatrick, 2000: 3)으로 이해되기도 한다. 즉 지역사회개발에서 사회자본이란 개인 또는 집단이 독점하고 그로 인해 특정한 혜택과 지위를 누리는 자본이 아니라 공동체적 이익으로 환원될 수 있는 공동체적 자본을 의미한다고 볼 수 있다. 사회자본이 갖는 이와 같은 공동체적 특성에 대해 킬패트릭 등은 다음과 같이 언급하고 있다.

> 사회자본은 사람 사이의 관계에 근거한 자원이다. 특히 일반적으로 관계망에서의 멤버십과 상호작용을 안내하는 규범으로 정의된다. 이는 이차적으로 지식과 신뢰를 생성하며 이를 통해 상호 호혜성과 협동성이 촉진된다(Kilpatrick et al., 2001: 4).

그렇다면 이와 같은 사회자본은 지역사회개발에 어떻게 관여하는가? 킬파크 등은 지역사회개발을 하나의 과정으로 보고 사회자본은 이러한 개발 과정을 지원하는 자원이자 그 결과로 본다. 이러한 측면에서 지역사회개발은 사회자본 구축 과정과 동일시되고 있다(Kilpatrick et al., 2001). 사회자본의 구축은 지역사회개발을 위해 필요한 지식의 축적과 교환 그리고 이러한 과정을 극대화하기 위한 지역사회 구성원 간의 네트워크의 구축 과정으로 이루어지기 때문에 이 구축의 과정은 지역사회 구성원의 학습의 과정을 촉발시킨다. 이 점에서 "학습은 사회자본이 구축될 때, 다시 말해 상호작용을 통해 기존의 지식과 정체성 자원을 불러내서 거기에 새로운 자원을 부과할 때 발생한다."(Balatti & Falk, 2002: 285) 이와 같은 지역사회에 대한 개발론적 이해, 특히 사회자본의 구축과의 관련 속에서 학습과정을 이해하는 입장은 최근 OECD 및 EU 등 주요 국제기구를 통해 이루어지고 있는 평생학습정책에서 강조되고 있다. 사회통합이 지역사회의 경제발전에 핵심적이라고 보고 바로 이와 같은 기능을 수행하는 것이 사회자본의 구축이라고 보고 있는 것이다(김민호, 2003).

이 점에서 사회자본론에 근거하여 이루어지고 있는 지역사회개발론은 지역사회를 지역공동체로 보고 지역사회에 내재해 있는 공동체성에 대해 주목하고 있다는 점에서, 그리고 이러한 공동체성의 회복과 개발을 지역사회발전의 적극적인 기제로 이해했다는 점에서 의의를 갖는다. 하지만, 공동체적 가치, 지식 등에 대한 사회자본론적 이해는 몇 가지 한계를 갖는다. 첫째 사회자본을 중심에 놓은 지역사회개발에 대한 부정적인 시각은 앞서 살펴보았던 것처럼 개인 중심적 이해에 터할 때 나타난다. 사회자본이 개인 또는 특수 집단에 의해 전유될 때 사회적 불평등 또는 소외를 낳을 수 있다. 둘째 경제 발전을 위한 사회통합이라는 지역사회의 외재적 목표에 초점이 맞춰짐으로써 지역사회가 갖는 '정신적 측면'에 대해 소홀히 하고 있다는 비판을 받는다(Bean, 2000). 이 점에서 빈(Bean)은 영성(spirituality)에 대한 개발 또한 공동체 개발의 중요한 한 측면으로 강조한다. 그는 1) 생태적 기반 2) 사회 정의 3) 인간에 대한 존엄 4) 공동체적 기반 5) 행위와 성찰의 결합이라는 영성 개발을 위한 주요 원칙을 내세우면서 효율성이나 경제적 효과에 의해서 판단되었던 기존의 경제주의적 관점의 공동체 개발론에서 탈피할 것을 주장하고 있다(Bean, 2000: 67-8). 마지막으로 공동체성 및 사회적 연대와 같은 공동체적 가치를 지역사회개발의 중요한 기제로 삼고 있음에도 불구하고 이러한 공동체적 가치 또한 지역사회의 정치 및 경제적 발전에 기능하기 때문에 유의미하게 받아들여지고 있다는 점에서 공동체적 관점이 제한적으로 수용되고 있다.

공동체적 관점을 학습의 맥락에서 보다 적극적으로 수용하려는 움직임이 공동체학습에 대한 논의를 통해 최근 전개되고 있다. 이때 공동체학습이란 1) 공동체 생활에 필요한 학습이자(Zhu & Baylen, 2005) 2) 공동체 역량을 키우기 위해 교육기관에서 제공하는 학습(Falk, 1997; Perkins, 1998; Kilpatric, 2000; Stein, 2002; Stein & Imel, 2002)을 의미한다. 전자가 학습자 입장에서의 공동체학습에 대한 정의라면 후자는 교육자 입장에서의 정의라고 할 수 있다. 이 점에서 공동체학습은 공동체를 이해하고 공동체 성원으로서 살아가기 위한 개인 수준의 학습이자 공동체적 목적을 달성하기 위하여 공동체 차원의 역량을 강화하는 집단 수준의 학습을 동시에 의미하는 것이라고 볼 수 있다.

이 점에서 공동체학습은 기존의 연구에서 공통적으로 공동체적 목적의 실현이라는 목적 지향적이고 의도적인 활동으로 간주되고 있다(Falk, 1997; Perkins, 1998; Kilpatric, 2000; Stein, 2002; Stein & Imel, 2002). 예를 들어 스테인과 이멜(Stein & Imel)은 "개인이 평생학습과 지속적인 공동체에 기여할 수 있는 지식, 기능, 신념, 능력을 개발하기 위하여 여러 가지 방법과 프로그램과 서비스를 채용하는 교육적 접근, 즉 공동체 성원을 키워내는 일"(Stein & Imel, 2002: 254)을 공동체학습(community learning)을 정의하고 있다. 이때 공동체의 목적은 공동체의 비전을 어떻게 설정하는가에 따라 다양하게 나타지만 일반적으로 탈경제주의적 관점을 견지한다. 퍼킨스(Perkins)는 공동체의 지속가능한 발달(sustainable development)을 공동체 및 학습공동체 구축의 제1요소로 간주하면서 공동체의 비전이 "이웃 맺기, 시민참여, 조직효과뿐만 아니라 공동체 심리적 연계(공동체의식, 공동체주의, 애향심, 공동체 확신 및 만족)의 발달을 포함한 사회 생태 언어로 규정되어야 함"을 주장하고 있다(Perkins, 1998: 271). 즉 공동체학습이란 공동체 구성원들의 참여와 합의를 전제로 하는 지속가능한 공동체의 성장을 도모한다는 점에서 산업주의에 근간한 경제주의적 접근과는 차별적이다. 포크(Falk)는 보다 적극적으로 '공동체학습' 개념을 도입한다. 그는 기존의 지역사회개발(community development)의 관점이 공동체에 대한 경제주의적 접근으로 경도되었다고 비판한다. 그리고 이러한 한계를 극복하기 위해서 '공동체학습'이라는 개념을 써야 한다고 주장한다. 그는 '공동체학습'이라는 에토스(ethos)를 통해 공동체적 복지 실현이 가능한지를 타진하고 있다. 여기에서 '공동체학습'을 "공동체 목적을 인식하고 복잡한 구성원의 가치체계의 화해를 성취하는 학습으로 정의"(Falk, 1997: 36)함으로써 그 핵심에 '공동체 실현'이라는 가치를 위치시키고 있다. 이 점에서 포크의 공동체학습은 공동체 성원들이 집단적으로 가치 체계와 학습목표를 공유하는 집단학습과정으로 본다. 이 점에서 공동체학습은 "가치체계 공유라는 것을 둘러싸고 벌어지는 학습사태"로 정의되며 이 학습사태의 총체적 목적은 "공동체 가치를 확인하고 공유하는 것"으로 간주된다(Falk, 1997: 31 참조).

스테인(Stein)은 목적 지향적 활동으로서의 공동체학습이 이루어지는 과정을 보다 역동적으로 그려내고 있다. 그는 공동체 성원들이 어떻게 학습의 과정에 참여하고 이를 통해 공동체 변화를 어떻게 일구어내는지 그리고 이 변화의 의미는 무엇인지를 드러내기 위해서 '공동체학습'(community learning)이라는 개념 대신 '공동체 내 학습'(learning in community)이라는 개념을 통한 사례 분석을 시도한다(Stein, 2002 참조). 그는 '공동체 내 학습'을 "공동체의 다양성을 대표하는 집단이 지역상황에 대한 깊이 있는 학습을 통해 함께 현장지식(local knowledge)을 창출하고, 이러한 학습결과가 자신들이 원하는 미래에 실현될 수 있도록 하는 것"(앞글: 28)으로 정의 내린다. 현장지식 창출(creating local knowledge)이란 "그 지역에 사는 사람이 전문가와 파트너십을 맺고 공동체의 경제, 사회, 정치 및 역사적 맥락에서 자료를 수집하고 해석하는 일을 의미한다. 또한 공동체의 일상생활에 개입하여 바람직한 미래를 구축하는 것을 의미한다"(Stein, 2002: 28). 이러한 지역적 지식의 창출이 '자발성'을 전제하고 있다는 측면에서 민중교육에서 말하는 민중지식의 창출의 과정으로 이해할 수 있다(Freire & Horton, 1990 참조). 스테인이 말한 자발적인 참여를 통한 지역적 지식의 창출의 의미는 다음과 같은 말을 통해 알 수 있다.

> 전문가만이 타당하고 유용한 지식을 생산할 수 있는 것이 아니다. 일상인도 그렇게 할 수 있다. 단지 해당 공동체만이 식별할 수 있는 문화 역사적 요소를 지식이 가지고 있다(Stein, 2002: 30).

여기에서 중요한 것은 공동체 구성원들의 자발적인 '참여'이다. 즉 "공동체 내 학습은 함께 참여하고 함께 배우고 현장지식을 창출하고자 하는 욕구의 표현"(앞글: 27)이라 점에서 공동체 구성원들의 자발적 참여 전제가 되는 '사회적 실천'이다. 공동체 구성원들은 이러한 사회적 실천으로서 공동체학습 참여를 통해 학습에 대한 주인의식(sense of ownership)을 갖고 공동체의 실질적 주체로서 변화를 주도하게 된다.[16)]

이와 같은 스테인의 '공동체 내 학습'은 공동체 변화와 관련해서 다음과 같은 특성을 갖는다. 첫째 학습의 과정을 통해 이루어지는 '변화'를 포괄적으로 다룬다는 점이다. 그는 공동체학습이 구체적으로 목표로 하고 있는 지역사회의 문제의 해결뿐만 아니라 이를 통해서 이루어지는 공동체 의식의 변화, 공동체 역사 및 가치에 대한 이해, 유대감의 강화를 '공동체 내 학습'을 통해 이루어지는 중요한 변화라고 보고 있다. 여기에 보다 건강한 공동체 구축을 위해 한 공동체가 활용하는 힘과 자원을 총칭하는 공동체 역량(community capacity)의 강화까지 포괄한다. 둘째 '공동체 내 학습'은 또 다른 학습과제를 발굴하는 미완의 과정이자 영속적인 과정이다. 학습이 공동체가 맞닥뜨린 문제를 발생시킨 궁극적인 구조의 변화까지 끌어낼 수는 없으며 구성원들의 의식 수준을 만족할만한 수준까지 끌어올릴 수 없다. 그렇기 때문에 '공동체 내 학습'의 최종 단계는 문제를 해결하는 단계가 아니라 지금까지 이루어진 학습과 참여의 과정을 반성하고 평가하며 새로운 학습을 유지하고 계속하기 위한 방안을 모색하는 '지속'(continuing)의 단계이다. 근본적인 문제해결의 해결은 "공동체학습에 대한 신념과 공동체학습 참여 능력이 성장함에 따라" 이루어질 것이다. 셋째 스테인의 '공동체 내 학습'의

16) 이 점에서 스테인은 공동체 구성원들의 자기 주도적 학습의 과정을 강조하며 성인교육자는 촉진자(facilitator)로서의 위치를 갖는다고 본다. "변화는 이론적이거나 전문적인 지식에 의해 추진된다기보다는 공유된 학습(shared learning)을 통해서 성취된다. 성인교육자는 시작한다. 하지만 그 변화 과정을 지배하지는 않는다."(앞글: 37).

과정은 적극적으로 계획하고 개입하는 의도적인 형식적 교육활동을 통해 촉진된다.

요컨대, '공동체학습'에 대한 논의는 지역사회개발론에서 중심이 되고 있는 경제주의적 관점을 비판하고 공동체성을 기반으로 한 대안적 사회발전 모델을 제시하고자하는 맥락에서 출현했다고 할 수 있다. 더 나아가 공동체 구성원들의 자발적 참여를 기초로 한 학습과정이 이러한 공동체적 대안 모델을 창출할 수 있다는 믿음을 전제로 하고 있다는 점에서 자유주의 및 급진주의 성인교육학에서 동시에 긍정하고 있는 학습(참여)자의 자기주도성에 대한 성인교육의 전통의 맥을 잇는다.

### 사회운동과 공동체학습

사회운동은 집단적 참여를 통해 이루어진다. 그리고 이때 등장하는 운동의 주체는 앞서 살펴보았던 것처럼 노동자, 민중, 시민 등 특정 정체성을 지닌 집단으로 표상된다. 이 점에서 사회운동에서 이루어지는 학습과정은 특정 집단을 참여주체로 하여 특정 목적을 실현하는 과정 속에서 이루어진다는 점에서 특수성을 지닌다.

이때 학습하는 기본 단위로서 '공동체'에 주목할 필요가 있다. 공동체는 앞서 살펴보았던 것처럼 전통적으로 삶의 기반과 공동체성을 공유하며 상호의존적 유대감을 지닌 인간집단 또는 사회조직체를 의미한다(Poplin, 1969; 신용하, 1985). 뿐만 아니라 개인주의적이고 분절된 현대사회의 질서를 거부하고 '함께 더불어' 살아가는 새로운 생활양식, 즉 공동체적 생활양식을 추구하는 가치 지향적 집단을 일컫기도 한다(고순철, 1994; 강대기, 2001). 특히 공동체학습론에서 볼 수 있었던 것처럼 오늘날의 공동체는 현대사회의 경제주의 및 개발주의에 대한 대안으로서 지속 가능한 발전이라는 생태학적 가치를 추구하는 집단으로 이해되기도 한다. 즉, 공동체는 공동체적 기본 요소를 집단적 속성을 갖고 있는 현실태로서 뿐만 아니라 공동체적 실천을 통해 실현해가는 가능태로서 이해된다. 이 점에서 사회운동에서 나타난 공동체를 학습의 기본단위로 본다는 것은 삶의 공유, 유대감, 공동체성 등 공동체적 요소를 갖추고 있을 뿐만 아니라 집단적 행동과 실천을 통해 공동체적 가치를 생성해 가는 학습 주체로 본다는 것을 의미한다.

사회운동에서 나타난 학습과정의 주체를 공동체로 볼 때 다음과 같은 이점을 가질 수 있다. 첫째, 학습주체에 대한 공동체적 이해는 학습과정에 대한 개인주의의 오류를 극복할 수 있는 가능성을 제공함으로써, 집단적 참여와 공동의 목표 실현을 위해 이루어지는 사회운동의 특수성을 반영할 수 있다. 공동체 단위에서 등장하는 개인은 개별적 주체가 아니라 공동의 목적과 다른 구성원과의 관계 속에서의 등장하고 공동체 구성원으로서의 자기 정체성을 형성해 가는 공동체적 주체이기 때문이다. 둘째, 그럼에도 불구하고 사회운동 참여 구성원들의 역동성을 보여주는데 공동체적 접근은 유효하다. 공동체는 공동체적 특성을 갖는 현실태로서 뿐만 아니라 공동체적 가치를 추구하는 가능태로서의 성격을 갖는다. 그리고 에치오니가 말했던 것처럼 이 과정에서 공동체 구성원은 공동체적 목적에 순응하는 존재가 아니라 공동체적 목적을 형성하고 변화시키는 데 적극적으로 참여하는 존재(Ezioni, 1995)로 이해될 수 있기 때문이다. 셋째, 학습주체에 대한 공동체적 이해는 지역사회를 기반으로 이루어지는 사회운동의 과정을 이해하는 데 도움을 준다.

지역사회 구성원들의 참여 속에 이루어지는 사회운동에서 참여자들은 이미 어느 정도 생활양식과 문화를 공유하고 있는 지역공동체를 형성하고 있다. 이 점에서 사회운동의 경험은 지역공동체 성원들이 공동으로 겪게 되는 비일상적인 공동체 경험으로 이해될 수 있다. 이 때문에 사회운동에 나타나는 학습과정에 대한 공동체적 이해는 사회운동의 경험을 특정 시기에 특정 이슈에 대해 이루어지는 비일상적 경험이 아니라 공동체 성원들의 삶의 과정 속에서 이루어지는 일종의 생애사적 사태(event)의 한 장면으로 이해할 수 있다.

사회운동에서 이루어지는 공동체학습과정에 주목할 때 다음과 같은 학습과정의 요소들을 고려할 필요가 있다.

첫째, 사회운동에서의 학습과정을 촉발시키는 계기, 즉 학습필요(learning need)에 대해 주목할 필요가 있다. 이는 왜 사회운동 속에서 학습과정이 요청되고 형성되는가에 대한 질문이다. 학교교육에서의 학습과정은 주로 외적동기 부여, 즉 이미 주어진 학습목표를 중심으로 이루어진다(나일주 & 정인성, 1998). 한편, 사회운동에서 이루어지는 학습과정은 미리 계획된 틀 속에서가 아니라 어느 날 생활세계에 던져진 특정한 사회적 이슈를 중심으로 형성된다는 점에서 특수성을 지닌다. 메찌로우는 생활세계를 위협하는 상황을 관점전환으로서의 학습과정이 촉발되는 계기로 봄으로써 특정 사회 주체가 처한 낯선 상황이 어떻게 학습활동으로 이어지게 되는가에 대해 논의하고 있다(Mezirow, 2001). 그러나 이는 개인의 수준에서 촉발되는 학습필요에 국한된 논의라는 점에서 한계를 갖는다. 사회운동은 집단적 참여를 통해 이루어진다는 점에서 학습필요는 개인적 수준에서가 아니라 집단 수준에서 확인될 수 있다.

이 점에서 특정 사회운동의 이슈를 중심으로 어떻게 학습필요가 발생하고 집단적으로 공유되며 확산되는지에 대한 접근이 요청된다.

둘째, 사회운동의 특정 목적을 실현하는 과정 속에서 이루어지는 교육활동도 중요하게 다뤄질 필요가 있다. 사회운동에서는 참여집단이 동의한 특정 목표를 실현하기 위해 특정한 교육활동을 실시한다. 이때 교육활동의 목적은 사회운동을 촉발 시킨 공동의 문제를 해결하는 데 있다는 점에서 일차적으로 기능적 성격을 갖는다. 이 때문에 사회운동을 선도하는 집단들은 자신들의 목적을 정당화하고 참여 세력을 규합하고 확장하기 위해 교육활동을 중요한 운동의 전략으로 삼게 된다. 이 점에서 사회운동에서 이루어지는 교육활동은 목적 달성을 위한 기능적 역할을 수행하는 과정에서 출현하고 변화한다고 볼 수 있다. 그러나 사회운동에서 이루어지는 교육활동은 미국의 노동학교인 하이랜더의 문해교육의 사례에서처럼 사회운동에 선행하는 경우도 있지만(Freire & Horton, 1990), 지역사회에서 이루어지는 환경운동이나 주민운동처럼 사회적 이슈의 등장과 함께 교육활동이 출현하는 경우도 있다. 이 점에서 사회운동에서 이루어지는 계획적인 교육활동뿐만 아니라 사회운동 과정에서 발생하고 변화하는 교육활동에 대해서 주목할 필요가 있다. 뿐만 아니라 사회운동의 상황(situation)이 참여자들의 학습을 촉발하는 학습의 장으로 기능한다는 점에서(Welton, 1995; Wenger, 2003), 무형식적인 학습이 이루어지는 학습의 장에 대한 논의도 교육활동의 기능에 대한 논의에 포함시킬 필요가 있다. 이 점에서 학습활동에 영향을 미치는 가르치는 활동 또는 학습의 장은 사회운동 과정에서 일어난 '학습관리체제'의 형성과 변화의 과정 속에서 이해할 수 있다. 교육활동 및 참여를 통해 형성된 학습의 장은 '학습관리'이라는 개념으로 포착된다. '학습관리'는 교수활동 중심의 전통적 교육학 패러다임에서 학습행위 중심의 교육학패러다임으로 인식전환을 감행했을 때 발견되는 개념이다. 이때 학습관리란 학습을 조장하고 촉진하는 교육행위 뿐만 아니라 학습을 방해하고 금지하는 교육행위까지 포함하며 교육자에 의한 학습자의 학습관리 뿐만 아니라 학습자의 자율적 학습관리도 포함한다(김신일, 2005). 따라서 교육활동 및 학습의 장의 확장은 사회운동의 목표 실현을 위해 구성원들의 학습을 촉진하고 조장하며 특정한 방향으로 이끌도록 기능하는 학습관리 영역의 확장 과정으로 이해할 수 있다. 또한 이러한 일련의 확장된 교육활동 및 학습의 장은 기능적으로 차별화되고 있지 않았다는 점에서, 즉 목적을 중심으로 유기적으로 결합되어 있었다는 점에서 학습을 관리하는 체제, 즉 학습관리체제를 형성한다고 이해할 수 있다.

셋째, 학습주체와 이들의 학습활동의 영역도 사회운동에서 이루어지는 공동체학습 과정을 이해하는 중요한 요소로서 간주할 필요가 있다. 전통적으로 학습은 개인적 수준에서 수행되는 과정으로 설명된다. 예컨대, 행동주의 학습이론에서의 학습과정은 외부의 자극에 따른 개인행동의 변화과정을, 그리고 인지주의 학습이론에서는 환경과의 상호작용을 통해 이루어지는 학습자의 선험적 구조로서 인지구조의 변화 과정을 의미한다. 이 점에서 개인의 '변화'는 학습과정을 구성하는 중요한 요소라고 할 수 있다. 그러나 사회운동에서 일어나는 학습과정에 참여하는 학습주체는 집단을 형성한다. 사회운동 참여 주체는 계급론적 의미에서 파악되기도 하지만 민중과 같이 초계급적 개념으로 포착되기도 한다(김성국, 2001). 이는 공통적으로 사회운동의 참여 주체를 개인이 아니라 특정 정체성을 지닌 집단으로 이해하는 방식이다. 이러한 관점에서 보았을 때 집단으로 등장하는 학습주체의 변화는 개인의 행동의 변화와 인지적 발달로 설명하는 심리적 변화와는 다른 방식으로 설명될 필요가 있다. 특히 사회운동에 참여하는 집단은 동일한 목적을 을 중심으로 형성된다는 점과 내부적 결속력과 유대감을 기반으로 외부세계에 대한 저항을 통해 의지를 발산한다는 점(Kilogore, 1999)을 고려할 필요가 있다.

넷째, 사회운동에서 이루어지는 공동체학습 과정에 주목한다고 할 때 가르침과 배움의 관계도 중요한 요소로 간주할 필요가 있다. 그러나 전통적으로 가르침과 배움의 관계를 설명하는 '교수-학습관계'는 사회운동에서 나타나는 가르침과 배움의 관계를 충분히 설명하지 못한다. 전통적인 교육학에서는 개인의 '바람직한' 변화를 이끌 수 있는 교수전략의 수립을 중요하게 간주하고 있다(나일주 & 정인성, 1998; 박성익 & 홍순정, 2003). 이 때문에 학습은 교수활동에 의해 바람직하게 인도되는 과정 속에서 자기 존재를 드러낸다는 점에서 교수활동 의존적이다. 그러나 사회운동에서 이루어지는 모든 학습이 교수-학습이라는 의도적 관계를 통해 이루지는 것은 아니라는 점(Foley, 1999)에서, 그리고 사회운동에서 이루어지는 학습과정이 한편으로는 구성원들을 운동의 주체(agent)로 서게 하는 과정이라는 점에서(Freire, 1972) 가르침과 배움의 관계는 복잡성을 띤다. 특히, 학습주체의 성장과정을 통해 가르침과 배움의 관계가 역전되거나 갈등관계로 이어지기도 한다는 점에서(허준, 2001), 교수-학습관계라는 정태적 인식틀은 사회운동에서 학습을 둘러싸고 나타나는 관계를 설명하는 데 적절하지 못하다. 따라서 교수자와 학습자를 특정하여 구분하고 있는 '교수-학습관계'라는 개념보다는 학습자의 학습에 영향을 미치는 다양한 관계의 양상을 포괄할 수 있는 개념이 요청된다. 이 점에서 교수-학습관계 뿐만 아니라 학습활동을 중심으로 형성되는 다양한 관계를 지칭하는 '학습관계'의 개념(한숭희, 2001b)은 사회운동에서 이루어지는 학습과정을 설명하는 필수적 요소로서 관계적 측면을 드러내는 데 보다 적절할 수 있다.

다섯째, 사회운동에서 나타난 공동체학습 과정을 이해할 때 공동체로서의 학습주체들이 무엇을 학습하는가의 문제, 즉 학습내용에 대한 요소, 특히 이때 '지식'의 문제를 고려할 필요가 있다. 교실 상황에서 교사와 학생은 교과내용을 매개로 관계를 맺으며 이때 교과내용은 교수자에 의해 설정된 학습목표에 따라 구성된다. 이 점에서 학습내용은 학습자의 삶의 맥락을 고려한 경험적 지식이라기보다는 학문세계의 지식의 구조를 반영한 이론적 지식이자 명시적 지식이다(한숭희, 2005). 하지만 사회운동 과정에서 다뤄지는 지식의 근원은 학문의 세계에 있지 않고 사회운동에 참여하는 구성원들의 삶의 세계에 있다. 이 때문에 사회운동의 장에서 다뤄지는 학습내용의 구성은 '위'로 부터가 아니라 '아래'로부터 형성되는 것으로 이해된다. 지배층의 지배이데올로기에 대한 대항담론으로서 피지배계층의 언어와 문화를 반영한 민중지식(popular knowledge), 삶의 터전을 위협하는 개발주의적 담론 등의 공식적이고 전문적인 지식에 대한 대항담론으로서의 탈주지(fugitive knowledge), 거대 운동담론으로 환원되지 않으면서 동시에 지역주민들의 삶의 문제를 반영한 현장지식(local knowledge) 등에 대한 논의(Freire & Horton, 1990; Hill, 2004; Johnston, 2003)는 사회운동에 다뤄지고 생성되는 지식의 성격을 규명하고자 하는 예라고 할 수 있다. 이 점에서 사회운동에서 다뤄지는 학습내용으로서 지식이 구성원들의 삶의 맥락과 어떻게 결합되어 가는가, 그리고 이를 통해 어떻게 공동체적 지식을 형성하게 되는가를 고려할 필요가 있다.

이처럼 학습필요, 교육활동, 학습주체 및 학습활동, 학습관계, 학습내용으로서의 지식의 문제는 사회운동에서 나타난 공동체학습 과정을 이해할 수 있는 중요한 단초를 제공할 것이다. 미리 계획된 구조 속에서뿐만 아니라 자연발생적 발현과정을 속에서 각 요소의 특성을 파악함으로써 사회운동의 목적성에 기능하는 학습활동뿐만 아니라 공동체적 학습주체가 겪게 되는 의미 있는 학습경험, 그리고 개인 수준으로 환원되지 않는 공동체 수준에서의 학습양상들이 사회운동의 전경(全景)으로 드러날 수 있을 것이다.

# 2

# 지역사회운동: 부안 핵폐기장 반대 운동

사회운동은 참여자들의 적극적인 자기 의사 표현의 장이자 한편으로는 학습을 통해 집단적으로 자기 성장을 경험하는 장이다(Welton, 1995; Holford, 1995). 부안의 사례는 몇 가지 점에서 이와 같은 학습의 장으로서 사회운동에 나타난 학습과정의 특성을 밝히는 데 적합하다.

첫째, 사회운동에 나타난 학습과정의 전경을 드러내기 위해서는 학습과정의 발생과 전개 그리고 학습과정의 결과를 확인할 수 있어야 한다. 부안 핵폐기장 유치 반대운동은 17개월의 기간을 통해 일단락된 사례로서 학습과정의 전 과정을 살펴볼 수 있는 조건을 갖추고 있다.

둘째, 사회운동에 나타난 학습과정은 의도적이고 계획된 교육활동뿐만 아니라 자발적 참여를 통해 형성되는 학습활동의 측면도 포함하고 있다는 점에서 공식적인 문서 자료에 대한 분석만으로는 한계를 갖는다. 이 점에서 부안 핵폐기장 유치 반대운동은 비교적 장기간에 걸쳐 이루어진 사회운동으로 이 시기에 이루어지고 있었던 학습과정을 보여줄 수 있는 문서자료, 영상자료 등이 풍부하게 남아 있었다. 뿐만 아니라 이 과정에 참여했던 주민들이 당시의 상황을 기억하고 재구성할 수 있을 만큼 최근의 일이었다는 점도 다층적으로 이루어진 학습과정을 드러내줄 수 있는 적합한 사례로서의 조건을 갖추고 있다.

셋째, 사회운동은 집단적 참여를 통해 이루어진다는 점에서 사회운동에 학습과정을 이해하기 위해서는 개인학습자와 구별되는 집단적 학습주체의 측면을 고려할 필요가 있다. 부안의 사례는 농어촌 지역을 기반으로 전개된 지역운동의 성격을 띠고 있었을 뿐만 아니라 '부안군민'으로서 느슨한 형태의 지역공동체 형성하고 있는 주민들의 참여를 통해서 이루어졌다는 점에서 개인이 아닌 집단 수준에서 이루어지는 학습과정의 특성을 드러내는 데 적합하다. 이 장에서는 사회운동에서 나타난 학습과정의 특성을 살펴봄에 앞서 부안 핵폐기장 반대운동이 일어난 배경을 서술하였다.

이 장과 다음 장의 글은 부안 핵폐기장 반대운동에 참여한 주민이나 활동가들에 대한 심층면담 기록을 바탕으로 작성되었다. 심층면담은 2005년 6월 24일부터 2006년 1월 17일까지 80명을 대상(중복 포함, 4명)으로 총 50회 실시되었으며 본 책에서 이들의 이름은 가명 처리 되었다.

▸▸ **표 2.** 심층면담자 목록

| 회 자 | 이 름 | 성 별 | 연 령 | 직 업 | 일 시 |
|---|---|---|---|---|---|
| 01 | 김호철 | 남 | 30대 | 운동가 | 2005. 6. 24 |
| 02 | 강민호 | 남 | 30대 | 변호사 | 2005. 8. 31 |
| 03 | 진형우 | 남 | 30대 | 농업 | 2005. 9. 13 |
| | 차동우 | 남 | 30대 | 운동가 | |
| 04 | 나민경 | 여 | 30대 | 자영업 | 2005. 9. 30 |
| 05 | 최영신 (1차) | 여 | 30대 | 농업 | 2005. 10. 1 |
| 06 | 노상호 | 남 | 40대 | 언론 | 2005. 10. 1 |
| 07 | 이영산 | 남 | 40대 | 농업 | 2005. 10. 3 |
| | 최현경 | 여 | 30대 | 농업 | |
| 08 | 윤민 | 남 | 40대 | 농업 | 2005. 10. 3 |
| | 김윤지 | 여 | 30대 | 회사원 | |
| 09 | 명수정 | 여 | 40대 | 농업 | 2005. 10. 4 |
| 10 | 이선 | 여 | 40대 | 농업 | 2005. 10. 11 |
| 11 | 민수현 | 남 | 50대 | 농업 | 2005. 10. 12 |
| | 주은희 | 여 | 50대 | 농업 | |
| 12 | 박호연 | 남 | 50대 | 교사 | 2005. 10. 12 |
| 13 | 도희진 외 5명 | 여 | 30-50대 | 주부 등 | 2005. 10. 13 |
| 14 | 이준성 | 남 | 50대 | 자영업 | 2005. 10. 13 |
| 15 | 신숙영 | 여 | 50대 | 자영업 | 2005. 10. 13 |
| 16 | 정영회 | 남 | 40대 | 무직 | 2005. 10. 14 |
| 17 | 김산 | 남 | 30대 | 자영업 | 2005. 10. 19 |
| 18 | 정인철 | 남 | 30대 | 농업 | 2005. 10. 21 |
| 19 | 최인애 | 여 | 20대 | 농업 | 2005. 10. 21 |
| 20 | 김주영 | 남 | 40대 | 어업 | 2005. 10. 22 |
| 21 | 김은아 | 여 | 30대 | 자영업 | 2005. 10. 24 |
| 22 | 나혁진 | 남 | 70대 | 농업 | 2005. 10. 24 |
| 23 | 허윤행 | 남 | 40대 | 자영업 | 2005. 10. 25 |
| 24 | 이지연 외 5명 | 여 | 30대 | 어업 등 | 2005. 11. 28 |
| 25 | 박장필 | 남 | 40대 | 농업 | 2005. 12. 12 |
| | 김강철 | 남 | 50대 | 농업 | |
| 26 | 홍창국 | 남 | 30대 | 농업 | 2005. 12. 12 |
| 27 | 황수연 | 여 | 40대 | 교사 | 2005. 12. 14 |
| 28 | 이재호 | 남 | 50대 | 성직자 | 2005. 12. 14 |

| | | | | | |
|---|---|---|---|---|---|
| 29 | 진덕수 | 남 | 40대 | 농업 | 2005. 12. 15 |
| 30 | 현은광 | 남 | 40대 | 농업 | 2005. 12. 15 |
| 31 | 조보현 | 여 | 30대 | 회사원 | 2005. 12. 15 |
| 32 | 정선호 | 남 | 40대 | 농업 | 2005. 12. 16 |
| | 윤동주 | 남 | 50대 | 농업 | |
| 33 | 민형준 외 3명 | 남 | 40대 | 농업 | 2005. 12. 16 |
| 34 | 박순이 외 2명 | 여 | 70-80대 | 기타 | 2005. 12. 16 |
| 35 | 김동혁 | 남 | 40대 | 농업 | 2005. 12. 21 |
| 36 | 이수진 | 여 | 70대 | 자영업 | 2005. 12. 23 |
| 37 | 김서연 | 여 | 50대 | 자영업 | 2005. 12. 23 |
| | 오혜린 | 여 | 50대 | 자영업 | |
| | 서예은 | 여 | 50대 | 자영업 | |
| 38 | 김건우 | 남 | 50대 | 자영업 | 2005. 12. 24 |
| 39 | 김안순 외 6명 | 여 | 70-80대 | 기타 | 2005. 12. 26 |
| 40 | 김지민 | 남 | 40대 | 교사 | 2005. 12. 28 |
| | 조영진 | 남 | 30대 | 교사 | |
| 41 | 이민순 | 여 | 60대 | 성직자 | 2005. 12. 29 |
| 42 | 오대양 | 남 | 40대 | 자영업 | 2005. 12. 29 |
| 43 | 김영민 | 남 | 40대 | 기타 | 2005. 12. 29 |
| 44 | 박석준 | 남 | 40대 | 자영업 | 2006. 1. 4 |
| 45 | 서정안 | 남 | 50대 | 공무원 | 2006. 1. 4 |
| 46 | 윤민 (2차) | 남 | 40대 | 농업 | 2006. 1. 6 |
| 47 | 성희경 | 여 | 60대 | 자영업 | 2006. 1. 6 |
| 48 | 이용태 | 남 | 40대 | 농업 | 2006. 1. 6 |
| 49 | 김동현 | 남 | 40대 | 자영업 | 2006. 1. 6 |
| 50 | 최영신 (2차) | 여 | 30대 | 농업 | 2006. 1. 7 |

## 1. 생거부안 (生居扶安)

부안은 전라북도 남서쪽 변산반도에 위치하여 서쪽으로는 황해를 접하고 있는 군(郡)지역이다. 부안읍, 변산면, 진서면, 위도면 등 13개 읍면으로 구성되어 있으며 위도면은 위도, 식도, 정금도,

거륜도, 상왕등도, 하왕등도 등의 섬으로 구성되어 있다.

부안의 인구학적 특성을 살펴보면 전형적인 농촌지역의 특성을 보여준다. 1970년도에 16만에 달하던 부안 군민은 꾸준한 감소세를 보여 2004년 기준으로 6만 7천명에 이르고 있다. 이는 이농 현상 및 도시화 과정 속에서 우리나라 농촌 소도시가 공통적으로 겪은 사회적 과정이라고 할 수 있다. 이 때문에 부안 주민 중 고령 인구가 차지하는 비율이 전국 평균 고령자 비율을 웃돌고 있다. 2005년 65세 이상이 차지하고 있는 인구가 전체 인구의 8.7%인 반면(통계청, 2005), 부안군은 전체 인구의 약 19%에 이른다(부안군청, 2004).

부안은 전형적인 우리나라 농어촌 사회의 문화적 특성을 갖는다. 여타 농촌사회처럼 고령인구가 많고 리(理) 단위의 씨족공동체의 원형도 남아 있는 편이다. 생활 반경도 주로 자신의 거주지를 중심으로 한 리, 면, 읍 단위를 중심으로 형성되며, 1차적 관계를 바탕으로 한 '마을 단위' 공동체가 중요한 생활 기반이 된다. 반면, 청년층 유입인구도 존재한다. 정확한 수치는 파악할 수 없지만, 농민회, 산들바다공동체, 변산공동체 등을 중심으로 농민운동 및 귀농을 목적으로 외부에서 들어온 청년층들이 부안을 제2의 고향으로 삼아 살아가고 있다.

부안의 경제활동은 농업과 어업 중심의 1차 산업과 상업 및 관광업 중심의 3차 산업으로 이루어진다. 그 중에서 농업에 대한 의존도가 높다. 부안군 전체 면적의 42%가 농지이며 농가 인구가 전체 부안 인구의 1/3(2004년 기준 22,534명, 전체 인구의 31.4%)에 달하고 있다(부안군청, 2004). 뿐만 아니라 3면이 바다로 둘러 싸여있어 지역 경제에 어업이 차지하는 비중도 높다. 격포항, 곰소항, 모항, 새만금 일대를 중심으로 약 5천명이 어민들이 고기잡이와 굴, 조개채취로 생계를 유지하고 있다. 이 밖에 부안읍 시가지를 중심으로 형성된 상업권과 변산반도 국립공원을 중심으로 형성된 숙박업 및 식당 등의 관광업권도 농업과 어업과 더불어 부안 경제를 구성하는 중요한 영역이라고 할 수 있다.

주민들은 이러한 부안을 '살기 좋은 곳'이라는 의미에서 '생거부안(生居扶安)'이라고 부른다. 이 말은 부안에는 먹을 것과 볼 것 등 살아가는데 두루두루 누릴 것이 많다는, 한마디로 '자연과 더불어 살기 좋은 부안'이라는 말이다. 서해의 변산반도로 중심으로 위치한 부안은 3면이 바다이면서 내륙에는 너른 들판이 있다. 해안에는 풍부한 어패류가 잡히고 내륙은 논과 밭에서 나는 농작물로 풍성하다. 게다가 외변산과 내변산 등을 중심으로는 '변산반도 국립공원'이 조성되어 있다. '생거부안'이라는 말은 자신이 살고 있는 고향에 대한 애정과 자긍심을 함축적으로 담고 있는 말이라고 할 수 있다.

부안에는 농민회, 전교조, 부안새만금생명평화모임 등 진보적인 단체부터, 새만금 개발 추진위원회, 해병전우회, 자유총연맹 등 보수적인 단체, 그리고 상가번영회, 예술인 협회 등의 이익단체까지 다양한 형태의 지역 민간단체들이 존재한다. 이 중에서 주요 진보적 영역에서 이루어졌던 사회운동의 경험들을 보면 다음과 같다.

첫째 부안지역은 일찍이 동학운동, 카톨릭 농민회의 농민운동 등 농민운동이 활발히 이루어지던 곳이다. 1970년대 및 1980년대까지는 천주교 신자들로 구성된 카톨릭 부안농민회를 중심으로 하여 농민들의 생존권 투쟁 및 정치투쟁(광주 항쟁 교육 등) 등이 이루어지다가 1991년 부안농민회가 결성되면서 부안 전체 농민을 아우르는 농민 조직이 탄생한다. 몇 개 면을 제외하고 전 군에 농민회 하위 조직이 만들어지고[17] 쌀 개방 반대 투쟁 등 농민 생존권의 문제와 관련된 주요 싸움을 전개해나갔다. 뿐만 아니라 지역사회의 주요 이슈(지방선거, 총선 등)가 있을 때마다 집단적으로 '진보적'인 목소리를 내면서 지역 여론에 영향을 미치고 있다. 현재 농민회는 주로 지역의 청장년층 농민들을 중심으로 구성되어 있다. 농민회는 이후 핵폐기장 문제가 지역사회에 불거지면서 초기 여론화 작업에 앞장서게 되고, 군대책위 및 읍면대책위를 조직하고 체계적인 반핵운동을 펼쳐나가는 데 있어 '골간조직'의 역할을 담당하게 된다.

민형준 : 핵폐기장 싸움이 어떻게 보면 그전에 농민회가 괜찮게 조직이 되어 있었거든요. 그 농민회가 아니었더라면 조직직으로...

오세현 : 허지도 못 허고 대응 자체를 못했을지도 몰라요. 항간에는 외부 세력이 개입해서 하냐 어떠냐 그런 얘기는 있지만, 부안군 전체적으로 농민 회원들이 신뢰 받는 농민 회원들이 뿌리박고 있고 그러니까 이런 싸움을 끝까지 해나갈 수가 있었지, 갑자기 그런 농민회 조직 없는 상태에서 끌어나간다는 건 상상도 할 수 없었죠.

둘째, 이 지역에서 이루어졌던 주요 사회운동으로 환경운동을 들 수 있다. 핵폐기장 유치 반대운동 이전에 부안 지역사회에서 가장 중요했던 환경적 이슈는 새만금사업[18]과 관련된 것이었다. 부

17) 2006년 현재, 주산면을 제외한 전 면단위에 농민회가 조직되어 있다.

18) 새만금 사업은 전북 군산~부안을 연결하는 방조제 33km를 축조하여 40,100ha 해수면을 28,300ha의 토지와 11,300ha의 담수호를 개발하는 사업으로 1991년 11월 착공된 이래 2006년 현재까지 계속되고 있다. 본 사업을 통해 새만금 갯벌이 사라지는 등 의 환경파괴의 문제와 개발의 부당성의 문제가 대두됨에 따라 종교단체, 환경단체 등이 주도하는 전국적인 '새만금 사업 반대운동'이 촉발된다. 하지만 2006년 3월 16일 지역주민과 환경

안 지역 활동가들과 새만금 간척지와 인접해 있어 직접 피해자라고 할 수 있는 계화도 주민들을 중심으로 1999년 '새만금을 반대하는 부안사람들'(현 부안새만금생명평화모임)을 결성하여 지속적인 새만금 반대운동을 펼친다. 이때 새만금 반대운동에 참여했던 활동가들이 부안 핵폐기장 유치 반대운동의 지도자 및 핵심적인 실무자로 결합하게 된다.

> 김주영 : 부안에 핵폐기장 반대 성공할 수 있었던 것이 새만금이에요. 왜 그러냐면 신부님부터 해가지고 모든 지도부가 다 새만금 했던 사람들이에요... 다 그 새만금 반대하는 부안사람들 회원이에요. 그 사람들이. 그러니까 나름대로 했던 그런 것들이 축적이 되어 있었다니까요.

셋째, 부안 지역의 중요한 시민사회 역량 중의 하나로 유기농 또는 무농약 농산물을 재배하는 일에 종사하는 일종의 유기농 운동체의 존재를 들 수 있다. 유기농 농법은 2003년 부안 핵폐기장 유치 반대운동이 일어날 당시 '주산을 사랑하는 모임', '산들바다(이전 한울회)', 변산공동체 등을 중심으로 시행되고 있었다. 이러한 운동체들은 핵폐기장 문제가 부안에서 불거지자마자 적극적으로 반대운동에 나서게 된다. 핵폐기장의 건설이 이들 유기농 운동체들의 생계를 위협하기도 했지만, 이들이 공유하고 있는 친환경적 의식은 핵폐기장 유치 반대운동과 친화성을 가질 수밖에 없었다. 특히 변산 지역에 주로 거주하고 있는 변산공동체 및 한울회 회원

---

단체들이 제기한 공사 중지 가처분 신청에 대해 대법원이 기각결정하면서 새만금 사업은 예정대로 추진되었다(부안새만금생명평화모임 홈페이지 참조 http://nongbalge.or.kr).

들은 핵폐기장 문제가 발생하기 직전에 있었던 골프장 반대운동에 적극적으로 참여하였다가 핵폐기장 유치 반대운동에 조직적으로 참여하게 된다.

> 정영회 : 여기가 산들바다를 껴서 그런지 유기농 하러 온 사람들 이제 그런 사람들이 마네요(많아요). 변산 공동체 그런데도 있고... 주산은 사는 사람들끼리 허고. 다른 데도 있겠지만 여기가 더 다양하고 많을걸!
>
> 윤동주 : (한울회와 변산공동체 회원들은)... 골프장은 몇 년 전에도 문제가 불거져갖고 그때 이제 싸움을 통해서... 바로 또 반핵 싸움이 일어나기 전에 불거져가지고 자연스럽게 골프장 문제로 힘이 결집돼가지고 있다가, 핵폐기장 문제가 들어오니까 골프장 문제는 밀렸고... 플랑카드를 걸고 그런 부분에 대해 발 빠르게 대응하고 기왕에 조직되어 있는 것들이 있으니까 고런 것들이 바로 다음 싸움으로 일관적인...

마지막으로 정치운동을 들 수 있다. 호남지역은 군부독재 시절 민주화 운동의 중심 지역이었다. 부안 지역도 마찬가지로 1980년대 후반 민주화 운동 과정에서 지역 청년들을 중심으로 한 민주화 운동을 전개 하였다. 이때 결성된 대표적인 조직이 '부안사랑청년회'이다. 1987년 반독재 투쟁이 전국을 휩쓸 무렵 부안 지역에서도 '부안사랑청년모임'이라는 사회단체가 결성된다. 이 모임은 농민, 어민, 상업인, 학생 등 다양한 직종을 아우르는 청년들로 구성되었다. 1990년대 중반 이후 민주화운동의 쇠퇴 등의 이유로 해체되었기는 했지만 핵폐기장 유치 반대운동 과정에서, 이 당시 발굴된 지역 청년들이 핵심적인 역할들을 담당하게 된다.

명수정 : 우리는 청년 조직을 하자 그래가지고 부안사람 청년회라 고 그걸 조직을 해가지고… 전교조 선생님들하고 농민회 우리 부사청 회원들하고 서로 연대해서 부안군민주연합 (민련)도 만들고 그래갖고 열심히 활동을 했는데… 어떻게 어떻게 하다가 '부사청'도 깨져버리고 그리고 현재는 없게 됐구요. 그 당시 운동을 했었던 사람들이 핵폐기장에 다 나왔었어요.

부안 지역사회는 이와 같은 지역에서의 사회운동 경험을 통해 축적된 내부 역량뿐만 아니라 외부와의 연계와 연대를 통해 지역사회 문제를 해결할 수 있는 외부 역량도 갖고 있었다. 대표적인 경우가 농민회 조직과 환경단체 및 종교단체 등을 들 수 있다. 예컨대, 농민회 조직의 경우 전국농민회에 소속이 되어 있으면서 인근 지역 농민회와 지속적인 네트워크를 구축하고 있었다. 특히, 핵폐기장 문제가 불거졌던 영광 및 고창 농민회와의 연대 체제는 초창기 부안 지역사회 여론을 선도하고 반대운동을 조직적으로 구축해나가는 데 결정적인 역할을 담당하기도 한다.

그러나 이와 같은 부안지역사회의 내외적인 역량이 핵폐기장 초창기부터 결집되어 있었던 상황은 아니었다. 농민운동, 새만금 반대운동, 교사운동의 주요 활동가들 사이의 인적 교류가 없는 것은 아니었지만 각 운동마다 고유의 활동 영역을 구축하고 있었다. 핵폐기장 문제가 부안 사회에 나타나게 되면서 각 운동의 역량들은 핵폐기장 유치 반대운동을 중심으로 결집하게 된다.

## 2. 핵폐기장 유치 신청

1989년 경북 영덕군 남정면, 영일군 송나면, 울진군 송나면 등지를 방사능 폐기물 처리장(이하 핵폐기장) 후보지로 지정하면서 시작한 정부의 핵폐기장 건설 정책은 주민들의 강력한 반발에 부딪혀 오랜 기간 동안 실현되지 못하고 있었다. 이에 1998년부터 정부는 이전에 '지정고시' 방식에서 기초 자치단체 의한 '유치신청' 방식으로 관련 정책을 전환하고, 2000년 부지 유치 공고를 하였으나 유치신청을 하는 지방자치단체는 없어 실효성을 거두지 못했다. 이후 2001년 정부는 다시 방폐장 부지선정 사업을 사업자 주도 방식으로 바꿔 '한국수력원자력(주)'(이하 한수원)을 중심으로 한 지방자치단체에 대한 유치 활동을 벌였다. 2003년 초 한수원은 울진, 영덕, 장흥, 영광, 고창, 부안 등 7개 지역을 대상으로 핵폐기장 부지 선정 작업에 본격 착수하게 된다. 고창과 장흥은 각각 의회 및 군수가 핵폐기장 유치 신청을 거부하였고, 군산시만이 2003년 7월 초까지 유치신청 쪽으로 기울어 있었다(김철규, 조성익 2004).

2003년 5월 13일 위도주민들이 주민의 80% 찬성으로 부안군의회에 핵폐기장 유치 청원을 하게 된다. 인근 영덕원자력 발전소의 설립 및 새만금 간척사업 등으로 어획량 급감에 따른 경제난에 허덕이고 있었던 위도 주민은 현금보상에 대한 기대로 '핵발전소 유치위원회'를 결성하는 등 이후 핵폐기장 유치에 적극적으로 나서게 된다. 그러나 이때만 해도 위도 주민을 제외한 부안 지역 주민들은 위도에 방폐장 부지로 선정될 가능성에 대해 그렇게 심각하게 생각하지 않았다. 인근의 군산에서 적극적으로 유치 의지를 보이고 있었고, 부안군수도 적극적으로 유치 의사를 밝히고 있지 않던 터라 부안군민들에게 방폐장 유치는 하나의 희박한 '가능성'에 불과했다. 그러나 7월 초에 들면서 상황이 급변하게 된다.

유치 신청을 희망하던 군산시가 부지 적합성 평가가 부정적으로 나오자 2003년 7월 10일 유치 신청 포기 선언을 한다. 그리고 유치 의지를 밝히지 않고 있었던 부안군수가 위도주민의 핵폐기장 유치 청원을 표결하기 위한 군 의회가 개회되기 직전인 2003년 7월 11일 오전 9시 30분 전북도청에서 기자회견을 통해 위도 핵폐기장 유치 선언을 하게 된 것이다. 군 의회 표결 결과 7:5로 위도주민 유치청원 건이 부결되었지만 당시 핵폐기장 유치 신청은 지방자치단체장의 재량에 달려 있었기 때문에 이러한 유치신청은 '적법한 것'이었다. 결국, 2003년 7월 14일 부안군수는 핵폐기장 유치 신청을 하게 되고, 2003년 7월 26일 전라북도 부안군 위도는 '방사능 폐기물 처리장' 부지로 최종 선정되었다고 산업자원부가 발표하게 이른다.[19]

주민들의 의견 수렴이나 공감의 과정이 충분하지 않은 상황에서 부안군수는 주민들도 예상치 못했던 핵폐기장 유치 신청을 했고 산업자원부는 위도를 전격적으로 핵폐기장 건설 부지로 선정한다.

---

19) 핵폐기장 부지 선정 정책은 부안 사태 이후로 변화를 겪는다. 정부는 2005년 3월 31일 「방사물폐기처분시설유치지역지원특별법」을 제정하여 '특별지원금(약 3천억 원 예상)을 사업초기단계 집중 지원', '수거물 반입수수료 중 일부(연 50~100억 원 예상)를 시설운영기간 중 지원', '지자체에 원자력발전사업자 본사를 유치지역내로 이전 (실시계획 승인 후 3년 내)' 등, 부안사태 때 지속적으로 문제가 되었던 지원정책의 범위를 법제화한다. 뿐만 아니라 주민투표 과정을 마련하여 주민들의 합의를 최대한 이끌 낼 수 있도록 하였다. 고준위 시설과 중저준위 시설을 분리해서 건설할 것을 법제화하여 핵폐기장 시설에 대한 주민들의 거부감을 최소화 할 수 있도록 하였다. 이에 따라 2005년 11월 2일 핵폐기장 유치 신청을 한 경주, 군산, 영덕, 포항 지역에서 주민투표를 실시하여 찬성률이 가장 높았던 경주시 양북면 봉길리가 중저준위 방사선폐기물폐기처리장 부지로 최종 선정된다.

결과적으로 이와 같은 유치신청 및 부지 선정과정은 주민들의 분노를 촉발시킨 결정적인 계기가 된다. 핵폐기장의 안정성에 대한 지식이 공유되지도 않고 핵폐기장에 대한 호의적인 여론이 형성되어 있지 않은 상황에서 이와 같은 결정이 이루어진 것이다. 유치 신청을 할 수밖에 없었던 불가피성에 대해 부안군 측은 세 가지 논리를 제시하고 있다. 첫 번째가 핵폐기장 건설로 인해 받게 될 경제적 인센티브를 무시할 수 없다는 것이다.

> 서정안 : 방폐장이 혐오 시설이고 기피 시설임에는 분명합니다… 그런데 그 이면에는 정말로 거절할 수 없는 정부의 파격적인 인센티브가 매력을 끌지 않을 수 없어요… 우리 주 동력사업들은 농·어업인데 이쪽은 전통적인 농어촌 지역으로, 자꾸 쇠락해가고, 새로운 성장 동력을 찾지 못하면은 공멸할 위기에 있어요.

두 번째는 핵폐기장의 안정성에 대한 과학적 신뢰를 가지고 있었다는 것이다. 따라서 주민들이 이 안정성에 대한 '올바른' 지식을 갖게 된다면 당장의 반대여론은 극복할 수 있다고 생각한다. 결론적으로 유치 실패의 원인은 이러한 핵폐기장의 안정성을 주민들에게 이해시키기 전에 핵폐기장의 위험성을 '과장한' 반대 진영의 여론 선점에 있었다고 인식한다.

> 서정안 : 방폐장은 위험한 시설임에는 틀림없으나 우리 과학으로 안전하게 관리할 수 있다… 가장 아쉬운 것들이 첫 번째로 저는 이런 원자력에 대한 군민들 이해, 거의 무지 상태에서 처음 이야기가 새로운 지식으로 받아들여진, 반

> 핵에서 일방적으로 주장하는 것들이 그런 것이 주요 실패 요인이었고…

마지막으로 이처럼 핵폐기장 건설이 지역사회의 발전을 획기적으로 촉진할 수 있는 기회라는 신념 그리고 과학적으로 안정성을 보장받을 수 있다는 신념을 가지고 있었음에도 불구하고 여론화 과정을 거치지 않고 '전격적인' 유치 신청을 하게 된 배경에 대해 부안군은 일정상의 이유를 들고 있다.

> 서정안 : 당시 (군산 신시도가) 지질 검사 부적합으로 판명이 되기 때문에 서둘러서 그날 (2003년 7월 10일)오전에 통보를 받고 오후 2시 경에 기자회견을 통해서 유치 포기 선언을 했어요. 그 뒤에 이제 우리가 다시 유치 신청을 하게 된데 불과 그게 한 3일 정도 밖에 안됐어요… (부안군에서는) 가치가 있다, 유치를 하면 가치가 있다고 하는 결론은 얻었지만, 군산이 워낙에 앞서갔으니까 그때 당시에. 그래서 경합을 해봤자 우리는 후발 주자로서 경쟁력이 없다 해서 주춤한 사이에 군산이 포기하다보니까 그때부터 본격적으로 뛰어들게 된 거죠.

즉, 가장 유리했던 군산이 전격적으로 유치 신청을 포기하고 유치 신청 마감 기한이 임박한 상황에서 주민들에게 핵폐기장이 갖는 경제적 효용성에 대해 홍보하고 안정성을 확신시킬 수 있는 시간적 여유가 없었다는 것이다. 이 때문에 부안군은 주민들을 '설득'시키는 일을 핵폐기장 유치 '이후'로 미루게 된다. 물론 위도 주민들을 대상으로 한 홍보의 과정은 2003년 5월부터 한수원을 중심으로 이루어지기 시작한다. 이때의 홍보는 핵폐기장의 안정성 문제보다는 주민들에 받게 될 경제적 보상에 맞춰진다. 그러나 직접 현금 보상과 관련하여 정부가 일관된 입장을 취하지 못하면서 위도 주민들의 여론도 심한 부침(浮沈)을 겪는다. 이러한 과정은 부안 주민들에게 핵폐기장 건설을 추진하는 정부 및 한수원 측에 대한 불신감을 심어주는 계기가 된다.

> "신청 전에 충분한 여론 수렴이 부족했던 점은 인정합니다. 그러나 당시 일정상으로는 신청 이후 사업 시행까지 1년의 여유가 있어 추후에 주민을 설득할 계획이었습니다." (동아일보, 2005. 12. 9 부안 군수 인터뷰 기사)

요컨대, 핵폐기장 유치의 정당성은 지역개발논리와 과학성 그리고 현실적 불가피성에 두고 있었다. 그러나 이 정당성이 주민들과 공유되거나 이해를 구하는 과정을 통해서 확보되지 못했다는 점에서 근본적 문제를 가지고 있는 것이었다.

## 3. 핵폐기장 유치 반대운동의 전개

부안 주민들의 집단적인 참여 속에서 핵폐기장 유치 반대운동이 전개된다. 이때 참여의 양상을 흐름으로 볼 때 주민들을 크게 세 가지 참여그룹으로 구분할 수 있다. 첫 번째가 '선도 그룹'이다. 이 그룹은 초기 핵폐기장에 대한 정보를 다른 주민들보다 앞서 접하고 군대책위 및 읍면대책위를 구성하는 과정에서 지도자 또는 실무자로 결합한 주민들이다. 이 선도 그룹은 군대책위 및 읍면대책위의 대표 등의 역할을 수행한 종교단체지도자, 도의원, 군의원, 지역 인사를 중심으로 한 리더 그룹과 집행부 등에서 실무 역할 등을 담당한 농민회, 전교조, 의식 있는 개인 등으로 구성된 활동가 그룹으로 구분할 수 있다. 이 그룹은 초창기 군대책위를 구성해 나가는데 선도적인 역할을 담당함으로써 반대운동의 조직화와 체계화에 기여하게 된다. 두 번째는 핵폐기장 유치가 직접적인 생계적인 위협으로 다가온 '직접 생업 피해 그룹'이다. 특히 위도를 바다 건너 바라보고 있는 격포항 일대에서 어업 및 관광 요식업(횟집 등)을 하고 있는 주민들은 위도 핵폐기장 유치 움직임이 있었던 초창기부터 조직적인 반대운동에 참여하게 된다. 세 번째는 일반 주민 그룹을 들 수가 있다. 핵폐기장의 문제에 대해 선도적으로 학습을 하거나 직접적인 피해를 체감하지 않았던 주민들을 일컫는다. 설령 핵문

▶▶ **표 3.** 방폐장 건설 반대운동 참여 그룹

<table>
<tr><th colspan="2">그 룹</th><th>주요구분</th></tr>
<tr><td rowspan="2">선도 그룹</td><td>지도자 그룹</td><td>반핵 도의원, 군위원<br>종교단체 지도자<br>농민회 지도자<br>지역인사</td></tr>
<tr><td>활동가 그룹</td><td>농민회<br>전교조<br>의식 있는 개인 등</td></tr>
<tr><td colspan="2">생업 피해 그룹</td><td>농업, 요식업, 어업</td></tr>
<tr><td colspan="2">일반 주민 그룹</td><td>시장상인, 노인, 일반 농민 등</td></tr>
<tr><td colspan="2">외부 연대 그룹</td><td>환경단체, 반핵단체, 대안언론 등</td></tr>
</table>

제나 핵폐기장에 대한 부정적인 인식을 갖고 있었다고 하더라도 부안군수가 유치신청을 하기 전에는 별다른 위기감을 느끼고 있지 않던 주민들이 여기에 해당한다. 군대책위가 구성된 후 주요 홍보 역량은 주로 이와 같은 일반 주민 그룹에 모아진다.

마지막으로 외부 연대 그룹을 들 수 있다. 앞서 살펴보았던 것처럼 외부 연대 그룹은 부안 지역 내에 존재하고 있었던 농민운동단체, 환경단체, 종교단체들과 기존의 연대관계를 형성하고 있었고 핵폐기장 유치신청을 전후하여 부안의 핵폐기장 유치 반대운동에 적극적으로 결합하여 반대운동 초창기에 핵폐기장 및 핵폐기장 유치 반대운동과 관련된 중요한 지식과 정보를 전달해주는 역할을 하게 된다.

2003년 5월 위도주민들이 핵폐기장 유치 위원회를 구성(5월 10일)하고 유치 서명을 받아 부안군의회에 유치 청원(5월 13일)을 하게 되면서 핵폐기장 유치 움직임이 위도 주민들을 중심으로 본격화된다. 이에 따라 핵폐기장 유치를 반대하는 종교계 및 농민회를 비롯한 부안의 주요 진보적인 사회단체들이 핵폐기장 반대 성명을 발표하고(2003. 5. 19), 핵폐기장 반대 부안지역 종교·사회단체·정당 연석회의(2003. 5. 20)를 개최하는 등 핵폐기장 건설 반대를 위한 활동을 시작한다. 결국 2003년 7월 2일에 34개 단체[20]가 참여하는

---

20) 평통자문위원회, 여성의용소방대, 대한노인회, 국립공원 주민대책위원회, 부안군 재향군인회, 한국농업경영인연합회, 자연환경보고 부안군협의회, 부안군 쌀전업농회, 개인택시 조합, 부안군 4H연맹, 음식업 부안군지부, 성황라이온스, 농촌지도자회, 부안상설시장번영회, 부안생활체육협의회, 청소년동아리연합회, 새만금을 반대하는 부안사람들, 전교조부안지회, 변산한울회, 격포 지역발전협의회, 사회보험노조 부안지부, 원불교, 불교, 천주교, 개혁국민정당, 민주당, 한나라당, 부안문화원, 부안문인협회, 미래 부창연구회,

'핵폐기장 백지화·핵발전소 추방 범부안대책위'(이하 군대책위)가 발족하게 된다.

군대책위 참여는 최대한 다양한 이념과 전통을 가진 부안 지역 내 사회단체들이 참여할 수 있도록 한다. 여기에는 농민회 및 전교조 등 기존의 사회 진보세력을 중심으로 하는 한 접근으로는 한계가 있다는 지도부의 문제의식이 투영된다.

> 노상호 : 문제제기를 일단 농민회에서 문제제기를 했죠. 그리고 그때부터 대책위를 어떻게 만들 것인가를 고민하면서 일단 틀이 커야 한다. 지금까지의 어떤 운동이라는 것이 보면, 소위 사회변혁을 생각하는 몇몇 사람들만이 모여서 하는 그런 조직이고 그러한 틀이었었다. 그러한 틀을 가지고는 일정한 한계가 있을 수밖에 없다. 예를 들어 부안에 있어서 전교조나 농민회나 이런 사람들만 모여 갖고 뭐를 하면 이게 일정한 한계가 있을 수밖에 없다. 아, 그래서 생각을 했던 것이 모든 종교, 모든 정당, 모든 사회단체를 갖다가 포괄을 할 수 있는 틀을 만들어야 된다는 것이었어요.

위도 지역을 포함해서 핵폐기장 건설로 직접적 피해를 받는 지역인 격포 및 곰소의 지역대표, 종교지도자, 도위원 등으로 공동대표를 구성한다. 이로써 부안 전체 주민을 아우를 수 있는 대표성을 가질 수 있는 군대책위 조직을 구성하게 된다. 여기에 처음에 핵폐기장에 대한 홍보를 시작하는 등 이슈화를 하고 핵폐기장 유치 반

---

선지도은원, 원불교 사회개벽 교무단, 부안정농회, 부안군농민회, 해병전우회, 선후배체육회

대운동을 주도적으로 준비했던 농민회는 군대책위의 실무적인 역할을 수행하는 집행부를 구성하게 된다. 이를 통해 농민운동으로 축적된 조직적 역량이 반핵 운동의 실제적인 과정 속에 발휘될 수 있도록 한다.

이처럼 군대책위는 지역 사회 내의 다양한 단체들을 아울러 참여시키는 데 성공함으로써 반핵 싸움의 중심 지도부로서 '대표성'을 획득하는 동시에, 군 전역에 회원을 두고 있고 운동 역량을 축적하고 있는 농민회를 '골간조직'으로 활용함으로써 '조직력'과 '기동성'을 동시에 확보할 수 있게 된다.

> 노상호 : …지금 말씀드린 그런 사람들(종교지도자, 정치인, 지역대표 등)이 중심적인 역할을 할 수 있도록 하고, 오히려 저희들은(농민회) 여기에 대해서 실무적인, 같이 할 수 있는 쪽에 포진을 했어요…(중략)… 부안 싸움이 커질 수 있었던 그 다음에 승리를 할 수 있었던 요인 중에 하나는 그렇게 포괄적인 사람이 참여를 할 수 있게끔 하는 그 지도부 구성이 아닌가 생각을 합니다.

군대책위가 결성된 이후 대중 집회 등 싸움이 진행되는 과정에서 읍면 단위의 대책위가 구성된다. 군수가 유치신청을 할 무렵 이미 생계 위협을 느끼고 있었던 격포 지역의 상인과 어민들을 중심으로 '격포대책위'가 처음 꾸려지기 시작하면서, 부안읍을 비롯한 13개 읍면 단위의 대책위가 꾸려진다. 이때 농민회 조직은 읍면 단위 대책위 구성에 중요한 기반이 된다. 하지만, 군대책위와 마찬가지로 농민회의 일꾼들은 주로 집행부의 역할을 수행하였으며 대표는 군의원과 같이 각 지역에서 대표성을 띤 인사가 선정된다.

읍면 단위 대책위가 구성된 이후 반핵싸움 과정에서의 주요 의사결정은 '공동대표+군대책위 집행부 간부+읍면단위대책위원장과 사무국장'으로 구성된 '상임위원회'에서 이루어지도록 하여 민주주의적이고 조직적인 의사결정 구조를 갖추도록 했다.

핵폐기장 유치 반대운동의 과정을 기획하고 새로운 전략을 수립하고 실무적 방향 설정을 주도했던 집행부는 반대운동의 핵심적인 역할을 수행한다. 집행위원장, 조직위원장, 정책실장, 대변인, 총무 등의 역할을 농민회 주요 간부들이 맡아 반대운동의 전면에 나섰고 기존의 농민회 조직이 기반이 되어 조직적인 역량을 발휘할 수 있게 된다. 하지만, 군대책위 집행부 및 조직이 농민회 중심으로 출발했다고 해서 폐쇄적이거나 배타적인 구조를 갖고 있는 것은 아니었다. 일반 주민들이 군대책위에서 주요 책임을 맡는 경우도 있었을 뿐만 아니라,[21] 주민들의 적극적 참여의 장이 열려 있었기 때문이다.

> 윤 민 : 그냥 자발적으로 모이고 그런 거였어요. 그런 판을 딱 벌려 놓으면 집행부에서는 별로 집행부에서 세세하게 누구는 이거하고 이게 없었어요. 큰 타이틀만 잡고, 계획을 어디에서 뭐하고 한다 그러면 사람들이 벌떼처럼 달라들어서 자기 할 일 하고 그러는 거지. 지금 생각해도 신기해요.

군대책위의 조직은 반대운동이 전개되는 상황에 따라 변화하는

21) 반핵운동의 핵심적인 역할을 수행한 집행위원장, 조직위원장, 정책실장, 총무 등은 농민회 간부와 활동가가 수행하지만 교육국장, 홍보국장, 등교거부팀장, 영상팀장 등은 핵폐기장 운동이 전개되는 과정에서 발굴된 지역 활동가들의 몫으로 남았다.

유연성을 갖고 있었다. 초창기 공동대표 및 집행부로 구성된 군대책위 조직에 주민교육의 필요에 따라 교육국이, 촛불집회가 지속적으로 이루어지게 되자 촛불기획팀이, 촛불집회를 중심으로 영상을 상영하게 되면서 영상물 제작 및 상영을 맡을 인력이 필요하게 되자 영상팀이, 등교거부투쟁이 핵폐기장 유치 반대운동을 주도하게 되자 학부모와 교사를 중심으로 한 등교거부팀이, 여성들이 적극적인 홍보활동을 조직화하기 위해 아줌마홍보팀이 조직된다.

이처럼 출현한 군대책위는 핵폐기장 유치 반대운동을 조직해 나가면서 이 시기의 핵폐기장 반대담론을 주도하는 지도부로서의 역할을 수행하게 된다. 당시 핵폐기장을 반대하는 대다수의 주민들에게 부안군은 지자체로서의 위상을 잃게 되며 그 자리를 군대책위가 대신하게 된다.

위도 핵폐기장 부지선정 이후 부안 주민들은 반핵군대책위를 중심으로 거리집회, 촛불집회, 등교거부, 삼보일배 등의 다양한 방식의 핵폐기장 유치 반대운동을 전개한다. 이 과정에서 많은 주민들은 반핵운동의 대열에 동참함으로써 부안군수가 유치 신청 기자회견을 한 2003년 7월 11일부터 자치적 주민투표를 통해 '승리'를 선언한 2004년 2월 14일까지 부안 사회는 핵폐기장 유치 반대운동의 열기에 휩싸이게 된다.

당시 군대책위 집행부 한 간부는 이 과정을 다음의 세 단계로 구분하고 있었다. 첫 번째 시기가 핵폐기장 문제가 부안 지역 사회에 불거진 이후 촛불집회가 처음 열린 2003년 7월 26일까지로 주민들의 대규모 참여보다는 선도 그룹과 생업 피해 그룹이 반대운동을 전개한다. 이 당시에는 주민들의 참여를 촉진하기 위한 홍보와 선전 중심의 활동이 이루어진다. 두 번째는 '고양기'로서 2003년 7월

26일부터 촛불집회 100일이 되던 2003년 9월 중순 경이다. 이 시기에는 대중적 군중집회가 대규모의 형태로 이루어지며 선도 집단 및 생계 위협 집단뿐만 아니라 일반 주민 집단의 적극적인 참여가 반대운동의 중요한 동력원이 된다. 세 번째 시기는 정부와의 협의기구 결성과 대화 결렬 그리고 민란 상태를 거쳐 자치적 주민투표가 이루어지던 '후반기'의 시기이다.

한편 문화평론가이자 지역 주민으로 핵폐기장 유치 반대운동에 참여했던 고길섶씨는 핵폐기장 유치 반대운동의 전개 과정을 보다 세분화하면서 주민투표 이후에 이루어졌던 다양한 지역사회의 흐름도 핵폐기장 유치 반대운동의 중요한 국면으로 포함 시킨다. 그는 주민투표가 이루어졌던 2004년 2월 14일까지를 ① 도화선 ② 항쟁고조기 ③ 대화국면 ④ 민란 계엄경찰 ⑤ 독자주민투표기 등 5단계로 구분하고 있으며 주민투표 이후 반핵군대책위가 해산한 시기인 2005년 2월 14일까지를 각각 ⑥ 일상 속 투쟁기와 ⑦ 승리 징후기 및 투쟁 종결기 등 두 단계로 구분하고 있다. 이와 같은 구분으로 핵폐기장 유치 반대운동 과정을 정리 하면 아래 표와 같다.

▶▶ **표 4.** 핵폐기장 반대 운동 전개 과정

| 핵폐기장 유치 반대운동 | 시 기 | 일 시 | 정부 측 대응 |
|---|---|---|---|
| 7. 9 대중 집회 시작<br>7. 15 등교거부 (1차)-곰소지역 | 도화선 | 2003. 7 | 7. 23 대통령 군수에게 격려 전화 |
| 7. 22 1만인 군민대회<br>7. 26 촛불집회 시작<br>8. 25~10. 4 등교거부 (2차)<br>9. 8내소사 사건 | 항쟁고 조기 | 8 | 7. 24 산자부 최종 확정 |
| | | 9 | 7. 26 산자부 장관, 행자부 장관 부안 방문<br>7. 29 현금 보상 불가 결정<br>8. 29 대화기구 제의<br>8. 30 교육부총리 부안 방문 |

| | | | 9. 9 경찰 병력 60개 중대<br>7,500명 배치 |
|---|---|---|---|
| 10. 1~10 삼보일배<br>조건 없는 대화 수락 | 대화<br>국면 | 10 | 10. 30 고건 총리 조건 없는<br>대화 제의 |
| 11. 16 연내 주민투표 수용<br>11. 17 정부와 대화 결렬<br>11. 19~21 격렬 시위 | 민란계<br>염경찰 | 11 | 주민투표 제의<br>11. 17 연내 주민 투표 거부<br>11. 20 경찰 병력 77개 중대<br>배치 |
| | | 12 | |
| 부안방폐장유치찬반주민투표<br>관리위원회 구성<br>주민투표 순회 토론<br>1. 24 촛불집회 마감 (총 183회)<br>독자적 주민투표 (72% 투표율<br>92% 반대)<br>2. 15 주민투표 승리 대회 및<br>'부안선언' | 주민<br>투표 | 2004.<br>1 | 12. 10 전국 주민투표 방안<br>발표<br>12. 12 산자부 장관 사표<br>1. 29 주민투표법 공포<br>2. 4 신규공모절차 발표<br>2. 26 정부, 부안주민투표 불<br>인정 발표 |
| | | 2 | |
| 1. 인시위 시작 (군청앞)<br>주민자치학교 강좌<br>의정감시단 활동<br>5. 7 부안주민자치연대 출범<br>5. 9 부안새만금평화모임 출범<br>7. 1~8 면단위 천막농성<br>8. 12~14 제1회 부안영화제<br>주민투표 거부투쟁<br>촛불집회 (주 1회) | 일상속<br>투쟁 | 3 | 5월 7개 시/군 10개지역 주<br>민 유치 청원 |
| | | 4 | |
| | | 5 | |
| | | 6 | |
| | | 7 | |
| | | 8 | |
| 1인시위<br>9. 22 부안독립신문 창간<br>10. 4 군민 5,000명 상경 투쟁<br>촛불집회 (주 1회)<br>12. 1 부안군민 승리의 날 행사<br>2005. 2. 14 부안대책위 해산 | 승리<br>징후기<br>및 투쟁<br>종결 | 9 | 9. 15 예비신청 마감 (예비신<br>청지 없음) |
| | | 10 | |
| | | 11 | |
| | | 12 | 11. 12 한수원 부안수무소 철<br>수 |

*출처: 고길섶 (2005). 「부안, 끝나지 않은 노래」정리

초창기 선도 집단 및 생계위협집단을 중심으로 시작된 반대운동이 일반 주민들을 포함한 전군민적인 반대운동으로 발전하면서 핵폐기장 유치 반대운동의 규모 및 참여자들의 결속력이 점차 커갔다. 어느 순간에는 "모든 주민이 대책위다"라는 말이 나올 정도로 주민들의 자발적 참여도도 점차 높아졌다. 이 과정에서 거리집회, 촛불집회, 등교거부, 해상시위, 고속도로점거, 삼보일배, 일인시위 등 다양한 형식의 반대운동의 형식이 나타났으며 공권력과의 극한적 대립의 양상까지 전개되기도 하였다. 이러한 상황에서 주민들은 생업을 포기하고 반대운동에 매달린다. 이때 주민투표는 이러한 극한적 대립의 상태를 일단락 짓고 대내외적으로 반대운동의 정당성을 확보하고 일상으로의 복귀의 명분을 표방하는 것이었다. 그러나 주민투표 이후 일상으로의 복귀가 이루어진 이후에도 정부가 공식적으로 위도 핵폐기장 건설 결정을 철회하지 않고 부안군에서도 지속적인 핵폐기장 유치 계획을 추진하려고 하자 반대운동은 중단되지 않는다. 규모와 횟수가 축소되기는 하였지만 촛불집회, 일인시위, 대중 집회, 상경투쟁 등의 방식으로 핵폐기장 유치 반대운동이 지속된다. 이처럼 정부 및 부안군의 핵폐기장 유치에 대한 저항이 지속적으로 이루어지는 한편 그간의 핵폐기장 유치 반대운동의 공동체적 경험이 지역사회 내 새로운 조직과 문화를 낳기 시작한다. 의정참여단, 주민자치참여연대, 변산주민자치연합 등 주민자치 조직의 결성, 주민들이 주주로 참여하는 부안독립신문 창간, 부안영화제 개최, 대안에너지 운동을 전개하는 부안시민발전소 출범, 부안의 지역사회 및 생태문화를 연구하고 발굴하는 부안생태문화활력소 등이 대표적인 경우이다.

2004년 12월 한수원 부안 사무실이 철수를 하고 2005년 2월 14

일 군대책위가 해산하면서 핵폐기장 유치 반대운동은 일단락을 짓게 된다. 물론 이후에 부안군이 핵폐기장 신청을 포기하지 않은 상태에서 유치 신청을 다시 시도함으로써 주민들의 위기감이 커지기도 한다. 이때 군대책위가 해산한 상태에서 이전 군대책위에 비판적인 주민들을 중심으로 한 '비상대책위'가 결성되기도 한다. 2005년 8월 29일 부안군의회에서 유치 청원 건이 부결되고, 2005년 11월 2일 주민투표를 통해 중저준위 핵폐기장 부지로 경주지역이 최종 선정되면서 부안 지역에서의 핵폐기장 문제는 일단락된다.

이와 같은 상황과 이 당시 나타난 학습과정의 주요 특성들을 고려하여 반대운동의 시기를 다음과 같은 네 단계로 구분할 수 있다.

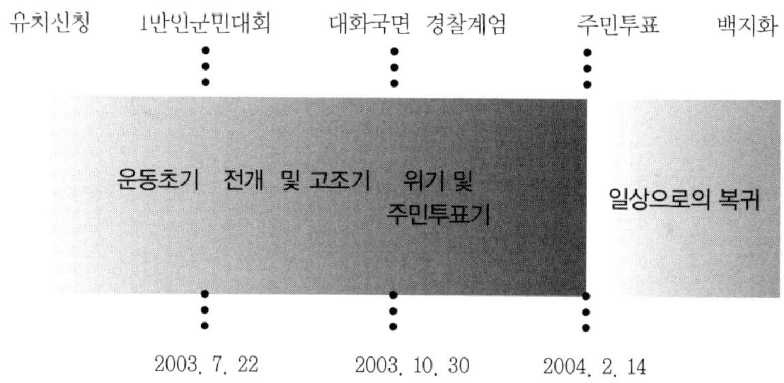


▸▸ **그림 1.** 핵폐기장 유치 반대운동 과정의 구분

첫 번째 시기는 '반대운동 초기'로 위도에 핵폐기장 유치 신청 움직임이 일어난 2003년 5월부터 부안 주민들이 대규모로 집회에 참석하기 시작하여 1만인 군민대회가 열린 시기인 2003년 7월 22일을 전후까지이다. 이 시기에는 핵폐기장 유치 반대운동을 위한 군대책위가

결성되며 부안군수가 유치 신청 기자회견을 한 이후 본격적인 반대운동을 준비하기 위하여 핵폐기장 유치의 부당성을 여론화하던 시기이다. 두 번째 시기는 '반대운동의 전개 및 고조기'로 본격적인 주민들의 참여가 이루어져 거리, 광장 등 부안 곳곳에서 핵폐기장 유치 운동이 본격화된 시기로 등교거부투쟁 이후 정부와의 대화 국면이 형성된 2003년 10월 전후까지로 잡았다. 세 번째 시기는 '반대운동 위기 및 주민투표기'로 정부와의 협상 결렬로 촛불집회를 비롯한 대중 집회 원천봉쇄 되는 등 반대운동이 위축되다가 자치적 주민투표를 통해 승리를 선언한 시기인 2004년 2월 14일까지이다. 네 번째 시기는 주민투표로 승리를 선언한 이후의 시기로 반대운동이 일단락되며 일상으로의 복귀가 이루어진 시기이다.

# 3

# 반핵공동체의 학습과정

## 1. 반대운동 초기

### 초기의 개별적 학습활동

위도 주민들을 중심으로 한 핵폐기장 유치 청원이 이루어지면서 핵폐기장에 대한 이슈가 부안 지역사회에 내에서 점차적으로 제기되기 시작한다. 그러나 이러한 이슈화가 초창기부터 조직적으로 이루어졌던 것은 아니다. 부안군수가 핵폐기장 유치 신청 의지를 표명하고 있지 않은 상황에서 핵폐기장의 유치 가능성은 그만큼 희박해 보였기 때문이다.

이러한 상황에서 핵폐기장에 대한 정보를 앞서 접하고 혹시라도 있을지 모르는 상황에 대비한 선도적 학습들이 이루어지게 된다. 대표적인 경우가 농민회를 중심으로 이루어졌던 활동가 교육을 들 수 있다. 인근 고창지역이 핵폐기장 후보지로 거론되고, 위도지역에서도 핵폐기장 유치 움직임이 일기 시작한 2003년 5월, 농민회에서는 핵폐기장이 유치될 경우 적극적으로 반대운동에 참여할 수 있는 간부 활동가들을 대상으로 교육을 실시한다. 이때 이미 핵폐기장 유치 반대운동을 진행하고 있었던 고창농민회 측의 도움을 받아서, 농민회 상임위원회를 통해 고창 지역 상황, 핵폐기장 및 양성자 가속기에 대한 기본적인 이해를 돕는 교육이 이루어진다. 이와 같은 주요 활동가를 대상으로 한 교육은 지속적이고 체계적인 형태로 이루어진 것은 아니었다. 위도 주민들을 중심으로 핵폐기장 유치 청원이 이루어지는 등 핵폐기장 유치 가능성이 점쳐지면서 핵폐기장과 관련된 현안 인식 차원에서 이루어진 교육이었기 때문이다.

개인 차원에서의 학습도 이루어진다. 이는 핵폐기장 유치에 대한 정보를 다른 주민들보다 먼저 알게 된 몇몇 개인에게서 이루어진 경우인데, 이때에는 주로 언론 자료나 인터넷 자료가 주된 학습 자료로 활용된다. 특히 '반핵국민행동' 홈페이지 자료가 핵폐기장의 반대담론을 형성하는 데 도움을 주기도 한다.

> 김건우 : 언론에 나오는 것처럼 핵에 대한 양면성, 핵이 좋은 면도 있지만 나쁜 점도 있고 핵에 대해 찬핵도 있고 반핵도 있고 그렇게 간다는 거 뭐 그 정도야 알잖아요... 그러면서 저녁이 된 거야. 밥 먹고 이러고 있는데 그때 인제 우리 애들하고 떨어져 있으니까... (중략)... 아들하고 (인터넷 메

신저로)대화가 됐지 인제... (아들이) 그거(핵폐기장) 안 되는 거야 이렇게 얘기가 나오는 거야... 이놈이 아빠 잠깐 기다려 보라고 하더니 한 5분 쯤 있는데 주소를 하나 딱 치면서 아빠 여기 클릭을 해보래 여기 들어가서 한번 보라고... 딱 들어간 게 그게 반핵국민행동이야... 나는 바로 들어가서 그거를 새벽 6시까지 검색을 한 거야. 아무것도 모르니까는 뭘 알아야 물어도 보지. 그래가지고는 거의 밤을 세우다시피 하는데...

허윤행 : 정말 핵폐기장이 무엇인지 알고 있던 사람이 하나도 없었을 거예요. 신청하기 전까지는. 저도 그런 사람 중에 하나였는데 그걸 계기로(핵폐기장 유치 움직임이 있다는 것을 알게 되면서) 조금씩 공부하게 되죠. 책도 보고 인터넷도 들어가서 보고 핵폐기장이 어떤 것인가에 대해서...

이처럼 초기 핵폐기장 유치 문제가 불거지기 시작하면서 부안 지역 사회에서는 농민회 등의 사회단체 및 이에 관심을 갖는 소수 개인들을 중심으로 한 '현안 이해' 차원에서의 학습활동이 이루어진다. 이 때문에 이 당시의 학습은 지역 사회의 차원에서 네트워킹되거나 통합되지 못한 개별적인 수준에서 머물러 있었고 부안 지역 사회에 핵과 관련된 문제가 이슈화된 적이 없었기에 주로 학습원을 인터넷 매체나 외부 단체의 경험에서 찾는 대외의존적 성격을 가지고 있었다.

### 교육활동의 발아

반대운동이 일어나던 초창기 핵폐기장 문제가 지역사회에서 본격적으로 제기되면서 일차적으로 주민들에게 이전에는 경험하지 못했던 낯선 상황이 전개된다. 이와 함께 군대책위 및 선도 집단을 중심으로 한 교육활동이 전개된다. 이때의 교육활동은 반대운동이 전개되면서 체계적으로 전개되는 향후 교육활동의 원형이 되었다는 점에서 원형적 교육활동이라고 볼 수 있었다.

### ▸낯선 풍경의 출현

위도 주민들의 핵폐기장 유치 청원에 대한 군의회 표결이 예정되었던 2003년 7월 11일 직전인 7월 9일 이후, 부안 지역에서는 핵폐기장 반대를 위한 대중 집회가 지속적으로 열린다. 특히 부안 군수의 핵폐기장 유치 신청이 있은 이후로 분노한 주민들의 집회 참여가 늘어나면서 집회의 규모도 커진다. 이처럼 대중 집회가 일상적으로 일어나고 전경 부대가 부안 지역 내에 상주하게 되면서 평온했던 부안의 일상에는 낯선 풍경이 펼쳐진다.

이러한 상황은 부안 주민들에게 생소한 비일상적 경험들을 제공한다는 의미에서 일차적으로 부안주민들이 의도하지는 않았지만 외부 환경 변화에 따라 맞닥뜨리게 되는 경험의 장이라고 볼 수 있다. 이와 같은 생소한 비일상적 경험의 세계는 향후 핵폐기장 문제가 부안 지역사회에서 사라질 때까지 부안 주민들의 삶을 지배하게 된다.

### ▸군대책위 교육활동의 시작

이 시기 반대 여론을 확산시키기 위한 교육활동의 중심에는 군대책위가 주도하는 대중 집회, 순회교육, 활동가교육, 홍보활동 등이 자리 잡고 있었다. 앞서 살펴보았던 것처럼 부안 지역사회의 다양한 단체를 아우르며 조직된 군대책위는 주민들이 반대운동에 참여하도록 독려하고 핵폐기장 유치 신청의 부당성을 알리기 위한 적극적인 교육활동을 전개한다. 강연, 강사교육, 홍보활동, 그리고 순회교육 등이 대표적이다.

첫째, 대중 강연은 주로 대중 집회의 장에서 이루어졌다. 대중 집회는 주민들의 의사를 알리고 국가 공권력과 대결하는 장이기도 했지만 다양한 정보와 경험을 제공하는 장이기도 했다. 초창기 핵폐기장 건설이 갖는 부정적 의미를 어느 정도 알고 있는 상태에서 대중 집회에 참여한 주민들은 그렇게 많지는 않았다. 앞서 살펴보았던 것처럼, 생계에 대한 위협을 직접적으로 느꼈던 주민들이 초창기 반대 세력의 주를 이뤘다. 기존에 지역사회 내에서 활동했던 활동가조차도 핵문제와 관련한 운동 경험을 갖고 있지 못했기 때문에 핵폐기장에 대한 많은 지식과 정보를 갖고 있지 못했고, 이 때문에 지역 주민 간에 핵폐기장에 대한 지식의 공유가 부족한 편이었다. 이 점에서 대중 집회는 이와 같은 지식과 정보를 공유하고, 핵폐기장 유치의 부당성을 알리는 데 적합한 학습의 장일 수 있었다.

> 최영신 : 즉흥적인 게 많아요. 사람들은 모여 놓았는데 그냥 있기는 그렇잖아요. 그래서 핵폐기장에 대해서 바로 알고 해보자. 그래서 그때 반핵국민행동의 000씨가 그 때 여자분인데 와 있었거든요. 거기서 얘길 해주고 막 즉석에서 강사를 불러서 하고...

〈표 5〉에서 볼 수 있는 것처럼 초창기 대중 집회는 사전 문화행사와 본 집회로 구성되었다. 본 집회에서는 참여단체를 소개하고 지도부에 의한 대회사가 이어지면 주요 인사들의 연설이 이어졌다.

▶▶ **표 5.** 2003년 7월 9일 집회 일정표

| 사전행사: 1시 30분 | 본 집회: 2시 |
| --- | --- |
| 길놀이<br>노래배우기 | 참여단체 소개<br>대회사<br>초청 인사말<br>정치연설<br>연대사<br>결의문 채택<br><br>행진:<br>수협→ 아담삼거리→ 시장통→ 군청 |

이때 '교사'의 역할은 주로 군대책위 간부를 비롯한 부안 지역사회의 지도층과 외부단체 인사들이 맡게 된다. 반핵국민행동, 영광반핵대책위, 영광 원불교당 등의 외부 단체는 부안 지역 주민들에게 낯선 핵폐기장에 대한 부당성을 알리는 역할을 담당한다. 특히, 부안 지역사회가 핵문제와 관련한 사회운동의 경험을 갖고 있지 못했기 때문에, 앞서 핵발전소 및 핵폐기장 반대운동의 경험을 갖고 있었던 영광대책위 및 영광 원불교당의 역할은 주요한 것이었다.

둘째, 이 시기에 홍보활동 등을 담당할 주민들을 키워내기 위한 강사교육이 이루어진다. 핵폐기장 유치신청에 대한 위기감이 높아지고 군대책위가 결성되어 조직적인 반대 운동이 전개되면서, 일반 주민들을 대상으로 한 적극적인 교육활동의 필요성이 제기된다. 영광 반핵대책위, 영광 원불교, 반핵국민행동 등에서 전문적인 강사의 역할을 할 수 있는 활동가들의 지원이 이루어지기는 했지만, 그 수가 제한적이었고 지역 주민들을 중심으로 한 강사를 발굴하는 일이 필요했다. 이 때문에 군대책위에서는 초창기 적극적인

관심을 보였던 여성들을 중심으로 한 강사교육을 실시하게 된다. 이때 교육은 핵의 위험성에 대한 메시지를 '간결하게' 전달하는 데 맞춰져서, 핵폐기장의 위험성을 알리는 사진자료를 파일첩으로 만들어 나누어주고 그것을 활용하는 방법을 시연하는 방식으로 이루어졌다.

> 최영신 : 주민들한테 다가간 거는 7월 9일 첫 집회가 시작되고 나서 천막 농성을 할 때, 그때 이제 영광 분들이 많이 오셨더라고요…(중략)… 교무님들이 사진 같은 거 보여주면서 이거 갖고 활용했으면 좋겠다…(중략)…앞으로도 교육을 해야겠는데 먼저 그 교육을 해 줄 간부 활동가들이 먼저 교육을 받았으면 좋겠다. 이런 식(파일첩-필자)으로 파일을 만들었어요. 사진을 껴서… 이제 결론은 핵폐기장 바로 알기를 처음부터 쭉 해가지고. 일단 몇 명의 여성분들이 최초로 원불교에 모여가지고 이걸 해서 나가야 한다, 우리가 주민들에게 나가야 한다, 그러면서 파일을 하나씩 나눠주고 언제 부를지 모르지만 준비하고 있어라. 자기 스스로도 일차 강의안이라고 봐야죠. 먼저 앞에서 해주고 언제 뛰쳐나갈지 모르니까 먼저 준비하고 있어라 그러면서 그리고 나서 1대1로 만날 때도 충분히 활용할 수 있는 거니까 자기 논리를 가지고 있어야 한다. 이런 것들을 키워나갔죠.

이때, 강사교육은 여성에게 맞춰져 있는데, 그 이유는 핵의 문제에 대해 대항할 수 있는 논리가 '생명'과 '환경'의 문제이기에, 남성보다는 어머니인 여성이 접근하기가 쉬울 것이라는 전략적 판단 때문이었다.

활동가 교육에서도 다른 지역의 운동 경험은 큰 기여를 한다. 핵폐기장 유치 신청이 전격적으로 이루어지고 핵폐기장 건설이 기정사실화 되면서 핵폐기장을 둘러싼 일련의 상황이 급속하게 진행되고 있었다. 이때, 앞서 핵폐기장 및 핵발전소 반대운동을 경험했던 고창 및 영광 지역에서 사용되었던 다양한 교육 자료를 '그대로' 활용함으로써 이러한 급격한 상황에 적극적으로 대처할 수 있었다.

셋째, 홍보활동의 경우도 이 시기 군대책위 등의 선도 집단을 중심으로 이루어진 중요한 교육활동이라고 할 수 있다. 초창기 농민회를 중심으로 방송 차량을 이용한 홍보활동이 부안군 내 전역에서 이루어지고 있었다. 군대책위가 결성되고 군청 앞에서 천막 농성이 시작되면서 주민들을 대상으로 한 이러한 홍보활동이 본격화된다. 방송뿐만 아니라 전단지 등 인쇄매체를 통한 홍보활동이 이루어지며, 활동가 교육을 통해 훈련된 여성 강사단의 주된 역할을 담당하게 된다. 이러한 홍보는 군대책위가 주민들에게 적극적으로 다가가 핵폐기장과 관련된 반대 입장을 여론화하고 반대운동에 대한 주민들의 참여를 독려하기 위한 것이었다. 홍보 내용은 유치 신청의 비민주성과 핵폐기장 건설의 부당성을 알리고 대중 집회 일정을 알리는 데 맞춰진다.

마지막으로 순회교육 형태의 교육활동이 이루어진다. 이 시기 읍면 단위 대책위가 만들어져 있지 못했던 터라 부녀회 등 기존에 이루어지고 있었던 모임들을 찾아다니게 된다. 강사진은 대책위 집행부 활동가를 비롯하여 외부 활동가(반핵국민행동, 환경운동연합, 영광대책위 등)로 꾸려진다.

▶ 주민교사의 출현: "나는 진실을 말할 것이다"

이 시기의 주요 교육활동이 군대책위의 지도부 및 외부단체의 지원을 통해 이루어지고 있었지만 한편으로 선도적 참여집단을 중심으로 한 주민교사 층이 형성되고 있었다. 군대책위의 활동가 교육을 통해 발굴된 여성 강사단과 함께 핵폐기장 문제가 불거지면서 참여하기 시작한 유기농 유통 공동체인 '한울회'(현재 산들바다 공동체) 등이 대표적이다. 이들은 자발적인 홍보활동을 전개하면서 초기 핵폐기장 반대 여론을 주도하는 데 중요한 역할을 담당한다.

> 최영신 : 한울공동체가 천막을 해놨는데, 자기네 스스로 천막을 딱 세우더라고요...(중략)... 시장 읍내 시장 여론이 저는 참 여론이 참 중요하다고 생각했는데 사실 여론이 안 왔어요. 우리가 그 군청 앞에서 하고 있으면 저 사람들 뭐 한데, 뭐 이정도 밖에 관심이 없었거든요. 근데 그분(한울회)들이 딱 홍보작업을 잘했어요...(중략)...그 분들이 시내 곳곳에...대자보판을 다 만들어요. 물론 옛날에 운동을 해 본 경험도 있었겠죠. 대자보판을 중심 도로에 다 만들어 놓았고요...부인들은 쓰고 남자들은 판 만들어서 붙이고 그러면서 사람 만나면 계속 얘기하는 거예요.

이들이 홍보활동에 중요한 역할을 담당할 수 있었던 데에는 핵폐기장 문제가 부안 지역사회에 가시화되기 직전의 골프장 건설 반대운동 참여 경험이 도움이 되고 있었다. 이는 부안 지역사회가 갖고 있었던 사회운동의 경험이 핵폐기장 유치 반대운동의 역량으로 결집되는 예를 보여주는 것이었다.

윤동주 : 그런 부분들(골프장 반대운동의 경험)이 자연스럽게 그 쪽으로 넘어가고...바로 또 반핵 싸움이 일어나기 전에 불거져가지고 자연스럽게 골프장 문제로 힘이 결집 되가지고 있다가 핵폐기장 문제가 들어오니까 골프장 문제는 밀렸고 자연스럽게 변산 쪽 격포 쪽 사람들이... 초기에는 선도적인 역할을 하지 않았냐, 그런 생각이 들어요. 아무래도... 플래카드를 걸고 그런 부분에 대해 발 빠르게 대응하고 기왕에 조직되어 있는 것들이 있으니까 고런 것들이 바로 다음 싸움으로 ...

이들의 홍보활동의 특징은 '대화'의 방식을 주로 취하고 있었다는 데 있었다. 특히 한울회 구성원들은 단순히 전단지를 돌리는 등 일방적 알리기의 방식이 아니라 자신들이 갖고 있는 핵폐기장에 대한 정보를 적극적으로 나누는 접근 방식을 취한다.

최영신 : 그리고 농민회에서 선전지를 만들어 내면 그걸 가지고 다 나눠줘요. 시장에 이런데. 그런 것도 다 교육이라고 생각하거든요. 다니면서 일대일로 작업하고 뭐. 그냥 쭉 주는 게 아니고 이거에 대해서 다 설명을 해요. 또 질문을 하잖아요. 한 시간이고 30분이고 그 한사람을 붙잡고 얘기를 해요.

이는 일종의 주민의 입장에서 주민에게 말을 걸고 이해를 구하는 방식이었다고 이해할 수 있다. 이때 '주민교사'가 갖고 있었던 친숙성과 이들의 보여준 '성실성'은 주민들의 관심을 끌어내고 반대운동에 대한 이해를 구하기 위한 중요한 토대가 되고 있었다.

최영신 : 당시 윤민 씨가 교육 나가서 이렇게 말하더라고요. 내가 농사꾼이라서 내가 하는 말은 안 믿을 것이라고, 근데 박사 딴 사람이 한 말은 거짓말이라도 믿을 것이라고, 그렇지만 나는 내가 살아온 방식과 내 진심을 가지고 진실을 얘기한다. 믿건 안 믿건 여러분들의 선택이지만 나는 진실을 말할 것이다.

그러나 이와 같은 접근방식이 주민들의 공감을 이끌어내는 데에는 결정적이었다고는 볼 수 없다. 주민들의 입장에서 전단지를 돌리고 말을 거는 이들 '주민교사'의 집단이 '친숙'할 수 있었지만 핵폐기장 유치가 결정되기 이전의 불확실성의 상황에서 여전히 이들이 던지는 '이야기들'은 '낯선' 것이었기 때문이다.

▶ 반핵담론의 수용과 변형

정부 및 한수원 그리고 부안군이 핵폐기장의 안전성과 핵폐기장 건설에 따르는 경제적 효과를 극대화해서 선전하였다. 특히 핵폐기장 건설에 따른 3,000억 지원은 핵폐기장 안전성과 더불어 찬성 진영에서 가장 강력하게 주장해온 논리였다. 여기에 부안에서 5km밖에 떨어지지 않은 군산의 신시도가 핵폐기장 후보로 대두되면서 위도보다 가까운 신시도에 핵폐기장이 유치되어 보상도 못 받고 피해만 보느니 차라리 위도에 유치하여 경제적 보상을 받자는 여론이 일면서 일대 위기를 겪기도 한다.

김건우 : 초창기에 국추련이 발족되면서 공식적으로 뭐를 내세웠느냐 하면은 뭐야 신시도... 신시도는 5킬로 위도는 30킬로... 그 거를 공식적으로 떠들고 다녔었거든... 30킬로

떨어져 있는 위도에다 해야 할 거냐 5킬로밖에 안 되는 신시도에다가 해야 되겠냐를 가지고 이 사람들이 탁 치고 들어왔을 때요. 어? 이거 위도에다가 하는 게 더 낫네. 위도에다가 하면 3천억이 부안에 오는데 신시도에다가 하면은 피해만 있지 결국은 저거는 혜택이 군산으로 가는 거 아니냐, 이건 당연히 위도에다가 해야 된다 이런 논리가 우세할 때가 있었어요.

이와 같은 핵폐기장을 찬성하는 경제 논리와 개발 논리에 맞서 반대 진영에서는 핵폐기장이 갖고 있는 위험성을 부각시키고 정부에서 발표한 경제 부양책이 갖고 있는 허구성을 드러내고자 한다. 당시 정부와 한수원은 언론 매체들을 통해 핵폐기장에 대한 안전성과 이에 따르는 경제적 효과를 홍보하고 있었다. 반대 진영에서는 반핵국민행동 및 영광 대책위 등의 도움을 받아 정부와 한수원에서 주장하고 있는 핵폐기장에 대한 안전성의 논리와 경제적 효과가 갖고 있는 허점을 드러내고자 한다. 이때 반대 진영에서는 부지 선정과정에서의 문제, 핵폐기장 부지로서 위도지역의 부적합성, 3천억 지원금의 실체 등을 적극적으로 이슈화한다. 이는 각각 비민주성, 과학주의 및 경제논리의 허구에 대한 문제의식을 담고 있는 것이었다.

최영신 : 초창기에도 3천억에 대해서 구체적으로 이것은 어디에 쓰이고 어디에 쓰여서 주민들한테 돌아가는 실 경비는 없다… 그리고 그 3천억에 대한 자료는… 다른 핵발전소 지을 때 논리들이 있었잖아요. 개발 논리… 고런 걸 가지고 어디어디 쓰일 거다…

이 당시 핵폐기장 유치 반대운동이 시작되면서 절실했었던 것 중의 하나가 '님비'(NIMBY)라고 보는 시선을 어떻게 극복해야 하는가의 문제였다. 군대책위를 중심으로 한 반대 진영에서는 정부와 한수원의 경제 및 개발담론에 대항할 수 있는 반대 담론으로서 반개발주의적 환경담론(이하 반핵담론)을 적극적으로 내세우면서 이를 극복하고자 한다. 핵폐기장 건설을 불가피하게 만드는 핵에너지 정책을 '반환경적'이라 규정하고 '친환경적 에너지 정책'을 통해 핵폐기장 건설을 둘러싼 근본적인 문제를 해결하라고 촉구한다. 그리고 핵폐기장이 혐오시설이기 때문에 '여기만은 안 된다'는 지역이기주의적 태도가 아니라 '핵폐기장 건설 정책' 더 나아가 '핵 정책'에 대한 근본적으로 저항한다는 자기정당화적인 반대담론을 구축해나간다.

> 하나. 정부는 위험하기 짝이 없는 반환경적인 에너지 대책을 즉각 철회하고 온 국민의 안전을 보장하는 재생에너지 정책을 적극 수립하라.
> 하나. 도지사는 전북 지역에 핵폐기장을 유치하여 핵 단지화하려는 계획을 즉각 중단하라.
> 하나. 지역주민들의 분열을 강 건너 불구경하고 있는 부안군수는 핵폐기장 유치 반대 입장을 분명히 하고 주민화합에 앞장서라.
> ("핵폐기장 반대를 위한 결의문" 중, 2003. 7. 9)

이러한 반핵담론은 주민들과 공유되는 과정에서 변형이 일어난다. 이는 주민들이 보다 친숙하게 반핵담론을 접할 수 있도록 하기 위한 과정에서 일어났다는 점에서 일종의 반핵담론의 학습담론으로의 변형과정이라고 할 수 있다. 대표적인 예가 '생존담론' 형태로의 가공이다. 부안 군민이 위협받고 있는 것은 다름 아닌 자신들이 살고 있는 '아름다운 고장'과 '산천'이며 '수천 대의 자손'의 삶이라고 강조한다. 찬성이냐 반대냐의 선택의 기로에선 부안군민은 '경제적으로 잘살 것인가 못살 것인가'라는 선택을 해야 하는 것이 아니라 '아름다운 삶의 터전과 후손들을 위해서 무엇을 해야 하는가'라는 질문에 응답해야 함을 상기시키고 있다.

> 수 만년이 지나도 안전성이 보장되지 않는다는 핵폐기장이 들어오면 7만 부안군민이 고향터전을 떠나게 됩니다. 고준위핵폐기장, 핵재처리 시설이 들어오는 것은 시간문제이고 **부안은 아름다운 고장이 아닌 핵 덩어리들만 남는 텅 빈 유령도시**(강조는 필자)가 됩니다. 요즘 들어 부안의 아름다운 산천이 더욱 가슴 아프게 다가옵니다.
>
> (7월 7일 선전물 中, 군대책위).
>
> 비닐봉지가 썩는 데는 30년의 시간이 걸립니다. 핵폐기물의 방사능 독성이 없어지는 데는 수십 만 년의 시간이 걸립니다. 정부에서는 비닐봉지 사용을 제한한다고 합니다. 하지만 정부에서는 핵폐기물을 만들어내는 핵발전소를 추가건설하고, 핵폐기물을 묻어 두기위한 핵폐기장 건설을 추진하고 있습니다. 핵폐기장 건설, **수천대의 자손들에게 씻을 수 없는 죄를 짓는 일입니다. 당신의 아이들을 위해, 당신은 어떤 선택**(강조는 필자)을 하시겠습니까?
>
> (7월 9일 선전물 中, 군대책위)

이 점에서 주민들에게 전달되었던 이러한 학습담론은 당시 상황에 대한 빠른 '선택'을 요청하고 있었고 이 때문에 관련된 정보와 지식은 간결하고도 극명하게, 그리고 '아름다운 고장인가 텅 빈 유령도시인가'와 같은 극단적 '이분법'의 형태로 가공되고 있었다.

한편, 부안군수에 의한 핵폐기장 유치 신청이 이루어지면서 핵폐기장 건설 문제는 단지 개발 대 환경의 문제가 아니라 민주주의의 문제이기도 하다는 사실이 부각된다. 이때 민주주의의 문제는 "부안군민을 죽음으로 몰아넣는 000군수"와 같이 부안군수에 대한 극단적 분노의 메시지로 전달된다. 이는 당시 부안주민들이 공감하고 있었던 부안군수에 대한 분노의 감정을 반영한 것이기도 했지만 사회운동 과정에서 지식과 정보가 전달되는 선동적 방식을 보여주는 것이기도 했다.

> 오늘 우리의 이 싸움은 이 땅의 민주주의를 바로세우기 위한 투쟁이다. 주민의 뜻을 짓밟고, 의회의 결정을 무시하고, 부안군민을 죽음으로 몰아넣는 000 군수는 오늘 우리의 이 분노를 기억하라.
>
> (핵반대 군수 퇴진 군민 1만인대회 선전 홍보물 中, 군대책위, 2003. 7. 22)

요컨대, 이 시기 반대운동 측의 학습담론은 반개발주의적 환경담론을 수용하고 이를 지역 상황에 맞게 변형하는 과정에서 형성되었다. 이 때문에 반대운동 측은 정부와 부안군이 주장하는 경제 논리 및 개발주의 논리에 대한 대항담론으로서 반개발주의적 환경담론의 기본적인 이념을 수용하는 동시에 이를 주민들에게 친숙할 수 있는 생존담론과 민주주의 담론으로 변형하였다. 이는 시민사회의 운동담론과 부안 지역사회라는 특수한 상황이 만나면서 현장 지식(local knowledge)이 형성되는 과정이라고 볼 수 있다. 이 시기에 형성되기 시작한 학습담론은 정부 및 부안군의 논리를 대체할 수 있는 '대안성'과 부안 지역사회의 특성을 적절히 반영하여 지역주민들에게 친숙할 수 있는 '구체성'을 가지고 있었다. 한편으로 주민들의 참여를 극대화시켜야 했던 당시의 상황에서 학습담론은 성찰적 숙고가 아니라 빠른 선택과 참여를 위해 변형되었다는 점에서 선택을 위한 이분법적 구도를 가지고 있었다. 이는 사회운동의 과정, 특히 초기 주민들의 참여를 촉진하기 위하여 등장한 학습담론이 가지고 있는 '선정성'을 보여주는 것이기도 했다.

### 학습 주체의 출현

#### ▶ 핵폐기장, 비일상적 낯선 문제

핵폐기장 유치에 대한 이야기가 부안 지역사회에서 오고 가던 초창기, 당시 일반 주민들에게 핵폐기장은 여전히 낯선 문제였다. 주민들은 핵이 막연하게 위험하다는 정도에 대해서는 일고 있었지만 당장 위도 핵폐기장 유치가 현실화되지 않은 상황에서 핵폐기장에 대한 깊은 고민들이 일상 속에서 이루어지지는 않고 있었다. 정부나 군청도 위도 주민들을 대상으로 한 홍보활동은 벌였어도 부안주민들에게 핵폐기장 사업에 대해 알리는 적극적인 활동을 펴지 않고 있었던 터였다. 따라서 부안주민들에게 핵폐기장의 문제란 자신들의 일상과는 거리가 먼 '낯선' 세계의 일로 인식되고 있었던 것이다.

> 도희진 : 거의 그렇죠. 핵에 대해서는 그냥 나라와 나라. 핵이 우리나라에 위협을 받느냐 안 받느냐 거기에 주로 중점을 두고 우리나라의 뭐 북한 같은 경우에 우리나라가 위험하니까 핵은 안 좋은 거구나 생각을 했죠. 나라와 나라사이의 문제로 생각했지 우리 지역에 들어와서 그 정도까지는 생각을 안 했죠. 닥치지 않았으니까.

진덕수 : 5월 달 부터 그랬구나...그때부터 저는 방송하고 다녔어요. 그때는 좀 민심이 그쪽으로는 아니고 상가 쪽으로 방송을 하면은 저놈들 미친놈들이다. 왜 장사 안 되게 떠드느냐 그런 손가락질도 받고 그런 어려움이 많았어요.

조보현 : 처음에는 격포 사람들만 해가지고 그냥 아 저 사람들이 하는구나 해서 저희하고는 관계없는 그렇게 생각했었거든요.

이 때문에 초창기 농민회를 중심으로 이루어졌던 홍보활동 등에 대해서도 주민들이 적극적인 관심을 표방하지는 않는다. 이후에 면단위 대책위에서 적극적인 활동을 하게 되는 한 활동가가 당시에는 핵폐기장에 유치에 대해서 긍정적인 입장을 취하는 경우가 있을 정도였다.

필 자 : 핵폐기장에 대해서 처음부터 안 좋은 생각을 가지고 계셨어요?

김동현 : 저는 그렇지 않습니다. 처음에는 농민회에서 방송을 했어요. 이게 무슨 일인가, 아 찬성해도 되는가보다. 이렇게 생각을 해왔는데...

이처럼, 핵폐기장 문제가 본격적인 부안 지역사회의 문제로 대두되지 않은 상태에서 주민들은 핵폐기장이 위험한가 안전한가, 지역사회를 획기적으로 발전시킬 것인가 아니면 지역사회를 파괴시킬 것인가 등, 핵폐기장을 둘러싼 상반된 담론들에 대해 적극적 관심을 보이지 않는 '무관심'의 상태에 있었던 것이다.

▸ 분노와 위기감-일상의 균열, 낯선 세계로의 '진입'

주민들은 부안군수의 핵폐기장 유치 신청에 당혹스러워한다. 핵폐기장의 안정성이나 경제적 효과에 대한 정부나 군청의 적극적인 설명의 과정이 전무했던 상황이었고, 유치 신청을 하던 2003년 7월 11일 전까지만 하더라도 부안군수는 위도 핵폐기장 유치에 대해 적극적이지 않던 터였다. 이런 와중에 주민들이 뽑은 부안군수는 (비록 유치신청의 의무 사항은 아니었으나) 군의회가 위도주민들의 핵폐기장 유치 청원 건을 부결시키기 직전에 유치 신청을 함으로써 주민들의 분노가 증폭이 된다.

> 김　산 : 처음에는 관심이 없었죠. 자기들이 바쁘니까. 그런 홍보나 간담회나 설명회도 없고 그래가지고 군의회에서도 부결이 됐고. 지자체를 존중하고, 군의회에서도 부결이 됐고 딱 끝난 건데, 군의회의 부결대상을, 누가 보더라도 드러나는 거예요. 군의회의 부결대상을 군수를 꼬셔가지고, 군의회도 필요 없고 군수가 신청하면 된다. 아 그게 말이 돼요? 우리가 뽑아준 사람인데…
>
> 김호택 : 부안 군수라면 부안 전체를 다 움직이는 사람인디. 핵폐기장 반대를 주민들이 허면 부안 군수가 정부에다 건의를 해야지. 나는 이렇게 헐라고 했는데 이렇게 참 주민들이 못 허게 하니 할 수가 없소. 건의를 해야 하는디…주민들이 반대를 해도 억지로 헐라고 허면 잉. 군수가 주민들 여론 들어봐야지. 그냥 자기 마음대로 헐라고…그러면 내 생각은 그래요, 우리만도 못한 것이여 군수가.

군의회의 부결과 군수의 유치 신청은 주민들의 눈에는 최소한의 민주주의적 절차도 지키지 못한 부도덕한 일로 인식된다. '개발이냐 환경이냐'의 문제보다는 '정의로운 일이냐 부당한 일이냐'라는 문제가 전면화되기 시작한다. 여기에 기존에 부안주민들이 부안군수에게 가지고 있었던 기대와 신뢰감에 대한 배신감이 겹쳐지면서 분노가 증폭된다.

> 허윤행 : 그런 부도덕한 내용을 군민들한테 확산이 되요. 군민들이 이 정말 나쁜 놈들이다. 저가 잉 추울 때 음료수 주고 논밭에 들어와 손잡아 주고 같이 모내기 해주고. 이 정말 지역주민들을 더불어 안고 갈 줄 알았는데, 지가 독단적으로 그렇다는 것에 대해서 분노를 하게 된 거죠.

설령 부안군수 핵폐기장 유치에 대해 갖고 있었던 명분이 타당하고 지역사회를 살리기 위해 필수 불가결한 것이라고 하더라도, 자신을 뽑아준 주민들의 의견을 들어보지도 않고 '무시'한 독단적인 처사는 주민들이 보기에 '옳은' 일이 아니었다. 그럼에도 불구하고 정부와 언론매체가 나서서 부안군수의 '결단'에 찬사를 보내는 상황이 전개되면서 주민들의 허탈감과 분노는 커져갔다.

이와 같은 상황은 충분한 지식과 정보를 토대로 해 자신의 운명을 스스로 결정해야하는 '주민자치'의 맥락과는 모순되는 상황이었다. 하루아침에 알권리와 선택권을 박탈당하고 설득과 선도의 대상으로 전락한 주민들은 무기력한 상황에 빠져들게 된 것이다.

> 김은아 : 모르는 사람들은 그 사람들이 어느 순간에 선택은 해야 하잖아요. 선택할 수 있는 시간을 줘야 하잖아요. 그게 어느 날 선택할 시간이 없잖아. 모르는 것도 죄지만 그걸 모르기 때문에 선택하지 못했다는 것도 억울하거든요.

생활 속에서도. 근데 제가 이렇게 겪으면서 우리한테 제대로 된 정보나 주고 선택을 했다면 선택해서 불이익을 당하는 건 어쩔 수 없어 솔직한 얘기로. 그런데 그런 걸 몰라서 선택하지 못했던 거.

김호택 : 영광 가봤어도, 온통 주민들이 죽지 못하는 사람밖에 없드만. (부안군수는) 그것도 안 봐 그냥 괜찮다 괜찮다. 그럼 괜찮은 것을 설명을 해줘야지. 그냥 우리 생각을 (무시하고) 강제적으로 옛날식으로 그러면 안 되지 지금은. 인제 나는 그렇게 하지 말고 말하자면 주민 말 들어보고 허자는 것이요. 우리도 못하겐 안 해. 못하겐 안 해. 응 그게 타당성이 있는가 없는가 그거를 조사를 다 해보고 그래야지 무조건 한다고 하면 나는 안 되지 않느냐.

이와 같은 핵폐기장 유치에 대한 분노와 더불어 핵폐기장 유치가 현실화되면서 주민들의 생존에 대한 위기감이 확산된다. 예를 들어 횟집 예약이 끊기고 농산물 주문이 취소되는 등, 핵폐기장 부지 선정에 따른 피해 사례가 발생하고 이러한 경험이 일반 주민들 사이에 공유되면서 주민들의 위기감이 커진다.

정인철 : 핵폐기장이 뭔지는 모르지만… 저거 들어왔을 땐 우리 경제가 초토화되고… 생계수단 무너지고 핵폐기장 소문이 나돌면서 농산물 가격 하락하고 이런저런… 피부로 느끼면서 자연스럽게 이제 그렇게 됐죠. 거의 뭐 순식간에 그 세력이 확장이 됐어요.

이처럼 부안군수의 핵폐기장 유치 신청을 계기로 핵폐기장을 둘러싼 주민들의 정서는 급반전하게 된다. 핵폐기장의 문제가 현실화되고 그 과정에서 일종의 무력함을 경험하게 되면서 낯선 세계에 방치했던 핵폐기장에 대한 문제가 자신들의 삶 속으로 '진입해 들어오기' 시작한다. '핵폐기장'이라는 화두가 주민들의 삶의 한 가운데로 의미 있게 재배치되기 시작한 것이다.

> 임미혜 : 핵에 대해서 잘 알고 있지 못했고요. 핵폐기장에 대해서는 별 관심 자체가 없었어요. 유치신청을 했다 인제 그때부터 관심을 갖기 시작했죠.

부안군수의 핵폐기장 유치 선언과 함께 이루어진 일련의 과정들은 주민들의 '일상의 균열'을 의미하는 것이었다. 이때의 일상의 균열이라는 것은 낯선 세계로 치부되었던 비일상적 경험이 일상적으로 경험되면서 일어나는 것이었다. 핵폐기장이라는 낯선 화두, 주민자치의 맥락에서의 무력함, 전경부대의 출연, 생존의 위기감, 대중 집회 등은 평온했던 일상 속에서 경험해보지 못했던 생소한 것들이었다. 이런 일상의 균열은 주민들을 이전에는 경험해보지 못했던 '낯선 세계'로 인도하는 것이었다.

### ▶감성적 공감대의 형성

분노와 위기감이 확산되면서 핵폐기장 유치 반대운동에 대한 주민들의 집단적 참여가 이루어지기 시작한다. 당시 상황에 분노한 개인뿐만 아니라 단체 수준에서의 참여도 촉발된다.[22] 여기에는 이

22) 2003년 7월 15일에는 곰소 학부모들을 중심으로 한 등교거부가 최초로 나타난다. 시간이 지나면서 부안 지역사회내의 주요 사회단체들이 핵폐기장 반대를 선언하면서 속속 반대운동 진영에 합류하게 된다. 이 시기의 대표적인 집단적 참여로는 '부안 의사회, 약사회, 한의사회, 치과의사 협의회의'(2003. 7. 15)와 '부안군 공무원 직장협의회'(2003. 7.

전부터 지속적으로 핵폐기장의 위험성과 부당성을 알려온 선도적 참여집단들의 노력도 컸지만 저변에는 분노와 위기감을 토대로 하는 주민들의 공통된 감성의 공유가 자리 잡고 있었다.

핵폐기장 유치 반대운동의 초창기 교육활동은 선도적 집단의 역할, 특히 외부단체의 도움과 대책위 활동가들의 중심적인 역할, 그리고 주민교사들의 역할 등을 통해 핵폐기장의 위험성과 핵폐기장 위도 유치의 부당성을 주민들에게 적극적으로 알리는 과정에서 형성되었다. 그리고 이러한 교육활동은 주민들을 찾아가서 정보를 알리고 이해를 구하는 방식으로 형성됨으로써 정부 및 부안군의 일방적인 결정 때문에 겪을 수밖에 없었던 무력함을 넘어설 수 있는 가능성을 담고 있었다.

핵폐기장이 낯선 문제로 주민들에게 다가오고 있었던 상황에서 이러한 교육활동만으로 핵폐기장 반대여론을 이끌어내는 데에는 한계를 가질 수밖에 없었다. 주민들은 여전히 '핵폐기장이 과연 위도에 유치될까?', '핵폐기장이 그렇게 위험한 것인가?'라는 의구심을 가지고 있었고 이 때문에 자신들에게 이해와 공감을 구하는 주민교사들의 '이야기'들도 낯설기는 마찬가지였다. 막연히 핵에 대한 반감은 가지고 있었지만, 그것만으로 핵폐기장이 가져다줄 경제적 매력을 상쇄시키기에는 역부족이었다. 뿐만 아니라 반핵담론에 동의한다고 하더라도 '생업'을 접고 반대운동에 뛰어들 만큼 절실한 상황도 아니었다.

---

18)의 핵폐기장 반대 성명 발표를 들 수 있다. 심지어는 찬성 단체인 '양성자 가속기 및 핵폐기장 유치위원회'의 위원 4인이 위원회 탈퇴 및 핵폐기장 유치 반대 성명을 발표하기도 한다(참소리 홈페이지 참조, http://cham-sori.net).

필　자 : 홍보를 하셨던 분들한테 여쭤보니까 처음에 시장 여론이 안 좋았다고 하시던데요?

강혜주 : 안 좋은 건 아니었고, 각자 가게를 하니까. 한 사람씩 두 사람씩, 다 못나가니까. 그러느라… 조금 무관심했다고? 무관심한 것은 아니고 각자 먹고 살다 보니까 그래서 그런 거지.

요컨대, 핵폐기장을 둘러싼 찬성담론과 반대담론은 주민들의 일상생활 속에서 여전히 어느 쪽도 강력한 헤게모니를 잡지 못하고 표류하고 있었다. 이러한 상황에서 부안군수의 독단적인 유치 신청이 계기가 되어 분노와 위기감을 동반한 감성적 공감대가 형성[23]되면서 핵폐기장에 대한 찬성담론은 급속하게 '명분'을 잃게 된다. 반면, 반대운동을 선도했던 집단들이 내세웠던 핵폐기장에 대한 반대담론들은 부도덕하고 부당한 부안군수의 유치신청 앞에서 주민들로부터 정당성과 명분을 부여받게 된다.

### ▸감성과 담론의 만남: 감성공동체에서 반핵공동체로

주민들의 감성은 '참여의 장'을 통해 본격적으로 반핵담론에 공명(共鳴)하기 시작한다. 이미 주민들에게 명분을 잃은 찬성담론 대신 반대담론이 지배하는 반대운동의 장으로 주민들의 발걸음이 향하기 시작한다. 군대책위를 중심으로 한 대중 집회나 등교거부처럼 주민들의 자발적이고 자연발생적인 참여 속에서 주민들은 분노

---

23) 이러한 위기감은 선도 집단들의 홍보활동을 통해 강화되는 측면도 있었다. 초기 홍보활동 속에서는 핵의 위험성을 극대화하여 보여주는(기형아 사진 등) 등 '선동'의 요소들도 들어있었다. 서정안 인터뷰 참조. "실제로 밤마다 시위를 하는 데 큰 기형아 사진을 걸어놨어요. 그 사진 한 장에 우리 군민들이 다 가버린 거죠. 저런 애기를 낳는다니 그러니 얼마나 불안하겠어요."(서정안)

의 감정을 표출하고 다른 주민과 그 감성을 공유하기 시작한다. 이제 핵폐기장은 더 이상 낯선 '남'의 문제가 아니라 '우리'의 문제로 의식되기 시작한다. 그리고 공통된 감성을 느끼는 '우리'에게 더 이상 핵폐기장에 대한 반대담론은 '낯선 이야기들'이 아니라 '의미 있는 지식'으로 수용되기 시작한다. 이 점에서 주민들은 반대담론을 "논리도 뭐고 필요 없는" 감성적 과정을 통해 선택하고 있었다.

> 황수연 : 우리는 굉장히 이 싸움이 힘 드리라고 생각을 했었는데, 부안군수가 그냥 너무 그러는 바람에 굉장히 합리적이고 상당히 관조적이었던 사람들조차도 양쪽을 잘 들어보고 난 다음에 결정을 한다느니 이런 생각들을 가졌었던 분들이 굉장히 많았을 거 아니에요? 근데 이제 **논리도 뭐고 필요 없이**(강조는 필자) 저 때려죽일 놈 말이 안 된다. 이게 이렇게 되어 버려가지고 쫙 다 이쪽으로 바꿨기 때문에 사실은 굉장히 큰 힘이었어요.

감성적 공감대는 주민들 간의 차이를 무화시키고 일체감을 경험케 할 수 있는 동력이 된다. 이는 당시 상황에 대해 분노의 감성을 공유하는 감성적 공동체[24]의 출현을 의미하는 것이었다. 이러한 감성을 기반으로 하는 유대감은 대중 집회 속에서 확인되고 있었다. 이와 같은 감성적 공동체는 핵폐기장 반대담론과의 공명하게 되면서 '반핵공동체'로서의 자기정체성을 형성하고 있었다. 물론, 초창기부터 농민회를 골간조직으로 하고 지역사회의 사회단체

24) 이때 '감성적 공동체'라는 개념을 필자는 분노와 위기감이란 공통된 감성적 공감대를 토대로 구성된 결사체적 공동체라는 의미에서 사용한다. 즉 감성적 공동체란 분노와 감성의 공감대 속에서 구성원간의 동질감과 유대감을 형성하는 공동체를 의미한다고 할 수 있다.

가 대거 참여한 군대책위를 중심으로 반대운동이 조직적으로 전개되었다는 점에서 지도부의 조직화 사업의 성과가 주민들의 대중적 참여로 나타났다고 볼 수도 있다. 하지만, 주민들의 참여를 결정적으로 촉발시킨 '계기적' 측면에서 보았을 때 분노와 위기감이라는 감성적 요소의 중요성을 간과할 수는 없을 것이다.

이후 이와 같은 과정을 통해 형성된 반핵공동체는 군대책위를 중심으로 한 본격적인 반대운동을 전개해 나가게 된다. 이 과정에서 반핵공동체로서의 자기정체성을 공고히 하며 여론화 작업을 통해 공동체 외연을 확대해 나간다. 그리고 공동체적 지식과 문화 그리고 새로운 공동체적 인식 지평을 넓혀나간다. 이 점에서 감성적 공동체의 출현은 학습 주체의 출현을 의미하는 것이기도 했다.

이 시기는 낯선 경험의 장이 전개되고, 군대책위 교육활동이 시작되는가 하면, 주민교사의 등장하고 반핵담론이 대안적, 구체적, 선동적 학습담론으로 변형되는 등 교육활동과 학습담론의 형태가 만들어진다. 또한, 주민들은 낯선 상황과 맞닥뜨린 상황에서 감성적 공감대를 형성하며 반핵담론과 공명하기 시작하면서 반핵공동체로서의 형상을 갖춰가기 시작한다. 이 점에서 이 시기는 반대운동의 참여를 통한 본격적인 주민들의 학습이 이루어지기에 앞서 이러한 경험으로 구성될 교육활동과 학습담론 그리고 학습주체의 원형적인 형태가 형성된 시기라고 할 수 있다.

이때 학습관계는 일차적으로 '외부집단과 부안지역 활동가 집단', '외부집단과 주민', '주민교사와 주민' 사이에 주로 형성되고 있었다. 이 점에서 이 시기의 학습관계는 형식적으로는 이미 앞선 경험과 정보 그리고 지식을 갖고 있는 외부집단과 선도 집단이 핵문제에 대해 낯설어하는 주민들을 가르치는 '수직적'이고 단선적 형태를 띠고 있었다. 그리고 이때의 학습관계가 단순히 지식과 정보 전달, 또는 당시 상황에 대한 '성찰적 숙고'를 위한 것이 아니라 반핵담론을 여론화하고 주민들의 참여를 촉진하기 위한 선도적 참여집단의 분명한 의도 하에 맺어지고 있었다는 점에서 특정 목적에 학습관계가 수렴하였다.

그러나 주민들이 분노와 위기의 감성을 공유하기 시작하면서 학습관계가 의미 있게 작동하기 시작했다는 점에서, 반핵공동체학습 과정에서 이 시기가 갖는 중요한 의미는 학습관계를 맺어주는 기본적인 토대라고 할 수 있는 분노와 위기감을 기반으로 하여 핵폐기장 백지화의 문제에 동의하는 '감성적 공감대'의 형성에서 찾을 수 있었다. 이러한 감성적 공감대는 부안군수의 핵폐기장 유치 선언에 대한 주민들의 공분(公憤)을 통해 학습관계가 급속하게 형성되었다는 점에서 주민들의 일상적 감성이 낯선 상황에 맞닥뜨리면서 자연적으로 발생하는 것이었다.

## 2. 반대운동의 전개 및 고조기

### 반대 감성의 강화와 확산

2003년 7월 22일 1만인 군민대회가 개최되는 등 본격적인 대규모 반대 집회가 이루어지고 주민들의 저항이 거세진다. 그리고 이와 같은 사태를 해결하기 위한 주민투표 가능성도 점쳐지게 된다. 이 때문에 찬성과 반대 측에서는 서로 '세 불리기'를 통해 여론을 주도하기 위하여 '핵폐기장 바로 알기'라는 동일한 목적을 가지고 홍보 및 교육활동을 적극적으로 전개하고자 한다(연합뉴스, 2003. 8. 3).

그러나 이미 핵폐기장 유치 및 선정과정에 대한 부안 군민들의 깊은 분노로 인해 주민들의 관심은 반핵담론 쪽으로 급속하게 움직이고 있었다. 그럼에도 불구하고 부안군과 정부의 위도 핵폐기장 건설 의지는 확고했다. 정부의 입장에서는 부안군수의 유치 신청은 합법적인 지방자치단체장의 권한 행사였고, 이 때문에 정부는 부안군수의 '결단'을 높이 사면서 공권력에 도전하는 부안주민들의 불법적인 집단행동에 대해서 엄정한 대처를 공언하고 있었다.

부안 지역 사회의 핵폐기장 반대여론이 높아지고 대규모 집회가 일상적으로 이루어지는 상황에서 부안주민들은 경찰들의 진압 과정에서 나타난 '폭력' 상황을 경험하게 된다. 이 경험은 아직까지 핵폐기장 반대운동에 참여했던 부안 주민들의 기억에 깊이 각인되어 있었다.

필　자 : 기억에 남는 경험이 있으시면 말씀해주실래요?

경효은 : 기억에 남는 것은 차 불 질러 벌려갖고... 의경들이 군민들 방폐로 막 쳐부수는 거.

김수영 : 얼마나 의경들이 군민들일 찍고...

경효은 : 봐봐 그 어린 것들이 부모 같은 으른들(어른들) 갖다가 인정사정 찍고. 아무 여름이래도 물 호수로 우리를... 으이구... 너무 강압적으로 해갖고 많이 죽었을 것이여, 우리가 같이 (폭력적으로) 했으면...

김수영 : 아이구 너무나 그냥. 아 이렇게 걸어가는 놈 잡아다 무조건 그렇게 했는데 뭐...

이미 반핵운동 초창기부터 핵폐기장 유치 반대운동에 대한 명분과 자기정당성을 공유하고 있었던 부안 주민들에게 이러한 경험은 주민들 사이의 연대감을 강화시키는 결과를 낳는다.

허윤행 : 사실 부안 군민들이 이런 투쟁 해본 적도 없었거든, 해본 일도 없었고, 평온하게만 살아왔기 때문에 그 사람들이 경우에 따라서는 뒤통수 치고 곤봉과 방패로 찍으리라고는 생각을 안 했기 때문에 그렇게 온순한 대응을 했던 거예요. 그런데 결국 그 다음 싸움에서는 피 흘리고 다치고 그런 현상을 겪으면서 군민들이 더 분노하고 더 과격해진 거예요. 그러니까 잔디가 밟으면 밟을수록 더 끈질긴 생명력을 갖듯이 부안군민들은 더 짓밟히면서 과정 속에서 아 이게 아니다, 아무도 우리를 몰라주고 우리의 진정성에 대해서 이만큼이라도 마음을 가져주는 경우가 없다, 우리 스스로 이 땅을 지키는 수밖에 없다는 그런 어떤 분노와 결연한 의지를 가지게 되는 거예요.

대규모 집회와 이에 대한 경찰의 강경진압이 반복되는 상황에서 주민들의 분노는 비민주주의적으로 핵폐기장 유치를 선언한 부안군수를 넘어 정부를 향하게 된다. 이와 함께 주민들의 권리와 권익을 보호해주고 있었다고 믿었던 공권력으로부터 겪게 되는 폭력으로 인해 주민들 사이에서는 기존 사회시스템에 대한 회의가 일기 시작한다.

김은아 : 이게 내가 살면서 아무것도 못하고 정부가 우리 권리 이런 게 있잖아요. 정부가 우리 권리 지켜줄 거라고 생각했던 것들 살면서 그런 걸 겪지는 않았지만 우리 의식 속에

서든 경험 속에서든 뭐 TV나 언론을 통해서든 그걸 희미하게 생각했었는데 그걸 보면서 이게 정말 대한민국에서 일어날 수 있는 일인가, 그런 생각이 드는 거야. 우린 어디가 하소연을 해야 할까... 눈앞에서 그 사람을 막 때리는 어떻게 할 수 없는 거야.

이런 상황에서 핵폐기장 유치 반대운동을 주도하는 군대책위에 대한 주민들의 신뢰가 쌓이기 시작한다. 군대책위는 핵폐기장을 위도에 건설하고자 하는 세력과 대항하여 현재 주민들이 겪고 있는 위기의 상황을 극복하고 주민들의 바램을 실현시킬 수 중심적인 조직체로 자리 잡는다.

정인철 : 어떤 국가 권력에 의해서 (자기 권리가) 빼앗겼기 때문에 그걸 용납 못하는 거예요. (군대책위는) 마치 동학혁명 당시 집강소라고 해서 어... 이런 절대 권력이지... 의회 기관을 대신하는 농민. 그 어떤 자치라든가 그 군민들의 권익 보호를 담당했던 집강소 형태로 대책위가 구성이 된 거지. 절대 권력이지.

이 점에서 군대책위가 주최하는 대중 집회 참여를 통해[25] 주민들은 반핵군민으로서 '하나 됨'을 확인하고 분노를 공유하며 고통과 슬픔을 나누는 '감성의 공유'를 경험하게 된다. 2003년 7월 25일 대중 집회에서 있었던 '아줌마 삭발식'은 좋은 예가 될 수 있다.

25) 촛불집회와 등교거부투쟁의 경우, 교육체제로서 일반적인 대중 집회와는 다른 의미들을 생성했다는 측면에서 본 논의에서 본격적으로 다루지 않고 따로 후술하도록 한다.

부안군민들은 정부의 강경탄압에 맞서 '핵폐기장 절대 반대'를 힘들게 투쟁하면서도 주민들 서로 위로하며 도우면서 감격과 감동이 넘치고 있다. 삭발을 한 아주머니가 "가정의 평화를 뒤흔드는 핵폐기장을 막기 위해 우리 가정을 지키기 위해 삭발을 한다."며 "엄마 아빠가 너희들의 미래를 지켜주마."라고 말하자, 주위 아저씨 아주머니는 일순간 눈물을 흘리기도 했다.(참소리 2003. 7. 25)

결국, 핵폐기장 유치를 거부하고 이를 백지화하려는 주민들과 기존의 핵폐기장 유치 일정을 강행하려는 부안군과 정부와의 대결 구도가 강화되면서 겪게 되는 비일상적 경험들로 주민들 의식 안에 자리 잡고 있었던 기존 사회시스템에 대한 긍정적 의식에도 균열이 생기기 시작하고 사회체제와 맺던 일상적 관계들이 전복되기 시작한다. 이 관계의 전복은 이후 핵폐기장 유치 반대운동이 전개되는 과정에서 강화되며 새로운 공동체적 관계들을 형성하게 되는 기점이 되었던 셈이다.

### 교육활동의 정착과 확산

핵폐기장 유치 반대운동이 전개되면서 모든 면단위에 읍면대책위가 조직되고 군대책위 대표, 집행부, 대책위원장 및 사무국장들이 참여하는 상임위원회가 가동된다. 이로써 군대책위-면단위 대책위의 전 군(郡)을 아우르는 반핵군민 조직체가 공고화되며 주민의 동원과 홍보 그리고 교육활동 또한 조직적으로 전개된다. 이 과정에서 주민들은 단순한 동원의 대상이 아니라 참여적 주체로 등장하면서 교육활동 전개와 확산에 적극적인 역할을 담당하게 된다.

▶ "교육이 생명이다"

반핵 대책위는 주민들의 대중적 참여가 무엇보다도 중요하다고 생각한다. 그리고 이를 가능하게 하는 핵심적인 기제로서 교육의 중요성을 인식하게 된다.

향후투쟁기조

- 장기항전의 자세로 7만 주민이 모두 참여하는 대중적 투쟁을 조직한다
- 지역 대책위를 강화하자: 마을단위 책임자까지 내와야
- **교육이 생명이다** (강조는 필자)
- 투쟁 형태에 있어서 강고한 비폭력 평화투쟁을 기본으로 한다. (대책 1차 상임위원회 회의록 ,2003. 7. 26)

본격적인 반대운동이 전개 되면서 초기에 전개되었던 군대책위 중심의 교육활동들이 가동되기 시작한다. 군 전체를 아우르는 조직이 형성되지 않았던 초창기와는 달리 군대책위 내에 교육 사업만을 전담하는 '교육팀'이 꾸려진다. 또한 모든 읍면 단위 대책위가 조직이 되고 상임위원회를 통한 의사결정 구조가 만들어진다. 이로서 전 군 지역을 아우르는 대책위 조직과 의사결정 통로를 활용한 교육활동이 조직적으로 전개된다. 이에 따라 이미 반대운동 초창기에 출현했던 활동가교육, 순회교육 등의 활동이 본격화되고 일반 주민들을 대상으로 한 교육활동이 확산된다.

① 강사개발교육: 주민교사의 육성

반핵담론을 이해하고 다른 주민들에게 전달할 수 있는 강사진

에 대한 요구가 일게 되어 군대책위는 외부 단체의 도움을 받아 지역주민들 사이에서 강사를 발굴하기 위한 '강사개발교육'을 실시하게 된다. 초창기 강사교육이 핵의 위험성을 간결하게 알려주기 위한 사진첩 활용법 등에 초점이 맞춰졌다면 이 시기에는 핵폐기장에 대한 보다 전문적인 인식을 높이는 데 맞춰졌다.

강사개발교육은 일반 주민들을 대상으로 하는 대중교육의 성격을 갖는 것은 아니었다. 지역 사회단체나 지역 대책위 등에서 적극적으로 활동할 수 있는 활동가 및 여기에 관심이 있는 일반 주민들을 대상으로 하는 활동가 교육의 의미가 컸다.

> 윤 민 : ...뭐냐면 실제로 핵문제에 대해서 정말로 알고 싶어 하시는 분들도 더러 있었고 그리고 우리가 인제 뭐냐면 지역에서 사람들을 직접 차 안에서나 몇 마디 말이라도 직접 할 수 있을 정도로 그런 사람들을 추렸을 거예요. 각 지역마다 눈에 띄는 사람들을 모아서 강사교육을 했는데, 그 분들이 실제적으로 활동을 면밀하게 하지는 못했었어요. 그런데 그 과정에서 우리 스스로 공부를 더 해야 한다는 필요성을 느꼈었죠.

군대책위가 공식적으로 공표한 바로는 2차례 이루지는 데 1차로 2003년 7월 28일부터 8월 2일까지 매일 밤 8시, 한 시간 동안 당시 군대책위가 자리를 잡고 있었던 부안성당에서 이루어지며, 2차로 2003년 8월 18일부터 8월 22일까지 같은 장소에서 이루어진다. 교육내용은 ① 핵폐기물과 양성자가속기 ② 지역경제에 미치는 영향 ③ 위도 유치의 안전성과 타당성은 있는가? ④ 핵에너지 정책의 전환과 대안 에너지 ⑤ 주민과 함께하는 반핵운동 접근법[26)]등

활동가로서 기본적으로 알고 있어야 하는 내용들을 다루게 된다. 강사개발교육의 강사는 핵폐기장 유치 반대운동 초창기부터 적극적으로 주민 홍보 및 교육에 참여 했던 영광대책위 관련 인사들이 맡게 되며,[27] 실제 30여 명의 지역 활동가와 일반 주민들이 참여하여 교육을 받게 된다.

> 최영신 : 처음에는 한 30명 정도가 모였었거든요... 성당 큰 방에 꽉 찰 정도로... 일반적인 사람들은 떨어져 나가고 인제 활동가 중심... 그때 교육받았던 사람이 물론 (나중에) 오랫동안 활동했던 분이기도 한데... 가장 마지막까지 남아 있던 분들...

이처럼 강사개발교육은 군대책위가 지역 활동가를 길러내기 위한 적극적인 기획 속에서 이루어진 교육이라고 할 수 있다. 이로서 초창기 외부단체 전문가 및 선도 집단들로 구성되었던 교사 층은 일반 주민들로 확대될 수 있게 된다.

② 순회교육: 찾아가는 교육

군대책위는 부안성당에서 주민지도자를 위한 강사개발교육을 실시하는 한편, 부안 군내를 돌면서 지역 활동가 및 주민들을 위한 순회교육을 실시하게 된다. 초창기 순회교육이 농가주부모임 등 기존에 지역사회에 존재하는 모임들을 찾아다니며 이루어졌던 반

---

26) 2차 교육 내용. 반핵대책위 홈페이지 http://nonukebuan.or.kr, '한마디' 게시판 참조

27) 이와 같은 내용의 교육은 부안성당에서 수시로 이루어진다. 처음처럼 활동가를 중심으로 한 특히, 성당 내 머물게 되는 수배자가 늘게 되면서 이들을 대상으로 한 교육이 이루어진다.

면 이 시기 순회교육은 조직적 체계를 갖추게 된 읍면대책위와의 연계 속에서 이루어진다. 읍면대책위가 적극적으로 주민을 모아내면 군대책위에서 외부 활동가를 포함한 교육팀을 꾸려서 주민들을 찾아간다. 또한 읍면대책위에서도 독자적으로 홍보팀을 조직하여 마을회관들을 찾아다니며 주민들과의 직접 소통을 시도한다. 한편 부안 지역사회에 내에서 활동하고 있었던 기존의 사회단체가 요청할 경우 방문 교육을 실시하는 등, 기동성 있는 교육활동을 전개한다.[28)]

순회교육에서는 영광대책위나 반핵국민행동 활동가들의 강연과 함께 '영상매체'가 널리 사용된다. 이 영상교육에서는 영광대책위에서 활용하던 반핵 관련 영상물뿐만 아니라 주민들이 싸우는 모습을 담은 영상물 등이 활용되며 이러한 영상교육은 일반 주민들의 핵에 대한 이해를 돕고 반핵운동 참여에 동참할 수 있는 동기를 부여하는 데 중요한 역할을 한다.

> 최영신 : …이제 지역 대책위가 꾸려지고 나서 그걸 활용했어요. 영상교육. 그때, 아…영광에서… 비디오테이프 딱 한 개가 왔었거든요. 그걸로 계속 군중 앞에서 하다가 지역 대책위가 꾸려지니까 그걸 일괄적으로 굉장히 많이 했어요 대책위 별로…(중략)… 할머니 할아버지들 모여 계시면 틀어주고, 잠깐씩 자기가 아는 대로만 이렇게 보여주면서 설명을 하고. 이게 주민들을 대상으로 하는 2차 교육이고 그렇게 해서 집회까지 끌어내는 거죠.

---

28) 이에 대해서는 다음 관련 홍보문을 참조. "조기축구회, 부녀회, 청년회, 번영회, 협의회, 친목회, 상조회, 동창회, 전교조 등 각종 모임 및 단체의 전화를 기다립니다. 부안군의 주춧돌인 분들을 직접 만나서 핵폐기장의 위험성을 교육한다. 단 몇 명이라도 좋습니다. 일정과 시간, 주제내용 등에 맞춰 교육방식을 요청하실 수 있습니다."(반핵부안 홈페이지 한마디 게시판)

요컨대, 이전에 이루어졌던 순회교육이 기존의 모임에 찾아가 핵폐기장 반대의 정당성을 알리고 초창기 반대운동의 조직화를 위해 이루어졌다면 이 시기에는 군대책위 및 읍면대책위로 형성된 주민 조직을 기반으로 하여 핵폐기장 반대담론에 대한 이해를 구하고 주민들을 적극적으로 '광장'으로 불러내기 위해 이루어졌다고 볼 수 있다.

③ 영광발전소 견학

군대책위는 주민들이 핵에 대한 위험성과 정부가 말하는 지역개발의 허위성을 직접 체험할 수 있도록 하기 위하여 '영광원전지역 견학' 프로그램을 추진하게 된다. 부안군청과 한수원이 주민들을 선발해 일본과 영국 등의 핵시설 시찰 추진한다는 사실이 알려지고 인터넷 언론인 '오마이뉴스'를 통해 영광핵발전소 지역 주민들의 삶이 보도되면서 영광발전소지역에 대한 주민들의 관심이 높아지던 터였다(오마이뉴스, 2003. 8. 11). 이에 군대책위는 영광대책위와의 연계를 통해 영광핵발전소 뿐만 아니라 영광핵발전소가 있는 홍농읍 주민들을 만나볼 수 있는 기회를 마련하고 이를 통해 "핵산업계의 일방적인 홍보 대신 현지 주민들의 반대목소리를 듣게 하여 균형"을 꾀하고, "주민들이 홍농읍을 직접 살펴보도록 해 자발적인 판단을 유도"(군대책위 보도자료, 2003. 8. 8)할 것이라고 표명한다.

영광발전소 견학은 부안군대책위 및 면단위 대책위가 주도와 주민들의 자발적 참여로 2003년 8월 10일 100여 명의 주민의 참여를 시작으로 매일 100여 명씩 두 달 동안 이루어져 총 5,000여 명의 주민들이 본 프로그램에 참여하게 된다. 이 견학 프로그램은 '영광

핵발전소 홍보관 견학', '홍농읍 답사 및 현지 주민 면담', '한수원 사택 방문', '영광주민들의 반대운동 경과 청취' 등으로 이루어진다(군대책위 보도자료, 2003. 8. 27). 특히 주민의 삶의 실상을 보여주고 직접 주민들을 만나볼 수 있는 기회를 갖도록 하는 데 중점을 둠으로써 주민들이 핵의 위험성과 지역 사회에 미치는 영향에 대해 실감할 수 있는 기회를 제공한다.

▶ 광장교육의 출현: 촛불집회

군대책위 조직이 갖춰지면서 이루어진 순회교육, 활동가 교육, 영광 견학 등은 핵폐기장을 둘러싼 반대여론을 확장하고 주민들의 참여를 촉진하기 위해 반대운동이 전개되는 과정에서 확산되고 있었다. 그러나 이러한 교육활동은 촛불집회가 매일 이루어지게 되면서 축소되게 된다. 모든 교육활동이 촛불집회를 통해 열린 '광장'에 집중되었기 때문이다.

촛불집회는 군대책위의 계획에 의해 처음 이루어진 것은 아니었다. 2003년 7월 26일 산업자원부 장관 등이 부안을 방문한다는 소식을 듣고 부안 주민들은 군청 앞에 모여들어 산업자원부 장관과의 면담을 요구하는 대규모 집회를 벌인다. 그러나 산업자원부 장관과의 면담은 이루어지지 않자 집회를 위해 주민들이 모여 있는 상황에서 당시 참소리 기자의 제안으로 이 날 저녁 처음 촛불집회가 열린다.

나민경 : 촛불시위를 제안을 했던 분이 참소리의 000 선생님이 부안에서 효순이 미선이 했을 때도 촛불시위 했었잖아요. 그래서 부안에서도 촛불 시위를 해가지고 문화적으로 하

는 시위를 하자 그래가지고 밤마다 밤 8시에 모여가지고 처음에는 아주 간단하게 했거든요

처음 촛불집회는 '문화행사' 중심으로 이루어졌지만[29] 점차 주민들이 참여하는 핵심적인 통로로 자리 잡게 되면서 반핵담론을 학습하고 공동체성과 운동 역량을 강화하는 핵심적인 주민학습의 장으로 자리 잡게 된다.

황수연 : 처음에는... 홍보를 해야 한다고 해서 했는데, 돌아다니면서 홍보를 했어요... 나중에는 홍보할 수가 없었어요. 왜냐면 촛불집회라고 하는 강력한 교육의 장이 만들어지면서 굳이 마을로 들어갈 필요가 없이 그냥. 무조건 와가지고서 거기서 앉아있기만 하면 날마다 교육이 되어버리기 때문...

〈표 6〉에서 볼 수 있는 것처럼 핵폐기장 유치 반대운동의 핵심적인 대중 집회로 자리 잡은 후 촛불집회 프로그램들은 문화행사와 교육활동으로 채워진다. 이때 순회교육 등 주로 찾아가는 교육을 통해 주민들에게 접근했던 군대책위의 교육활동의 역량은 촛불집회로 집중된다.

29) 촛불집회가 처음 열렸던 2003년 7월 26일에는 군대책위 추정 약 1,000여 명의 주민들이 참여하여 '일포 선생 하모니카 연주, 영상관람, 노래자랑'의 프로그램으로 진행된다(군대책위, 일일브리핑 2003. 7. 26).

▸▸ **표 6.** 촛불집회 일정

**10일 촛불행사 (16일째) 일정**

| | |
|---|---|
| 7:30 – 8:00 | 연예인협회 찬조공연 |
| 8:00 – 8:10 | 노래지도(정명미) |
| 8:10 – 8:30 | 영상 “핵발전소 안전한가” |
| 8:30 – 8:50 | 교육: 핵에너지 정책의 문제점과 한수원의 속성: 최승국 녹색연합 사무처장 |
| 8:50 – 9:30 | 사물놀이 미마지공연, 영광 핵발전소 방문기, 시민참여 발언 및 노래, 사물놀이 선반공연 |
| 9:30 – 9:40 | 대책위 일정보고 |
| 9:40 – | 행진 |

촛불집회에서 이루어진 교육활동은 세 가지 정도로 구분된다. 첫 번째가 영상교육이다. 영상교육은 본 행사가 이루어지기 전에 주민들이 모이는 과정에서 사전교육의 형식으로 이루어졌다. 초창기에는 텔레비전에서 방영되었던 핵에 관련된 영상물을 상영하다가 점차 촛불집회가 진행됨에 따라, 전라북도의 인터넷 대안매체인 참소리나 문정현 신부 등이 그날그날 반대운동 과정을 촬영한 영상물을 보여준다.

> 나민경 : 처음에는 TV에서 핵에 관련해서 나왔던 상영물들 갖다가 틀었는데 싸움이 계속 진행이 되면서 문정현 신부님, 참소리가 그렇게 했는데요. 그날그날 했던 거를 촬영을 해가지고 그 다음날 밤새도록 편집해서 그 다음날 틀어준다든지. 아니면 편집 안 하고 그날 바로 보여준다든지.

투쟁을 했던 장면들을 바로바로 촛불시위하면서 보여줬거든요.

영상물 상영을 준비하는 과정에서 부안주민들을 중심으로 한 영상팀이 구성이 되고 촬영 및 편집, 상영 과정을 주도하게 된다. 이때 영상교육은 반대운동에 참여하는 주민들을 적극적인 운동의 주체로 보여주는 영상물 상영을 통해 이루어지면서 촛불집회에 참여하는 주민들을 운동의 객체가 아니라 운동의 주체로 이미지화하게 된다.

정선호 : 영상. 눈으로 보이는 거니까. 그리고 주민들이 대부분 나오는 영상이니까. 교육영상도 있지만은... 도로 점검을 하면 도로 점거하는 장면을 쭉 담아서 그날 저녁이라든가 그 다음날 저녁에 틀어주면, 본인들이 싸우는 모습들이 나오니까 고거에 많이 좋아들 하시고...

윤동주 : 정말 자기네들의 싸움을 바둑 두듯이 복기 하는 과정에서 뭐가 좋았다 뭐가 나빴다. 이사람 어쨌다 뭐 이런 거야.

두 번째는 영상교육이 끝나자마자 2-30분 동안 '교육'이 이어졌다. 이 교육시간은 주민들이 가장 많이 모이는 시간을 택해 외부 전문가들이 무대에 올라와 특정 주제에 대한 강연을 하는 식으로 진행되었다. 이때 초창기 주제는 주로 핵에 관련된 것으로 맞춰지다가, 촛불집회가 장기화되고 주민들의 참여도 안정적으로 이루어지면서 핵폐기장, 핵정책, 생태, 주민자치, 언론, 법, 인권의 문제 등으로 그 주제가 다양해진다.[30)]

30) 전국적으로 다양한 시민단체 활동가 및 전문가 등이 촛불집회 강사로 참여하게 된다.

노상호 : 이제 언론에 대한 부분, 풀뿌리 민주주의에 대한 문제, 핵에너지에 대한 문제, 핵에 관한 문제, 또 법에 대한 문제, 뭐 이런 것들을 각계각층의 전문가들을 갖다가 초빙을 해서 이야기를 들어요. 초기에 중요한 것은 핵에 대한 것이겠죠.

이렇게 '교육' 시간에 다루어지는 주제가 다양해지고 부안 지역 외부의 시민운동가 및 전문가 집단의 참여가 확산되면서 주민들은 기존에는 접해보지 못했던 다양한 시민사회 영역의 담론들을 경험하기도 한다.

세 번째 '대책위 보고(報告)'를 들 수 있다. 항상 촛불집회 마지막에는 '대책위 보고'가 이루어진다. 영상교육이 대책위 영상팀이 주도하고 주민들이 주인공이 되는 교육이었고, 전문가 강연으로 이루어지는 교육시간이 외부 전문가 집단과의 소통하는 장이었다면 대책위 보고는 군대책위 집행부가 주도로 운동의 전략과 방향성

---

주요 강사 및 강연 내용을 보면 다음과 같다. 최열(환경운동연합): 핵폐기장문제, 이필렬(방송대교수): 대안에너지 문제, 이상훈(에너지대안센터): 에너지 대안문제, 백기완(통일문제연구소장): 백기완의 이야기 마당, 박홍규(영남대 법대): 지역주민들의 저항 인권과 공권력의 인권유린, 권영길(민주노동당): 주민운동과 새로운 정치, 원용진(서강대 언론학): 촛불시위의 문화, 이강실(한국여성단체연합공동대표): 여성의 힘으로 세상만들기, 홍성태(상지대 사회학): 핵발전 정책과 위험사회, 김동민(장신대 언론학): 지역언론의 문제, 전규찬(강원대 언론학): 언론의 부안보도 문제, 장하순(순천향대, 언론학): 지역신문과 지역사회, 조경만(목포대, 인류학): 변산반도 일대의 생태인류학적 시각, 최혁(사회당): 반전평화와 부안의 반핵운동, 홍세화(한겨레 기획위원): 민주주의와 시민참여 의식, 황평우(한국문화유산정책연구소장): 위도의 천연자원 및 문화재 보존, 전고필(당시 동강대 겸임교수, 관광학): 관광 부안의 올바른 길, 조정환(정치연구가): 지역주민 공동체의 자율적 구성, 지병문(광주전남개혁연대): 지방자치 민주주의, 손미아(강원대 의대): 핵산업과 건강문제, 오관영(함께하는 시민행동): 지자체와 예산감시운동, 박맹수(원광대): 부안투쟁의 의의, 서관모: 노무현 정권의 성격과 부안사태, 박준성: 동학혁명과 부안항쟁 등(고길섶, 2005: 347)

을 공유하는 장이었다. 이 시간에는 군대책위 집행부에서 직접 무대에 올라와 반대운동이 이루어지는 과정과 현재 정세에 대한 정보[31]를 교환하고 앞으로의 방향과 전략에 대해서 알려주었다.

> 정선호 : 우리 같은 경우는 보고를 매일매일 해주면서 앞으로 무엇 무엇을 해가야 할 거 같다 그런 거를 주민들이랑 같이... 이야기가 되고 의사소통이 되니까 의사소통을 할 수 있는 창구가 될 수 있지 않았나 싶어요. 돈독하게 관계가 형성되지 않았나.

요컨대, 촛불집회는 참여의 장임과 동시에 주민들이 영상교육을 통해 스스로를 운동의 주체로서 이미지화하며, 반핵담론을 학습하고, 운동의 전략과 방향을 공유하는 학습의 장으로 자리 잡게 된다. 그러나 이러한 교육활동은 학습의 장으로서 촛불집회가 갖는 일면적 특성만을 보여준다. 주민들을 교육 또는 의식화의 대상, 즉 운동의 타자가 아니라 자발적 참여를 통해 적극적인 주체로 설 수 있게 하는 장이 촛불집회를 통해 조성되고 있었기 때문이다. 이는 다음과 같은 촛불집회가 갖는 특성에 기인한 것이었다.

촛불집회는 첫째 '열린 공간'으로서의 특징을 갖고 있었다. 촛불집회는 하루도 빠짐없이 열린 광장(수협 앞 도로, 일명 '반핵민주광장')에서 이루어졌다. 특정인만 접근할 수 있는 폐쇄적 공간이 아니라 누구나 접근할 수 있는 개방적 공간에서 이루어진 촛불집회이기에 원하는 사람은 '누구나' 접근할 수 있었고, 반대운동에 동의하면

31) 단적인 예로 등교거부투쟁이 한창일 때 매일 매일 등교거부 참여율이 촛불집회 대책위 보고 시간을 통해 공표가 된다.

'누구나' 참여할 수 있었다. 이 점에서 촛불집회가 갖고 있는 '개방성'은 주민들의 참여와 학습을 '자연스럽게' 이끌어내고 있었다.

> 허윤행 : 어떤 분 한 분은... 찬성을 했던 사람이에요. 그런데 그 부인이 반대를 하는 거예요. 그리고 매일 촛불집회에 나오는 거야. 촛불집회 나오고 집에 들어가고 집에 들어가고 하니까, 이 부인은 나름대로 논리적으로 설명은 못 허지만 이론적으로 무장이 된 거야. 당신도 나와 봐. 몇 번 나와 봐 나와 봐 하니까, 이 양반이 무언의 찬성 측에 있다가 나와 본 거예요. 나와서 3번째 만에 아 이건 아니다 이건 반대해야 할 일이라고 느꼈다는 거예요.

둘째, 촛불집회는 참여자들에게 권한을 부여(empowering)하는 장으로서의 특징을 가지고 있었다. 자유발언과 자유공연은 이러한 권한부여를 통한 참여를 가능케 하는 주요 형식이었다. 특히 자유발언은 일반 주민들이 참여하고 자기 목소리를 냄으로써 스스로를 운동의 주체로 세울 뿐만 아니라 다른 주민들이 운동 담론에 공감할 수 있도록 하는 친숙성을 형성한다.

> 최영신 : 자유발언은 뭐냐면, 사람들이 대부분 농촌이나 서민 계층은 마이크 잡고 얘기한다는 게 굉장히 부담을 많이 느끼고 나 같은 사람이나 그렇게 하려나 그렇게 했는데, 나와 비슷한 사람이 올라가서 대변을 해주는 게 있었거든요. 아 그게 말 모대두(못해도) 얘기할 수 있는 거구나. 그렇게 해갖고 박수도 받는구나 하는 게 통했었던 거 같애요. 그래서 자유발언 속에서도 자기 생각을 얘기하면, 이건 이렇게 나쁘죠, 얘기하면 그게 글케 통했던 거예요.

개인뿐만 아니라 부안지역사회 내의 다양한 사회단체들도 촛불집회의 주체로 서게 된다. 부안 지역의 주요 종교단체, 사회단체, 청소년 단체 등이 촛불집회를 직접 주관하여 '반핵 청소년문화의 밤', '천주교의 밤', '원불교의 밤', '기독인의 밤', '불교의 밤', '교사의 밤', '농민회의 밤' 등을 개최하기도 하였다.

> 52일째 촛불시위는 등교 거부 투쟁을 새롭게 결의한 청소년들이 준비한 문화제로 진행됐다. 학생들은 노래가사 바꿔 부르기, 댄스공연, 촌극 등을 선보이며 자신들의 눈으로 바라본 핵폐기장 문제와 등교거부 투쟁을 이야기했으며 젊음의 열정과 풋풋함으로 많은 어른들의 박수갈채를 받았다. 이러한 성원에 힘입어 앞으로 매주 월요일은 청소년들이 준비하는 촛불시위를 진행하기로 했다.
>
> (군대책위 2003. 9. 16 일일브리핑)

이러한 촛불집회의 무대는 부안 지역 주민들만이 독점하는 곳이 아니었다. 부안 핵폐기장 유치 반대운동을 지지하고 지원하는 외부 시민사회단체들에게도 개방되어 문화연대, 환경운동연합 등이 주최하는 촛불집회가 열리기도 한다.

셋째, 촛불집회는 '자기 조직화'의 장이기도 했다. 누구나 참여하고 누구나 주인공으로 설 수 있는 촛불집회가 매일 열리면서 촛불집회라는 '광장'의 참여를 통해 핵폐기장 반대 운동에 자기 몫을 하려는 주민들의 자기 조직적 움직임이 일기 시작한다. 촛불집회를 준비하고 진행했던 영상팀, 촛불기획팀도 주민들의 자발적 참여를 통해 만들어진 조직이었다. 이 밖에 청소팀, 대자보팀 등 주민들의 자발적 참여와 조직화의 움직임이 촛불집회를 통해 이루어진다.

요컨대, 촛불집회는 군대책위 및 외부 단체가 주도하는 교육활동이 이루어지는 장임과 동시에, 지역사회의 주민과 단체가 주도하는 교육활동이 이루어지는 장이기도 했다. 뿐만 아니라 참여의 과정을 통해 '우리'를 경험하고 자기 조직적 실천 활동을 할 수 있는 공간을 제공하고 있었다는 점에서 무형식적인 학습의 장이기도 했다. 이는 학습의 장으로서 촛불집회라는 '광장'이 갖는 특성을 보여주는 것이었다. 광장은 누구나 접근할 수 있으며 함께 모여서 집단의지를 표출할 수 있다는 점에서 개방적이고 집합적이며 해방적인 공간이다. 이 점에서 촛불집회의 장은 다양한 주체가 주도하는 교육활동이 집적되고 생성되며 확산되는 장이라는 점에서 '광장교육'의 장이었다고 할 수 있다. 물론 이때의 광장이 반대운동에 동의하고 반대운동에 기여할 수 있는 사람에게만 허락된 공간이었다는 점에서 광장교육의 개방성은 제한적이었다.

### ▶ 자기 조직적 교육활동

핵폐기장 유치 반대운동이 본격화되고 군대책위를 중심으로 한 교육활동과 촛불집회 등을 통해 주민들의 자발적 참여 및 이를 토대로 한 교육활동이 전개되었던 이 시기에 주목할만한 자기 조직적인 교육활동이 출현한다. 주민들 스스로가 자발적인 교육활동을 전개하기 시작한 것이다. 이에 대한 예로 천주교 및 기독교 모임을 통해 이루어진 교육활동과 등교거부 과정에서 전개된 대안교육활동을 들 수 있다.

① 천주교와 기독인모임의 순회교육

부안 천주교는 군대책위가 출범하고 본격적인 교육활동 및 반대운동을 전개하는 와중에 독자적인 대책위를 꾸려 부안 각 지역에 있는 7개 공소 및 부안 인근 지역의 천주교를 중심으로 교육활동을 전개한다. 이들의 교육활동은 주로 천주교 신자들을 중심으로 이루어졌다.

김지민 : 천주교 자체 내 신자들 각 공소 돌면서 신자들에 대한 방사능에 대한 위험한 거 그런 것에 대한 홍보 아울러서 재생에너지 개발을 위해서 정보의 역할을 촉구하는 그런 내용으로 대내외적으로 전라북도 내에 있는 각 성당도 돌아다녔죠. 물론 각 성당을 다 돌 수는 없었고 호응을 해주는 성당들 있잖아요. 그런 성당들을 중심으로 해서 홍보를...

천주교 대책위는 핵폐기장 및 양성자 가속기의 문제뿐만 아니라 에너지 정책의 문제까지 적극적으로 교육 내용으로 가져감으로써 단순한 핵폐기장 유치 반대운동을 넘어 '반대'에 대한 '대안'을 제시하고자하는 노력을 한다.[32]

필　자 : 천주교 대책위의 특별한 부분이 있었다면요?
조영진 : 네, 에너지 정책 전환에 대한
필　자 : 이후의 에너지 정책 전환에 대한 대안적인 것에 대해서도...
김지민 : 네, 대책위라는 것이 이제 이런 것들이죠. (대체에너지

32) 이는 부안성당의 주임신부로 있는 문규현 신부의 영향도 크다고 할 수 있다. 새만금 개발 반대를 위한 삼보일배로 잘 알려진 문규현 신부는 핵폐기장 유치 반대운동 과정에서도 지도적 역할을 담당하여 주민들로부터 두터운 신망을 얻게 된다.

관련 자료 보여줌) 이런 내용들에 대한 이야기도 많이... 그리고 대안에너지에 대한 유인물...

천주교 대책위는 기존의 공소라는 조직을 통해서 체계적인 순회교육을 실시할 수 있었다는 점에서 핵폐기장 반대 담론을 여론화하는 데 효과적인 대응을 할 수 있었다. 또한 매주 미사 시간에 던져졌던 반핵담론은 천주교 신자들을 통해 지역사회로 파급되었다. 특히 군대책위 및 읍면대책위의 조직력이 미치지 못하고 활동가 그룹이 없었던 부락에서 천주교 대책위의 교육활동은 효과적일 수 있었다.

최인애 : (저희 부락에서는) 생각해보면 부안성당의 역할이 컸었던 거 같아요. 왜냐면 부안의 공소라고 작은 성당... 부안 본 성당이 지역에 있지만 부안의 공소라고 조그만 예배당들이 다 있어요. 그리고 공소가 한 달에 한 번은 지역 성당에 가서 예배를 보거든요. 부안성당에서 예배를 드릴 때 핵폐기장이 왜 안 되는지 신부님이 말씀을 하신단 말이에요...(중략)... 안 된다고 얘기를 하니까 신도들이 각 자기 마을에 가서 얘기를 할 때 그게 왜 안 되는지 얘기를...

기독인모임은 특정 교회를 발판으로 이루어지는 형태가 아니라 '뜻이 맞는' 기독교 신자들을 중심으로 결성된다. 기독인모임은 종교적 신념, 즉 핵정책이 기독교적 창조질서에 거스른다는 믿음에서 근거하여 핵폐기장 유치 반대운동에 적극 나선다고 천명한다. 그리고 핵폐기장 반대뿐만 아니라 천주교 대책위와 마찬가지로 핵정책에 대해 근본적인 문제제기를 할 것이며 부안 지역 내의 교회를 중심으로 한 교육활동을 전개할 것이라고 선언한다.

> (전략) 핵은 죽음이고 창조질서를 거스르는 일입니다. 후손들의 생명을 위협해서 수 만년을 불안하게 하는 죄악입니다. '핵정책 반대 부안기독인모임'은 방폐장 유치를 적극 반대 할 뿐 아니라 정부의 핵 정책이 바뀌어 창조 질서에 순응하는 정책이 만들어지도록 계속 노력하겠습니다. 현재 식물 상태에 빠진 부안지역 교회가 각성하는 계기를 만들고 핵에 대한 교육을 병행해 나가며 부안지역 기독인들과 함께 할 것을 약속합니다. 하나님이 만든 아름다운 세상을 회복하기 위하여 예수를 사랑하는 모든 신도들이 단합하여 기도하고 고난의 길을 함께 가기를 간곡히 호소합니다.
>
> (핵정책반대 부안 기독인모임, 2003. 8. 1)

기독인모임은 처음에는 핵폐기장에 대해 공부해보자는 학습 모임에서 출발한다. 기독인모임의 구성원들은 농민, 교사, 자영업자 등 다양했으며 핵에 대한 전문적인 지식을 갖고 있지 못한 터였기에 부안 지역 내의 교회를 중심으로 한 교육활동을 전개하기에 앞서 핵에 대한 학습을 실시한 것이다.

> 김　산 : 처음에는 한... 출발은 한... 7, 8명? 한 10명 정도 됐나? 10명이나 됐는데, 그런 분들이 남아서 공부를 했죠. 핵에 대해서 공부를 하고, 외국 사례도 다 찾아보고, 알아야 되니까.

기독인모임은 부안 지역 내의 110여 개의 교회를 직접 찾아다니면서 교육활동을 전개하게 된다. 이 교육활동은 예배에 참석하여 책자를 나누어주고 신도들과 이야기를 나누는 방식으로 진행되었다.

> 김 산 : 우리 기독인모임에서 각자 교회, 110개 교회가 있는데, 110개 교회를 다 찾아가서 홍보를 해야 한다, 그렇지 않으면 기독교는 계속 침체되고 더 이상 한국 기독교는 꿈을 꿀 수가 없다. 끝났다 여기서. 그렇게 해서, 우리 기독인모임에서 나눠가지고 교회를 다 방문하기 시작했어요. 방문하고, 홍보를 하고, 책자를 주고, 같이 예배도 드리고, 찬성하는 교회도 가고. 마찰이 많았죠.

목회자가 핵폐기장에 대해서 찬성을 할 경우 기독인모임은 적극적으로 교회 안으로 들어가 주민들에게 핵폐기장의 위험성과 부당성을 알리고 목회자의 권위가 아니라 같은 기독교인으로서 핵폐기장에 대한 성찰이 진지하게 이루어질 수 있는 말 걸기를 시도했다. 이는 목회자 갖는 권위에 대한 도전이자 핵폐기장에 대한 새로운 이해의 통로를 구축하기 위한 소통의 시도이기도 했다.

> 김 산 : 우리가 주민들을 가르치다보니까, 교회 가서 선전하다보니까 뭐가 들어 가냐면, 완전히 목회하시는 분들이, 목사님들이 아예 권리를 박탈해가지고 기회를 주지 않아요… 우리 같은 기독인모임은 평신도들이니까 직책도 없는 분들도 있고 그러니까… 자기들도 교회에서 자기 목소리를 내기 시작하는 거죠. 이제껏 그럴 수 있는 매개체가 없었던 거죠. 목사라는 사람은 너무 거대하고. 우리가 그렇게 하니까 자기들도 힘을 받은 거죠. 그만큼 성도들을 목사님들이 잘못 가르친 거죠.

이처럼 군대책위를 중심으로 이루어졌던 교육활동이 중간 활동가 및 일반 주민들을 모두 아우르는 접근이었다면 천주교 대책위 및 기독인모임 등의 자기 조직적 교육활동은 자신들이 속한 종교 영역을 타깃화하고 종교 영역에 적합한 학습담론들을 가공해냄으로써 독자적 교육 영역을 구축하고 있었다.

### ③ 등교거부와 대안학교의 실험

등교거부[33]가 본격화되면서 학교에 가지 않는 아동 청소년들을 어떻게 해야 할 것인가가 라는 문제가 대두된다. 그래서 군대책위에서 구성되었던 등교거부팀 및 학부모, 교사, 지역 주민들의 참여 속에서 대안학교가 부안읍, 변산, 진서, 계화 등지에서 운영되기 시작한다. 각 학교는 학부모와 교사 그리고 지역 주민들의 참여 하에 자율적으로 운영되었다. 학생의 모집, 교사의 모집, 교육과정의 개설 등도 각 학교 자율에 맡겨진다.

이렇게 해서 세워진 일종의 대안학교를 중심으로 다양한 교육적 실험들이 이루어진다. 이 시기에 이루어진 대안학교들은 학교의 운영방식, 교사, 교육과정 등, 모든 면에서 주민들이 참여하고 만들어가는 지역사회학교로서의 특성을 갖고 있었다. 다음은 당시 주민들이 주도하여 운영하였던 '진서민들레학교'를 묘사한 것이다.

---

33) 2003년 8월 25일 부안 군내 46개 학교별 운영위원회가 학부모 총회 등을 통해 전면 등교거부를 결의하고 2003년 10일 6일 다시 등교를 시작할 때까지 42일 동안 중학교 3학년 및 고등학교 3학년을 제외한 초·중·고등학생들 초유의 등교거부투쟁을 전개한다. 이에 군대책위는 '등교거부팀'을 구성하여 적극적으로 부안 각 학교에서 이루어진 등교거부를 지원하면서 등교거부투쟁을 핵폐기장 유치 반대운동의 핵심 동력으로 활용하기 시작한다.

… 여섯 살짜리 유치원생부터 열다섯 살 중학교 2학년까지 모두 160여 명이 어우러지는 '학교'. 학원을 운영하는 유미옥 선생님이 미술과 놀이, 전체 운영을 챙기고, 이씨(농민-필자)는 우리말글 바로쓰기, 만화를 맡았다. 학부모 선생님들과 함께 하는 아이들 뒤치다꺼리도 만만찮은 일이다. 면 대책위원회 분들이 하나같이 팔 걷어붙이고 달려들지 않으면 꿈도 못 꿀 일이다. 명예교장선생님은 범부안대책위 공동대표 진원스님이 맡았고 각반 담임은 학교운영위원장님이 맡았다…

(부안 21, 2003. 9. 20)

진서민들레학교의 예에서 볼 수 있는 것처럼 등교거부투쟁 과정에서 만들어진 대안학교들은 주민들이 운영의 주체가 된다. 이는 기존의 학교체제 운영 방식에 대한 대안적 실험이라고 할 수 있다. 이러한 실험은 교육 프로그램에서 나타난다. 사설학원이 무료교습을 실시하던 주산과 줄포의 경우에는 학교 교과 위주의 프로그램이 운영이 되었지만, 이 외 지역의 반핵민주학교 등에서는 '반핵교육', '환경교육', '만화그리기', '우리문화알기' 등 학교교과를 벗어난 프로그램들을 운영하게 된다.[34] 특히 지역사회에서 다양한 특기와 재능을 갖춘 주민들이 교사로 참여하게 되면서 교육내용 또한 다양해진다.[35]

---

34) 진서민들레학교에서는 교육프로그램을 다음과 같이 소개하고 있다. "민들레 학교는 틀에 박힌 공부보다는 건강하고 재미난 놀이를 바탕으로 수업을 할 것입니다. 금요일 특별활동시간에는 우리 학생들이 자신의 특기와 재능을 살리는 시간으로 연극, 미술, 천연염색, 요리 시간들을 꾸리기로 하였습니다. 또 학생들의 뜻을 물어서 하고 싶은 활동이 있다면 준비하겠습니다"(진서민들레학교 홍보 팸플릿 中).

35) 계화돈지의 '반핵민주학교'의 경우 이 지역에서 기존에 생태환경교육 프로그램을 운영하고 있었던 '생태학교 시선'의 프로그램을 운영하는 등의 차별성을 보여준다.

▶▶ **표 7.** 진서민들레학교 공부 시간표

| 학년/<br>요일 | 시<br>간 | 월 | 화 | 수 | 목 | 금 | 토일 |
|---|---|---|---|---|---|---|---|
| 유치부<br>초등1년<br>초등2년<br>초등3년 | 1 | 구연<br>동화 | 그리기 | 색종이<br>접기 | 만들기 | 특별<br>활동 | 부모님<br>돕기 |
| | 2 | 바깥<br>놀이 | 비디오<br>상영 | 동요<br>부르기 | 비디오<br>상영 | 특별<br>활동 | 부모님<br>돕기 |
| 초등4년<br>초등5년<br>초등6년 | 1 | 비디오<br>상영 | 우리문화<br>알기 | 동요<br>부르기 | 영어 | 특별<br>활동 | 부모님<br>돕기 |
| | 2 | 우리말<br>글 바로<br>쓰기 | 만화<br>그리기 | 색종이<br>접기 | 만화<br>그리기 | 특별<br>활동 | 부모님<br>돕기 |
| 중학1년<br>중학2년 | 1 | 우리말<br>글 바로<br>쓰기 | 만화<br>그리기 | 비디오<br>상영 | 만화<br>그리기 | 특별<br>활동 | 부모님<br>돕기 |
| | 2 | 수묵화<br>그리기 | 우리문화<br>알기 | 초상화<br>그리기 | 영어 | 특별<br>활동 | 부모님<br>돕기 |

*출처: 진서민들레학교 홍보 팸플릿

등교거부투쟁이 이루어지면 부안 각지에서 운영되었던 이와 같은 대안학교는 이 기간 동안 실제 주민이 참여하고 주민이 운영하는 부안 지역의 대안적 학교체제로 자리 잡게 된다.

### ▶ 다양한 학습매체의 등장

군대책위는 반대운동을 전개하는 과정에서 「핵 없는 세상」이라는 투쟁속보를 만들어 주민들에게 당시의 정황과 핵폐기장의 부당성과 반대운동의 정당성을 알리고자 한다. 군대책위의 단위에서뿐만 아니라 지역주민의 자발적인 참여를 통해 「변산 격포 사람들」, 「부안21 창간 준비호」 등을 발간하여 주민들과 반핵담론을 중심으로 소통하고자 한다. 전술(前述)하였던 것처럼 자기조직화를 통해 반대운동 및 교육활동을 전개했던 천주교 대책위 및 기독교모임 등도 자체적으로 홍보 책자 및 전단지를 만들어 교육활동에 활용하기도 한다.

이와 같은 인쇄매체 뿐만 아니라 인터넷 매체도 부안에서의 핵폐기장 유치 반대운동의 중요한 학습 매체로 등장한다. 군대책위는 본격적인 핵폐기장 유치 반대운동이 전개면서 '반핵부안'이라는 홈페이지(http://nonukebuan.or.kr)를 개설한다. 이 홈페이지는 핵폐기장 유치 반대운동을 전개하는 과정에서 중심적인 주민들의 소통공간으로 자리 잡는다. 홈페이지 구성을 보면 다음과 같다.

▸▸ **표 8.** 반핵부안 홈페이지 메뉴 및 주요 내용

| 메뉴 | 내용 |
|---|---|
| 보도자료, 성명서 | 군대책위가 언론사에 배포한 보도자료 및 성명서 탑재 |
| 최근소식 | 핵폐기장 유치 반대운동, 정부 정책 등과 관련된 최근 소식 |
| 언론보도 | 핵폐기장 유치 및 반대운동과 관련된 언론 보도 |
| 자료실 | 사진, 동영상, 핵, 대안에너지, 문서자료 |
| 한마디 | 주민들의 자유로운 의사소통의 장 |
| 반핵유모 | 주민참여로 이루어지는 핵폐기장 관련 풍자 |
| 투쟁일기 | 투쟁담 및 아이디어 제안 |
| 그것이 알고 싶다 | 핵폐기장 관련 FAQ |
| 전북대책위소식 | 전북대책위 소식 |

〈표 8〉를 보면 알 수 있는 것처럼 반핵부안 홈페이지에는 핵폐기장 유치 반대운동 과정에서 생산된 성명서 등과 같은 공식적인

자료뿐만 아니라 언론자료 핵폐기장 반대 담론들을 아우르는 교육 자료 등이 공개되어 있어 홈페이지에 접근하는 사람이라면 누구나 핵폐기장 유치 반대운동 관련 정보를 획득할 수 있었다. 뿐만 아니라 한마디, 반핵유모, 투쟁일지 등 주민 참여적인 소통공간을 통해 온라인을 통한 의견의 개진, 토론, 경험담의 공유 등이 이루어질 수 있었다. 이 점에서 반핵부안 홈페이지는 핵폐기장 반대담론을 공유하고 주민들의 의사소통을 가능하게 하는 중요한 온라인 학습의 장으로서 역할을 한다.

인터넷을 통한 소통의 장은 군대책위가 개설하고 관리하고 열어놓은 반핵부안 홈페이지뿐만 아니라 자발적인 주민들의 참여 속에서 구축되기도 한다. 대표적인 경우가 격포 주민이 만들어 자신이 직접 제작한 영상자료를 올렸던 '격포소리'(http:// www.gyeokpo.net), 기존의 존재했던 유기농 공동체 카페로서 이 당시 핵폐기장 유치 반대운동 체제로 운영되었던 '주산을 사랑하는 사람들'(http://cafe.daum.net/jusasa), 기독인모임이 제작한 핵폐기장 유치 반대운동 영상 자료 및 교육 자료를 공유했던 '부안기독인모임'(http://buanlight.co.kr), '반핵교사모임카페'(http://cafe.daum. net/buanteacher) 등이 대표적이다.[36)]

또한, 기존의 지역 인터넷 언론 매체들도 부안의 상황과 반대운동의 양상을 적극적으로 보도함으로써 기성 언론과의 차별적 관점에서 부안 핵폐기장 유치 반대운동을 대내외적으로 알리고 주민들의 목소리를 대변하는 역할을 담당하게 된다. 대표적인 경우가 부

36) 2006년 4월 현재, 격포소리는 격포지역사회를 소개하는 지역홈페이지로 전환하였고, 기독인모임 홈페이지는 폐쇄된 상태이다. '주산을 사랑하는 사람들' 카페 및 반핵교사모임 카페는 현재 일상적인 생활 중심의 소통공간으로 탈바꿈을 하였다.

안 지역 인터넷 매체인 '부안21'(http://www.buan21.com)과 전북 지역 인터넷 언론 매체인 '참소리'(http://www.cham-sori.net)이다. 특히 참소리는 핵폐기장 유치 반대운동의 과정을 르포 식의 실시간 보도를 통해 부안의 상황을 '부안 주민들의 시선'으로 구성해 나간다.[37] 참소리에서 제작한 동영상이 부안 주민들을 대상으로 한 영상자료로 활용되기도 한다.

> 민형준 : 또 우리가 또 하나 추가하자면 인터넷 대안신문 참소리요. 참소리도 큰 영향을 미친 거 같아요. 그날 집회 참가하고 촛불집회 참여를 못 했드라도 일단 참소리에 들어가면 동영상으로 떴거든요. 동영상들 보고 외지에 사는 분들 전화도 오고 궁금하니까. 또 물어오고 그러니까. 부안 사람들 어딜 가면 그걸 중점적으로 물어봐요. 나도 정확히 알아야 그 사람한테 일러줄 수가 있잖아요. 그러니까 집회 참가하고 참소리 그런 인터넷 사이트 들어가서 그런 거 확인을 하고... 대책위 사이트도 들어가고.

이처럼 부안 핵폐기장 유치 반대운동에서는 인쇄매체뿐만 아니라 인터넷매체가 적극적으로 활용됨으로써 주민들과 반핵운동 정보 및 투쟁 방향과 학습담론을 공유하며 주민들이 시간과 공간에 구애받지 않고 의사소통할 수 있는 장이 마련되었다.

---

37) 부안군수가 핵폐기장 유치 선언을 한 2003년 7월 11일부터 군대책위가 해체된 2005년 2월 14일 사이의 기사 중 '핵폐기장'으로 검색되는 기사가 470여 건에 이른다. 이 중 동영상 기사가 다수를 차지한다. 참소리 홈페이지 (http://cham-sori.net) 참조

▶ 학습담론의 선택적 확산과 다양화

초기에 수용된 반핵, 환경, 자치의 담론은 반대운동이 본격화된 이 시기에 이르러 광범위한 확산의 과정을 거친다. 초창기에는 핵폐기장 유치 반대운동을 선도했던 선도 집단의 주도하에 학습담론이 간결하게 단순화된 형태로 전달이 되었다면 이 시기에는 앞서 살펴보았던 군대책위의 교육활동과 광장교육, 그리고 자기 조직적인 교육활동과 학습매체를 통한 본격적인 담론의 확산이 이루어진다.

그러나 이와 같은 반대 담론은 '핵폐기장 백지화'와 '군수 퇴진'이라는 반대운동의 구체적인 목표를 실현하는 데 의미 있게 기능할 수 있다는 전제하에서 선택되고 확산될 수 있었다. 예를 들어 새만금 사업과 관련된 이슈는 환경주의적 관점에서 반대운동과 조응할 수 있었음에도 주민을 분열시킬 수 있다는 이유로 배제되고 있었다.

핵폐기장 건설에 적극적으로 반대를 한다고 하더라도 새만금 사업에 대해서 호의적인 태도를 취하는 주민들도 많았다. 핵폐기장 유치 반대운동의 지도부와 집행부를 구성했던 선도 집단과 새만금 사업의 직접적 피해자라고 할 수 있는 계화도 주민들은 핵폐기장 문제가 발생하기 이전에 새만금 사업 반대운동에 참여하고 있었지만, 많은 부안주민들은 새만금이 가져다 줄 개발 효과에 대한 기대를 갖고 있었다. 이 때문에 군대책위 지도부에서는 반대운동의 분열[38]을 가져올 수 있는 새만금 문제를 핵폐기장 유치 반대운동 과정에서 이슈화하는 것을 경계하게 된다. 이 당시 확산되었던 학습담론은 반대운동에 유의미하게 기능한다는 전제하에 선택되고 있었던 것이다.

---

38) 다양한 경험과 다양한 정치적, 이념적 지향을 갖고 있는 주민들이 '핵폐기장 반대'의 깃발 아래 모여 있는 상황에서의 분열은 가장 경계해야하는 것이었다.

김주영 : 부안 사회에서 새만금은 막아야 된다는 사람들이 굉장히 많아요. 근데 핵폐기장은 전부 다 들어서면 안 된다고 하거든요. 그러니까 새만금 가져가면은... 그러니까 아마 그런 결론이었을 거예요. 새만금 접고 핵폐기장에 전념을 해야 힘이 된다. 근데 거기서 새만금을 가져가면은 끼워주지도 않을뿐더러 다른 단체에서, 더 해칠 수 있다. 이런 것들이요.

이러한 학습담론이 갖는 '기능적 한계'를 넘어서고자 하는 시도가 없었던 것은 아니다. 새만금 사업 반대운동에 참여했던 지역 활동가들이 핵폐기장 유치 반대운동의 핵심 활동가 그룹을 형성하고 있는 상황에서 새만금 문제를 이슈화하고자 하는 시도도 있었기 때문이다. 그러나 이번에는 주민들의 냉담한 반응과 맞닥뜨려야 했다.

나민경 : 핵폐기장뿐만 아니라 양성자가속기까지 쭉 했어요. 그리고 뭐 때로는 새만금 이야기도 했다가 욕을 바가지로 먹고 막 그랬거든요.

최영신 : 욕먹으면서도 몇 차례 (새만금) 영상도 틀고 그랬어요... 한 번쯤 때릴 때도 됐다 싶을 때 틀었는데... 저런 거 틀었다고 난리가 나고... 자주는 아닌데 한 번씩 틀기도 했어요.

이처럼 핵폐기장 유치 반대운동이 본격적으로 전개되었던 이 시기 학습담론의 확산은 일차적으로 반대운동 세력의 강화, 즉 주민들의 단결이라는 일차적 관심에 의해 선택적으로 이루어졌다. 이러한 선택의 과정에 주민들은 스스로 수용할 수 없는 담론들에 대해서는 적극적으로 '거부'하고 있었다. 학습담론의 선택과 확산과정에는 지도부들뿐만 아니라 주민들의 의지가 반영되고 있었던 것이다.

그럼에도 불구하고 이 시기에 학습담론의 외연은 점차 확대되고 있었다. 특히 부안 주민에 대한 정부의 고압적인 태도와 기성 언론들의 편향적 보도가 지속되고 이에 대한 주민들의 분노의 수위가 높아지면서 민주의의와 언론에 대한 화두가 부안 핵폐기장 유치 반대운동의 중요한 학습담론으로 자리 잡고 있었다. 뿐만 아니라, 촛불집회를 통한 광장교육을 통해 부안지역사회 밖의 시민운동 영역의 다양한 사회운동 담론들이 전해지면서 구체적인 운동 목표의 실현뿐만 아니라 핵폐기장 반대 운동을 보다 지속적인 지역운동으로 이어갈 수 있는 주민자치운동, 생명평화운동, 대안에너지운동 등에 대한 '이야기'들이 이루어지고 있었다.

### 학습활동의 전개와 주체의 성장

#### ▶ 동조와 참여 (1): "자연적 동조와 집단적 경계 넘기"

핵폐기장 반대운동이 본격적으로 전개되면서 핵폐기장 반대에 '공감'하는 주민들의 집단적 참여가 이루어지기 시작한다. 1만 명 규모의 대규모 집회를 비롯한 반대집회가 다양한 형태로 이루어지고 촛불집회가 매일 부안 수협 앞에서 열리게 되면서 주민들의 참여 통로의 폭도 넓어진다.

핵폐기장에 대한 반대의 정서는 이미 부안군수의 독단적 유치 신청과 경찰의 폭력적인 대중 집회 진압 과정에서 폭넓게 형성되고 있었다. 주민들은 핵폐기장을 반대하는 것을 불의에 대한 저항이자 생존권을 위한 싸움이라는 강한 공감대를 형성하고 있었다.

이러한 공감대를 형성되는 과정에서 부안 주민들은 참여는 '자연스러운' 것이었다. 이성적 판단이나 합리적인 선택이 아니라 감성적 공감대가 주민들의 참여를 독려하고 있었던 것이다.

> 정영회 : 그런 거 같아요 지나놓고 생각해봐도. 자연스럽게 거기에 동화되서 내가 할 역할을 허다 보니까 그렇게 허드라고.
>
> 윤　민 : 어느 날 갑자기 신청헌다고 허니까는 딱 인제 군청 앞에 갔는데 이 어떻게 주체할 수 없는 분노를 어떻게 할 수가 없는 거예요. 글 타고 분노를 갖는다고 해결될 거 같지도 않고... 그래서 자연스럽게 농사도 안 졌죠 잉. 그 다음에 애들도 학교에 안 갔지. 그냥 부부가 달겨들어서 할 수 밖에 없었지 **자연스럽게 그냥**(강조는 필자).

이와 같은 자연스러운 '동조'의 과정을 통해 핵폐기장 유치 반대 운동에 참여하게 된 개인은 연일 계속되는 대중 집회와 촛불집회 등을 통해 집단적 경험을 하게 된다. 이전에는 부안주민들에게 낯설기만 했던 대중 집회가 '일상적'으로 열리게 되면서 이러한 집단적 경험은 양적으로 팽창하게 된다.

▶▶ **표 9.** 공동체학습 전개기의 주요 대중 집회

| 일시 (2003년) | 집 회 명 | 비 고 |
|---|---|---|
| 7월 22일 | 핵폐기장 백지화와 군수퇴진 결의대회 | 1만 명 참석 |
| 7월 25일 | 핵폐기장 철회, 군수퇴진, 노무현 규탄 범부안군민 결의대회 | 1만 2천 명 참석 |
| 7월 26일 | 부안군민 방문한 장관들 면담 요구 집회 | 3천 명 참석 |
| 7월 26일 | 촛불집회 시작 | 183일 지속 |
| 7월 30일 | 핵폐기장 반대 및 핵수송선 저지를 위한 해상 시위 | |
| 8월 1일 | 부안군민 1만5천인 핵폐기장 철회 촛불집회 | 1만 5천 명 참석 |
| 8월 13일 | 핵폐기장 철회 부안군민 총파업투쟁 | 2만 명 참석 |
| 8월 17일 | 핵폐기장 백지화 요구 서해안 고속도로 점거 | 1만 명 참석 |
| 8월 21일 | 핵폐기장 철회를 위한 2차 해상시위 | 주민 3천 명<br>선박 400척 활동 |
| 8월 25일 | 2차 등교거부 시작 | 10월 4일까지<br>(43일) |
| 9월 3일 | 학생, 학부모 상경단 국회, KBS방문 | |
| 9월 4일 | 삼보일배 - 군청에서 반핵민주광장까지 | |
| 9월 4일 | 학생, 학부모 상경단 청와대 방문 | |
| 9월 12일 | 향우들과 함께하는 한가위 한마당 | 1500명 |
| 9월 19일 | 부안 학생들 '서울 상경 투쟁' | 1000명 |
| 9월 20일 | 반핵 건강 달리기 대회 | 1000명 |
| 10월 1일 | 참회의 삼보일배' (부안-전주) | 10월 10일까지 |
| 10월 28일 | 군청앞 1인 시위 시작 | |

*출처: 군대책위, 『투쟁일지』(필자 재정리)

주민들은 대중 집회의 과정을 통해 공권력에 대한 도전, 고속도로 점거, 등교거부 등 일상에서 경험하지 못했던 체제의 경계를 넘나드는 집단적 '경계 넘기'의 경험을 지속한다. 그리고 이 경계 넘기의 경험은 주민들에게 다양한 '의미'로 다가가고 있었다.

고속도로 점거와 같이 금지된 공간에 대한 집단적 '경계 넘기'는 주민들에게 '통쾌'하고 '신나는'일이었다. 일상 속에서 '고속도로'는 '자동차만 다니는 길'이었다. 하나의 사회적 약속이자 체제의 질서였다. 주민들 속의 의식에 자리 잡고 있는 하나의 '금기'였다. 이런 것들을 넘어서는 일은 자신들의 생존을 위협하는 체제에 대한 상징적 저항이자 승리의 표현이었던 것이다.

> "우리 세상이다~!"(서해안 고속도로를 점거한 직후 한 여성 주민)
> "이런 거 처음이에요. 이런 역사적인 순간에" (서해안 고속도로를 점거한 직후 한 여중생)
> "잘했다 잘했다. 신 난다 신 난다. 통쾌할 수가 없네. 신 난다."(서해안 고속도로를 점거 후 돌아가는 길에 한 여성 주민, 참소리 2003. 8. 13 동영상 中)

부안의 핵폐기장 유치 반대운동 속에서 이러한 집단적 '경계 넘기'의 경험은 지속적으로 이루어진다. 등교거부의 경우도 대표적인 예이다. 고속도로 점거가 공간적 질서의 전복을 통해 체제에 저항하는 소극적인 저항이었다면, 등교거부는 학교시스템에 대한 전면적 거부라는 적극적 저항이었다. 등교거부에서 일상 속에서 이루어졌었던 '교육'에 학부모와 학생의 역할이 전복된다. 일상생활에서 부모는 자신의 아이가 학교를 잘 다니도록 도와주는 역할을 한다. 그러나 핵폐기장 유치 반대운동의 등교거부의 과정에서 부모는 오히려 아이의 등교를 가로 막는 비일상적 상황이 연출된다.

> 최미연 : 저는 학교 앞에서 막았었어요. 아니 뭐 아이들 많이 각자 열심히 하고 그러는데 굳이 너희들 나갈래? (웃음)... 이

런 일도 있었어요... 000도 가서 등교거부 하는 데 동참을 해서 학부모들이랑 거기 지켰었잖아요. 그날 마침 갔는데 어떤 학생 애들이 오는 거야. 이렇게 보니까 자기 딸래미야. 너 학교 가지 마라 그랬었나봐. 집에서도 그러지. "엄마 학교에서 애들 만나기로 했는데 안 갈게." 했는데 뒷문으로 살짝 나간거야. 거기서(학교 교문에서) 딱 걸린 거야. 엄마는 지금 나가서 (학생들 등교거부 하라고 학교교문을) 지키고 있는데 네가 이럴 수가 있냐, 그러면서 얼른 (학교에서) 나가 얼른 나가... (웃음)

이와 같은 시스템 영역에 대한 집단적 도전과 거부를 통한 일상적 관계의 전복은 소위 '공권력'에 대한 주민들의 태도 변화에서도 나타난다. 부안 지역에 상주하고 있었던 진경부대를 '인도에서 차도로 몰아냈던' 사례와 '공무원으로부터 군수는 주민들의 머슴이라는 고백을 받아내고야 만' 다음의 사례는 국가 공권력 및 지방자치체제에 대한 주민들의 태도가 핵폐기장 유치 반대운동의 참여 속에서 어떻게 변하였는지를 보여준다.

김건우 : 요소요소마다 전경들을 두 명씩 탁 세워놓으면 사람들이 다 차도로 다녔거든. 그런데 몇 번 싸움 붙어서 얻어터지고 나더니 아줌마들이 딱 서 있으면 가운데로 가(웃음). 되게 웃겨요. 한 달 만에 그렇게 변하드만. 경찰이 시비를 거는 게 아니라 주민들이 시비를 걸어요. 경찰한테, 야 이 xx야 비켜 이 xx야 . 한 사람이 싸움을 하잖아요. 그럼 뒤로 줄을 좍 서. 그러면은 좍 안 가고 줄을 다 서는 거야. 그러면은... 안 가고 줄을 이렇게 서는 거야. 비켜 이 xx야 네가 뭔데 길을 막냐 이거야. 그러면은 20-30명

줄이 이렇게 늘어나지? 그럼 어디서 열어주라고 무전이 이렇게 오지. 한 번 이렇게 되면 사람들이 절대 안 비켜 가지, 그 다음부터는… 나중에는 (전경들이) 인도에는 얼씬도 못 했어요 다 차도에서. 전경들이 다 차도에 있었어요. 그런데서 자꾸 주민들이 힘이 느껴진 거야. 아 이거 하면 되는구나. 싸우면 얼마나 재밌게 싸웠는데…

김건우 : 이… 부안군수 퇴진… 처음에 리본했잖아. 저거 부안군민들이 다 달고 다녔잖아요. 저거를 달고 군청 민원실에 갔는데 공무원이 못 들어오게 했어요. 떼고 들어오라고. 그래가지고… 왜 못 들어가냐 하고 싸움이 붙은 거야. 그니까 공무원이 "아주머니 아무리 그래도 그렇지 어떻게 남의 집에 오면서 남의 집 주인 퇴임하라고 그걸 써 붙이고 남의 집에 갈 수가 있겠습니까?" 한 거야. 그 남의 집이라고 했다고 그게 꼬투리가 잡힌 거야. "야, 이 xx야 그게 남의 집이냐 이게 ? 군청이 남의 집이냐? 내가 부안군민인데… 그리고 주인? 이 xx야 군수가 주인이냐? 머슴이지?" 아니 이 xx가 남의 집에 온다고 그러고 막 그러니까 그때는 사람들이 싸우면 모였으니까. 완전히 쌈박질이었다니까 아줌마들이… 사람들이 막 모이니까 이 사람이 도망을 간 거야. 사람들이 모이니까… 그런 상황이니까 금방 100명 모여가지고 농성 들어가니까는 공무원 사과하기 전에는 해산 안 한다 해가지고… 와가지고 죄송하다고 사과하고 군수가 머슴 맞다고… 그래가지고 한 번 저거 했잖아요.

하지만 이러한 '경계 넘기'기가 완전한 일상의 전복을 의미하는 것은 아니었다. 경계 넘기는 또 다른 '불안'을 동반하고 있었기 때문이다. 그 '불안'은 다름 아닌 '정상적'인 일상과 체제의 관계 속에서 비롯된 것이었다. 특히, 등교거부라는 학교 체제의 경계 넘기 과정이 지속되면서 혹시라도 있을지 모르는 자식들의 '유급'에 대한 불안감은 학부모들 사이에서 널리 공유되고 있었다. 이 점에서 주민들의 경계 넘기의 경험은 핵폐기장 이전의 일상에 대한 전면적 전복을 '의식적으로' 지칭하는 것은 아니었다.

> 도희진 : 애들 등교거부를 했는데요. 저 같은 경우도 각자 연락체계를 해서 등교거부 하자 선동하는 편에 속하는데 그것도 여론몰이에요. 그렇게 하면서도 저 같은 경우도 핵폐기장 문제는 큰 문제지만 아이 문제는 제 문제잖아요. 그러니까 그렇게 갑시다! 선동을 하면서도 불안하잖아. 이거는 애들 문제…이 단계에서 애들을 계속 시켜야 되나 참 혼란스러웠어요. 그니까는 사정을 하면서도 시켜야 되느냐 말아야 하느냐 그게 또 굉장한 스트레스였어요 엄마들은.
>
> 최미연 : 그때는 절박해서 (등교거부를) 하다가 중단하면 진짜 몹쓸 놈의 핵이 들어와 버릴 거 같고 거기다가 막 매달리다시피 했었어요. 사실은 불안하고…

집단적 경계 넘기의 경험을 통해 핵폐기장 유치 반대운동에 참여한 주민들은 스스로를 세계의 '주체'로서 인식하기 시작한다. 사회체제(국가, 정치, 경제, 교육 체제 등)에 대한 수동적으로 반응하는 순응적인 존재가 아니라, 사회체제를 주도할 주체로서의 자기 인식을 공유하기 시작한다. 이미 지방자치단체로서 부안군은 주민의 뜻을 어기고 핵폐기장 유치 신청을 함으로써, 정부는 강한 공권력(폭력)으로 주민들을 압도함으로써 자기 명분을 잃고 있었다. 이러한 상황에서 견고하게만 보였던 체제 영역을 허물어뜨리는 집단적 경계 넘기의 경험을 통해 주민들은 스스로를 정당성과 자기 명분을 갖고 있는 승리자로 인식하고 있었다. 그러나 주민들은 핵폐기장의 문제가 발생하기 전의 일상을 전면적으로 거부하는 것은 아니었다는 점에서 여전히 '일상압(日常壓)' 속에서 이루어지는 한계적 경계 넘기의 경험이었다. 이 점에서 주민들의 경계 넘기는 '일상의 회복'이라는 욕구와 모순되지 않는다. 이는 반핵담론의 학습이 생존의 목소리와 결합되는 과정을 통해 나타날 때 확인되는 것이기도 했다.

▶ 동조와 참여 (2): "'반핵' 상징과 문화 창출과 공유-'반핵' 이미지화"

자연적 동조와 집단적 경험의 공유 속에서 핵폐기장 유치 반대운동에 참여한 주민들은 스스로를 '반핵군민'으로서 이미지화하게 된다. 이는 반핵군민으로서 상징과 문화의 창출과 공유라는 과정을 통해 이루어진다.

반핵군민으로서 스스로를 이미지화는 색으로 '노란색'이 등장하여 핵폐기장 반대의 목소리가 울려 퍼지는 대중 집회의 장은 '노란 옷'으로 물결친다. 그리고 주민들에게 '노란색'은 핵폐기장을 반대하는 주민이라면 누구나 '소유'할 수 있는(소유해야 하는) 반핵공동체의 상징이 되어버린다. 원래 노란색은 '위험한 핵물질'을 경고하는 색이었지만 부안 반핵운동 과정에서 반핵의 상징으로 창출되고 공유되었던 것이다.

> 최현경 : 원래는 핵의 위험을 나타내는 게 노란 옷이잖아요. 처음에는 흰옷이 어떻게 나왔는지 모르겠어요. 처음에는 핵

마크 있는 흰옷 입다가 다 노랑으로 바뀌었어요. 색깔도 다 띄고, 처음에는 촌스럽게 생각하고 입어보니까 그것만큼 예쁜 게 없는 거예요.

'노란색'이 핵폐기장 유치 반대운동의 중요한 상징으로 자리 잡게 되면서 주민들은 '노란색'을 통해 스스로를 핵폐기장을 반대하는 '반핵군민'으로 이미지화한다. 그리고 이 '노란색'은 함께 핵폐기장을 반대하는 '이웃'들을 '확인'하고 공감하는 '소통적 상징'으로 자리 잡게 된다.

최현경 : 나중에 부안 사람들 생각은 노란 옷만 입고 와도 이쁘다 그렇게 됐어요. 그게 사실은 위험을 뜻하고 눈에 잘 띄고 이거였는데 나중에 그 색깔을 좋아하게 됐어요... 그 정도로 노란 게... 누가 노란 옷만 입고 가더라도 차를... 어? 이렇게 되는 거예요. 그 정도로. 사람들이 이상하게 변한다고 스스로도 이렇게 얘기했는데. 초에 만들 때는 흰 걸 만들었다가 노란색으로 만들자고 그래서 그렇게 간 거 같아요. 그래서 노란 모자 손수건 조끼 겨울 방한복까지 이것까지 다...

반핵군민으로서 '자기 이미지화'를 통해 주민들은 '일상적'의 기호를 '반핵과 핵'의 기호를 통해 뒤틀어놓는다. 핵폐기장 유치 반대운동에 참여한 부안주민들은 대중 집회 및 촛불집회가 열리던 수협 앞 사거리는 '반핵민주광장'이라고 부르기 시작한다. 부안군수를 향해 구호를 외쳐대던 군청 앞 작은 언덕은 '반핵동산'이라 명명하기 시작한다. 반면, 주민들의 뜻을 어긴 부안군수가 있는 부안군청은 '교도소'라 부르기 시작하고 핵폐기장을 추진하는 일련의 산업세력을 '핵마피아'로, 핵폐기장 유치 신청을 한 부안 군수를 '핵00'로 부르기 시작한다. 핵폐기장 유치 반대운동에 참여한 주민들은 기존의 대중문화 뒤틀어 '반핵화'하는 작업도 시도한다. 대표적인 경우가 기존의 대중가요를 개사하여 '반핵가요'로 만들어 부르는 일이었다.

**'아파트' 개사**

서해안 노을을 본적 있나요
살아 있는 회~ 먹어봤나요
드넓은 평야, 곳곳의 산들
이 모든 게 재산이라오

핵폐기 처리장 만들고 나면 수천수억 준다 하지요
우리가 그리 우스워보여 그렇게들 꼬드기나요

아름다운 우리고향 돈 때문에 팔 것 같나요
절대로 안 돼 그렇겐 못 해 죽어도 안 돼.

오늘은 너희들은 돈 써가면서 우리를 괴롭히지만
까닥도 안 해 우리의 양심 부안을 지켜낼 거야

이처럼 핵폐기장 유치 반대운동이 전개되면서 주민들은 상징의 공유를 통해 스스로는 '반핵군민'이라는 자기 이미지를 갖게 되고 이러한 자기 이미지 위에서 일상의 기호를 '반핵-핵'이라는 이분법적인 '반핵담론'에 따라 뒤틀어 놓음으로써 주민들은 반핵군민으로서 자기 정체성을 확인하고 공유하게 된다. 이러한 반핵이미지들은 주민들 사이에 익숙한 상징들로 자리 잡게 되면서 '반핵문화'라는 반핵공동체로서의 독특한 자기 문화를 소유하게 된다.

▶ 동조와 참여 (3): "공동체 성원되기-자기 역할 찾기"

분노와 위기의 감성을 토대로 한 자연적 동화의 과정 속에서, 그리고 집단적 '경계 넘기'의 경험 속에서, 또한 '반핵군민'으로서의 자기 이미지화를 통해서 부안 주민들은 반핵공동체로서 자신의 정체성을 공고히 하기 시작한다. 여기에는 핵폐기장 유치 반대운동을 주도하는 지도부들의 적극적인 교육과 홍보, 그리고 감성적 접근 방식(삭발식 등), 주민들의 단결을 위한 지도부의 의도적 상징 창출도 영향을 미치지만, 핵폐기장 유치 반대운동 속에서 자기 역할을 찾고자 했던 주민들의 자생적 참여가 중요한 근간을 이루고 있었다.

최현경 : 누구나 궁금하잖아요. 부안 상황이 누구나 볼 수 있게 하루하루마다 대자보가 붙어요. 누가 쓰는 사람이 있으면 학생들이 있거든요. 고등학생도 있고 대학생들이 있고 그걸 쫙 붙이고 나가요. 그때 그랬어요. 지금 생각해보면. 그 정도였거든요. 걱정할 필요가 없었죠. 그래서 거기에는 항상 페인트 옆에 있는 거구, 천도 있는 거고 필요한 사람이 와서 쓰면 붙여주고. 그건 누가 시키지 않아도 근까.

허윤행 : 누가 나서서 하고 공조를 하고 공조를 하고 그 일을 맡아서 하는 사람들이 생기고. 누가 지시해서 그 일을 하게 된 게 아니라. 내가 이 일을 도와야 허겠다, 허다 보면 그 팀의 일원이 되어버리는 거야. 그게 지속되어버림으로써. 부안항쟁이 뒤돌아보면 자연발생적으로 이루어진 게 너무 많아요. 필요하다고 생각하게 되면 그 사람들이 뭉치게 되고 뭉치면 지속함으로써 팀이 되어부리는 거요.

이때 자기 역할 찾기는 다양한 양상으로 나타났다. 군대책위의 중요한 조직이었던 영상팀, 촛불기획팀, 등교거부팀에서 자신의 관심과 역량에 맞는 역할을 하는 경우도 있었으며 '반핵교사모임'과 '기독인모임'처럼 군대책위 밖에서 교사로서 또는 기독인으로서 핵폐기장 반대를 위한 자생적 조직이 탄생하기도 한다.

> 박호연 : 누가 조직한 게 아니에요. 대책위에서 이거 한번 해보라고 한 거 아니에요. 그런 것들이 교사모임, 기독인모임, 이런 것들이 자생적으로 나오면서 대책위한테 힘을 강화시켜줬고, 군민들한테 힘을 줬고. 언론 쪽에서도 볼 때도 이걸 새로운 시각으로 보는 거죠. 대책위 중심이 아니다 라고.

자기역할 찾기 움직임 기존에 부안 지역사회에 존재하고 있었던 계모임, 동창회 모임을 중심으로 이루어지도 한다. 성금모금, 집회의 조직적 참여 등이 이러한 모임 등을 통해 이루어진다.

> 박장필 : 거기에서 우리가 할 수 있는 일이 무엇이냐. 가령 저 같은 경우에는 동문회 같은 경우가 그런데. 동문회가 할 수 있는 일이 뭐냐 공식적으로 나와서 하는 양반들도 있고요. 그런데 그렇지 않은 사람들은 동문회에서도 뭔가 해야 겄다 해가지고 자발적으로...
>
> 경효은 : 우리 모임에서도 돈 몇 십만 원 냈네...우리 놀러가는 거 안가고 다 거기다 냈어. 나중에 놀러가자 해서...

이처럼 조직 참여를 통해서 뿐만 아니라 개인 수준에서의 역할 찾기도 이루어진다. 반핵운동 과정의 영상물을 직접 제작하여 자신의 홈페이지에 올리는 '개인 기록자'의 등장[39]이 그 예라고 할 수 있다. 또한 집회 참여는 대다수 주민들이 찾은 '자기 역할'이었다. 주민들은 핵폐기장 반대 목소리의 크기가 싸움의 승리에 얼마나 중요한 지를 잘 인식하고 있었다. 따라서 참여를 통해 '머릿수를 채워주는 일'은 자신들이 할 수 있는 최선의 선택으로 이해하고 있었다.

> 조보현 : 사람들 안에서 우리가 참석 안 하면, 그러니까 우리가 보통 사람들 그러잖아요. 나 하나 안 가도 괜찮겠지 이렇게 생각들을 많이 하잖아요. 근데 그거는 반대가 됐던 것 같아요. 내가 참석 안 하면 큰 일 난다. 그러니까 내가 가서 뭐 하는 건 없지만 가서 자리라도 채워서 머릿수라도 하나 늘려줘야 한다.
>
> 인경아 : 아 모두 하면 우리도 동참을 혀야지. 그러고 있응께. 아 그 사람들 얼마나 욕보냐, 그자. 우리는 뭐 거기 가서 가만히 앉아 있는 것이 무엇이 힘이 들어. 힘이 들어도 그냥 참아야지. 그 사람들을 생각혀서... 날마더 하는 사람들이... 날마다 그렇게 욕보고 댕기는 사람들인디... 우리는 아무것도 몰릉게... 그냥 거기 앉아 있는 거... 그 양반들 그룹게 애를 쓰면서 댕기는데 우리는 그것이라도 앉았기라도 해야지.

주민들은 반핵공동체의 한 성원으로서 자기 자신을 인식하고 적극적으로 자신의 위치에서 할 수 있는 역할을 찾아 나섬으로써 핵폐기장 유치 반대운동이 장기화되는 속에서도 힘을 잃지 않는 동력을 제공하게 된다.

---

39) 앞서 살펴본 '격포소리' 홈페이지 운영자는 개인적으로 부안 핵폐기장 운동의 과정을 기록하고 알리는 역할을 하게 된다.

▸반핵담론의 학습과 확산

① '반대'의 '입장'에서 '반핵담론'의 '학습'으로: 선택과 집중

핵폐기장 유치 반대운동에 참여한 주민들은 반복적인 반핵담론에 대한 학습에 참여하게 된다. 대중 집회와 촛불집회의 장에서는 예외 없이 핵폐기장 건설의 부당성을 알리는 반핵담론들이 쏟아져 나왔다. 환경, 주민자치, 생존, 지속가능한 지역개발의 이름으로 핵폐기장의 부당성과 핵폐기장 유치 반대운동의 정당성을 이야기하는 담론들이 핵폐기장 유치 반대운동에 참여한 주민들 머리 위로 울려 퍼졌다.

그러나 이러한 핵폐기장 반대를 둘러싼 다양한 '반대담론의 울림'들이 처음부터 주민들에게 '익숙하게' 다가갈 수 있는 것은 아니었다. 핵폐기장 유치 신청의 부당성과 폭력적 공권력에 대한 분노의 공감이 이루어지고, 이러한 분노의 감성을 조직적 반대운동의 힘으로 결집시키는 데 중심 역할을 하고 있었던 군대책위에 대한 강한 신뢰감이 형성되면서 비로소 '반핵담론'에 대한 주민들의 마음이 열리기 시작했기 때문이다. 즉, 주민들은 핵폐기장 유치과정에서 나타난 부당함을 통해 '핵폐기장 반대'의 입장을 선택한 이후 비로소 이러한 '입장'을 정당화할 수 있는 반핵담론 학습에 대해 '마음'을 열기 시작했던 것이다. 주민들의 '마음'이 열리자 주민들은 군대책위를 중심으로 이루어졌던 선도 집단들의 교육활동에 '호의적인 태도'를 취하기 시작한다.

필 자 : 주민들의 반응은 어땠나요?

윤 민 : 사실 우리가 들어가서 접촉하겠다고 하면 이미 어느 정도

결정된 상태거든요. 분위기는 어느 정도 잡아진 상태기 때문에 가면은야 뭐 반응이야 좋죠. 반발하는 반응이 아니고 순수한 그런…

이 점에서 부안주민들의 핵폐기장 유치 반대운동의 참여와 반핵담론의 학습의 과정은 '선택'과 '집중'의 과정이라고 볼 수 있다. 핵에 대한 이성적인 이해나 합리적인 판단에서가 아니라 상황의 부당함에서 오는 '분노'와 '위기'의 감성에 기반 한 핵폐기장 반대라는 감성적 선택이 먼저 이루어진다. 그러나 이러한 '감성적 선택'은 한계를 가질 수밖에 없었다. 정당한 절차가 지켜지고 주민들의 의견을 수렴하는 장이 열린다면, 즉 부안주민들이 겪은 감성적 차원의 분노와 위기감이 해소가 된다면 핵폐기장의 건설은 받아들일 수 있는 문제였기 때문이다. 이 점에서 부안 주민들은 '반핵담론'에 대한 학습을 통해 이러한 '감성적 선택'의 정당성을 확인하고 핵폐기장 반대에 대한 확신을 공고화하게 된다. 이는 자신의 선택에 대한 정당화의 과정이자 합리화 과정으로서 반핵담론 학습에 대한 '집중'으로 이어진다. 그리고 이러한 '집중'이 강화되면 될수록 반대운동에 대한 자기 확신과 참여의 열기도 강해진다.

조영진 : 저는 처음에는요, 집회에서 문제점은 군수가 처음 그랬을 때 그때 문제 때문에… 그러나 어쨌든 간에 좋은 것이든 안 좋은 것이든 의사에 반한 것이니까 문제가 있다 했죠. 그러나 아무리 의사에 반한거래두요 부모가 자식에게 결정권을 주지 못하는 상황이 있듯이 정말 이게 필요하고 절실한 거라면 저는 찬성할 수 있다고 생각했어요. 그러나 제가 알아가는 과정에서 이건 어쨌든 이런 운동

> 이 더 일어나서 에너지 정책을 바꾸는 계기를 가져야겠구나. 결국 그렇게 가는 게 중요하잖아요. 어디든 가야한다는 건 인정을 했어요. 어쨌든 있는 거는 처리를 해야하니까. 그런데 이 방식대로 요러한 방식은 옳지 않다는 것은 정확하게 인식을 했죠. 그러니까 조금은 신명이 생기고...

반핵담론에 대한 학습은 자신의 선택을 '변호'하고 다른 선택으로부터의 공격에서 나를 '방어'하는 과정 속에서 요청되는 것이기도 했다.

> 민수현 : 공부를 하게 된 게 뭐냐면 직원들을 파견을 하는데 인자(이제) 다 유포를 시키는 거지. 인자(이제) 이게 좋다는 것을 유포를 시키는 거지. 그런 과정에서 우리가 공부를 안 허면 안 되겠다 한 게 뭐냐면 그 사람들에게 얘기를 해야 하니까 공부를 해야지.

이처럼 감성적 선택을 통해 반핵동체를 형성한 부안 주민들은 주로 촛불집회 등 대중 집회의 장에서 이루어지는 반핵담론 학습에 참여함으로써 반대운동의 자기 정당성을 '논리적'으로 확보하게 된다. 이 점에서 핵폐기장 유치 반대운동에 참여한 주민들의 반핵담론 학습은 자칫 '님비'로 빠질 수도 있었던 감성적 선택의 한계를 극복할 수 있는 가능성을 갖게 된다. '부안뿐만 아니라 이 세상 어디에도 핵폐기장은 안 돼'라는 구호는 분노와 위기의 감성 위에서 반핵담론을 받아들임으로써 가능했던 자기정당화의 표현이었다.

② 반핵담론의 수용: "이대로 살게 해줘"

핵폐기장 유치 반대운동에 참여한 주민들은 핵폐기장의 부당성을 뒷받침하는 사회운동 영역에서의 '낯선' 반핵담론을 자신들의 '친숙한' 목소리로 표현하게 된다. 이는 감성적 준비를 통해서 학습했던 반핵담론을 자신의 경험세계와 결합시키고 이를 자기 맥락화시키는 과정, 즉 '운동의 언어'를 '민중의 언어'로 번역해내는 과정이었다.

> 필　자 : 왜 그렇게 열심히 반대하셨어요?
> 김안순 : 아이구 우린 그냥 이대로 살게 해달라고 이대로...
> 최순영 : 후손들 때문에 못하게 했쥬. 후손들 때문에 우리는 이만치도 살았지만은 후손들 태어나면 젊은 사람들이 안 좋다고 하니까 후손들 때문에. 우리가 살면 얼마나 살겠어요. 다 80이 넘고 90이 넘고... 그러니까 후손들을 위해서 반대를 한 것이지.

'이대로 살게 해 달라', '후손들을 위해서 반대한다'는 생존의 목소리는 산업논리에 의해 이루어지는 '개발담론'에 대한 적극적인 저항의 의미를 담는 것이었다. 있는 그대로의 생존을 희구하는 주민들의 목소리는 반핵 및 환경담론에 대한 자기 식 표현이었다.

핵폐기장 유치를 정당화 했었던 가장 중요한 근거는 핵폐기장이 가져다줄 경제적 효과에 있었다. 그러나 군대책위를 비롯한 반핵 진영의 전문가 집단은 환경주의 또는 생태주의적 담론에 터해 개발주의적 담론이 갖고 있는 부당성과 허구성을 역설하고 있었다. 주민들, 특히 여전히 반핵담론이 이야기 되는 방식에 대해 가장 '낯설어'하고 있었던 '할머니들'은 이와 같은 반핵담론을 자신들의 경험에 터한 일상어로 이야기 하고 있었다. 그동안 힘없이 살고 있었던 자신들의 삶에 대한 반추해볼 때 '그 좋은 것'을 그것도 '돈까지 쳐서' 가져다 줄 리가 없었다.

> 최미연 : 우리는 그렇게 생각했어요. 이렇게 안전하고 좋은 거고 그렇다면 왜 돈을 끼워주면서까지 유치를 하려고 하는가. 분명 이 거는 안 좋기 때문에. 그리고 이게 수십 년 동안 떠돌았잖아요. 거기에는 분명히 이유가 있잖아요. 17년? 18년? (웃음)
>
> 김은아 : 전라도 사람들 힘없는데 그렇게 좋으면 우리 몫으로 오질 않는다고 얘기를 해요. 할머니들은 내가 얘기해도 그걸 귀담아 다 못 들어요. 왜 그냐면 할머니들은 가질 않았기 때문에 말싸움하면 진다고. 그런데 그 말은 안 해. 그냥 자기네들끼리 있을 때만 막 주고받아요. 찬핵 있을 때 말을 안 해 그러다가 딱 한마디… "그게 그렇게 좋으면 전라도에 오덜 아녀, 전라도보다 힘 있는 저기 경상도나 서울"… 그 말만 해요. "18년을 굴러 다녔다 18년을… 앗따 전라도에 누가 힘 좋아서 누가 줘? 왜 돈까지 쳐서 준디아." 그렇게 말해요.

분노와 위기감의 감성에 터해 핵폐기장 반대 입장을 정한 후에 선택한 반핵담론은 주민들의 기존의 경험 세계와 전면적으로 조우하는 방식으로 학습되고 있었다. 그리고 그 학습의 결과는 반핵담론의 낯선 언어가 아니라 자신들에게 친숙한 일상어를 통해 표현되고 있었다. 이는 반핵담론에 대한 학습의 과정이 일상의 경험을 반추하는 과정이자 일상의 경험 속에 반대담론을 위치시키는 과정이었음을 말해주는 것이었다. 예를 들어 '죽음의 핵'과 대비되는 '생명'의 담론은 생명을 키우는 농민과 여성들의 삶의 맥락 속에서 의미 있게 위치할 수 있었다.

> 김명화 : 생명에 대한 관점으로 가버리니까 농사짓는 사람들이 이게 생명이거든요. 생명을 키우는 직업이잖아요. 이 직업이. 그리고 아이들을 키우는 사람들이 아이들을 낳고 생명을 만들어서 생명을 키우는 사람들이 또 엄마들이고 하기 때문에 엄마들이 쉽게 말해서 아이들 표현으로 따지면 엄마들이 눈이 돌아간 거예요. 그동안의 교육을 쭉 받으면서 아 이게 우리 아이들을 죽이는 일이구나라고 하는 걸 아는 순간 엄마들은 물불을 가리지 않았어요.

이처럼 반핵담론은 주민들의 삶과 '융합'되는 과정을 거치고 있었다. 주민들은 자신의 경험세계에 대한 단절이나 거부가 아니라 자신들의 삶의 맥락에 터해 반핵담론을 수용하고 있었다.

④ 경험 나누기: 주민의 언어로

반핵담론을 자신들의 삶의 맥락에 위치시킨 주민들은 '경험 나누기' 방식을 통해 주민들은 이를 공유하고 확산한다. 이 방식은 주민들에게 추상적인 지식보다 익숙한 것이었다. 앞서 살펴보았던 것처럼 촛불집회에서의 자유발언의 장이나 영상교육이 주민들에게 호소력을 가지고 있었던 것도 그것이 '경험 나누기'의 장이 될 수 있었기 때문이다. 주민들은 전문가의 목소리보다 자신의 경험에 터해 어눌하지만 진솔하게 자기 목소리로 이야기 하는 이웃들의 목소리에 더 귀 기울이게 된다.

조보현 : 처음 섰을 때 저 말고 다른, 저희 어머니들이랑 아저씨들 나와서 서시는데, 처음에 되게 어색하고 말도 잘 못해요. 막 이렇게 하는데, 나중에는 정말 교수님이 강의하는 것보다 더 피부에 와 닿더라구요. 외부의 전문가들이 오셔 가지고 통계적으로라든가 아니면 다른 데 사례 같은 거 얘기해주는 것보다도 그 분이 직접 얘기하는 게 더 피부에 와 닿더라고요, 마음에.

이 점에서 영광발전소 견학은 주민들이 반핵담론에 대한 확신을 갖는 데 중요한 역할을 하게 된다. 직접 핵발전소를 가보고 그곳에 사는 주민들의 삶의 모습을 체험함으로써, 그리고 주민들과의 '대화' 속에서 핵폐기장이 가져다 줄 삶의 변화를 간접적으로 경험해봄으로써 주민들이 학습하고 있는 '반핵담론'은 보다 설득력을 얻을 수 있었다.

민수현 : 영광의 견학이 결정적인 내용이었던 거 같애. 우리는 눈으로 안 봤으니까 어디 가서. 그런데 정말 다 가식적인 것들 아니에요? 눈으로 직접 보니까 확실하게 이건 아니다 이건...

김안순 : 우리한테 얼마나 하소연을 하는지... 가서 봉게 할머니들 몇이 있고 그 아파트가 수없이 많은디 하나도 없이 다 비어 있어. 공무원들이 와서 도시락 싸갖고 와서 묵고, 광주로 나가 출퇴근하고 인자 점심도 나가서 사 묵고 들어오고... 그런데 그냥 싸악 비었어. 할아버지 할머니들... 젊은 사람들 없고... 얼마나 막아야 한다고 하소연을 하는지... 불쌍하대요. 해수욕장에 돗자리 하나면 먹고 살만큼 벌었다는 거예요... 아주 드러워서 안 온다고... 아

주 원전이 (아파트가) 다섯 갠가 여섯 갠가 있는디 금 가 갔고 물이 줄줄줄 내려오드라고... 그때부터 우리가 열심히 했죠. 그전에도 열심히 했는디 그이들(영광원전 인근 주민들)이 막 울면서 우릴 붙잡고 하소연을 항게.

영광핵발전소가 들어서면서 겪었던 인근 주민들의 경험은 핵폐기장이 위도에 건설되었을 때 자신들의 겪게 될 미래의 삶에 대해 생생하게 이야기해주고 있었다. 부안 주민들은 돌아와서 이러한 영광핵발전소 견학의 경험을 다른 주민들과 나누게 되고, 이는 반핵담론 확산에 일조를 하게 된다.

이와 같은 '경험 나누기'의 방식을 통해 주민들의 이전의 경험들이 보태지면서 반핵담론의 내용이 풍부해진다. 다음의 사례는 경험나누기의 방식을 통해 경험이 결합되고 확산되는 과정을 잘 보여주고 있다.

김은아 : 제가 영광을 갔을 때 제가 제일 유심히 봤던 거는 나무를 봤어요. 나무를 봤는데 방사능 노출되면 나무가 싱싱하면 안 되잖아요. 내 깐에는 솔방울이 유난히 다른 데보다 많이 피고 많어요. 그래서 내가 그걸 물어봤어요, 설명하시는 분한테... 동물이나 식물이나 이렇게 자연물들은 자기가 생명이 다한지 안 한지를 안대요. 알아서 자손을 자기 씨를 번성하기 위해서 많이 내논다고 하드라고요, 위협을 느끼니까. 그 말을 하고 계화도 갯벌 백합 그거하고 비교를 하니까 그게 또 무시 못하겠드라고... 한동안은 새만금 쭉 하면서 계화 갯벌 하면서 교수님 오시면서 강의를 했었거든요. 그 막기 전에 막고 나서 많이 막 그게 많이 잡혔대요. 그러고 나서 안 잡힌다고 하더라고요. 긍께 그런

얘기를 해요. 계화도나 그런 갯벌에 대해서는 진행 중이면 확신이 없잖아요. 근데 진행된 후를 보니 맞잖아. 그니까 그게 맞으니까 말이 통한거지... 그러고 나니까 자연스럽게 계화도 얘기가 당신들 입에서 나오고 그동안에 있었던 얘기 나오고... 그러다 보니까 우리 지역에 있던 얘기 나오고... 그러다 보니까 말을 들어보니 어쨌드라... 그동안에 나왔던 얘기 저거해서. 그러면 또 내가 몰랐던 얘기를 또 할머니가 해, 그럼 그런다? (웃음) 할머니들 하고 다른 사람에게 또 써먹는 거야. 하나가 아니라 두 개... 그게 금방 돼요.

이처럼 '경험'을 통해 전달된 반핵담론이 다시 주민들의 경험세계와 조우하게 되면서 확산된다. 즉, '직접적인 경험'을 통해 주민들에게 전달된 반핵담론은 이를 지지하는 또 다른 경험세계를 '만나게' 되고 스스로를 정당할 수 있는 경험적 증거들을 획득하게 되면서 주민들에게 보다 설득력 있게 다가가게 된다.

▶ '우리'의 경험: 타자의 발견과 이해

① "'이웃'의 발견과 '우리'의 경험"

핵폐기장 유치 반대운동을 통해 주민들은 '함께' 참여하고 '함께' 싸우는 공동체로서의 이웃들을 경험을 하게 된다. 부안 주민들은 같은 생각을 가지고 같은 목적을 가지며 같은 행동에 나선 이웃을 발견하게 된다.

조보현 : 그런데 그 안에서 뭐가 제일 좋았냐면, 모르는 사람인데 다 똑같은 생각을 가지고 있잖아요. 그 안에서 그 생각

> 하나만으로도 다들 더 친해지는 계기가 된 거죠. 그래서 그냥 모르는 사람도 다 아는 사람이 되고, 다 인사하고 웃고 그게 제일 좋았던 것 같아요. 촛불집회 참석하기 전에 핵폐기장 반대 그런 게 기본적으로 있긴 했지만, 그런 것보다 사람들 만나면 그런 게 더 좋았던 것 같아요.

나 홀로 싸우는 것이 아니라 함께할 수 있는 이웃이 있다는 사실은 핵폐기장 유치 반대운동 참여를 지속하는 힘이 된다. 생각과 뜻을 함께하고 서로에게 힘을 북돋아 주는 이웃들이 있었기에 촛불집회나 대중 집회 참여는 힘들거나 지루하지 않고 '재미'있을 수 있었다.

> 필　자 : 기억에 남는 일 있으세요? 재밌었던 일이나.
> 김안순 : 재미도 있었죠. 몰랴(몰려) 다니면서 항게.
> 박갑례 : 모르는 사람들 많이 알게 되고 이것도 추억인가 보다 마음이 그랬어요.
> 김은아 : 내가 오늘 갔어요. 딱 가서 앉았어. 서로 간에 앉아서 서로 간에 용기를 준 거야. 언니 괜찮을 거야 금방 끝날 거야. 즐겼어요. 오늘 안 나가면 옆에 있는 언니한테 미안해 미안한 마음이 들고.

핵폐기장 유치 반대운동 속에서 만난 이웃은 함께한다는 것만으로도 주민들에게 힘이 되고 신명나게 하는 존재이기도 했지만, 헌신적인 참여의 모습을 통해 '감동'을 주는 존재이기도 했다. 이 '감동'은 자발적이고 자기희생적인 '이웃'에게서 느끼는 것이었다. 이러한 이웃들의 모습은 핵폐기장 유치 반대운동에 참여한 주민들에게 감동과 위로로 다가왔다.

민형준 : 승리도 승리고 그 어려운 상황. 진압부대가 와서 진압을 하는 경험도 그렇지만은 뙤약볕 같은 데서 물 같은 거 누가 줬는지 모르게 갖다 주고 어려운 상황에서 그냥 밝히지도 않고 빵 같은 거 놓고 가고 그런 거 보면 진짜 부안에서 역시 부안에서 태어나기 잘했다는 생각이 들더라고요. 이름을 밝히기 싫어서 그 밤중에 계란 삶아다 놓고 도망가 버리는 거여. 김밥 싸다 놓고 엄청나게 싸다 놓고 가버려. 부지런히 싸 와... 사람이 그냥 드시라고 허고 그럴 텐데 그냥 싸악 놓고 가버린다고 얼굴 안 보일라고.

•

핵폐기장 유치 반대운동 참여과정을 통해서 이루어진 주민들의 '이웃의 발견'은 그간 나의 곁에 살고 있지만 나의 삶 속에서 주목하지 못했던 이웃의 삶에 관심을 기울이는 일이자 이웃과의 관계 속에서 자신의 삶을 반추하는 일이기도 했다. 이전에 보이지 않았던 이웃이 나의 삶의 맥락 안으로 의미 있게 들어오기 시작했다.

김은아 : 주민들이 차량시위 했을 때 끌려갔을 때 그리 가보고 비 맞고 밤도 새보고 그런 걸 통해서, 아! 내가 그동안에 이런 많은 사람들(덕분에)... 힘든 과정 속에서도 편하게 살았구나. 그런 걸 많이 느꼈어요.

이러한 나에게 감동을 주는 자기희생적인 모습은 '이웃'의 모습이기도 했지만 다시 이웃들에게 감동을 주고 있는 '나'의 모습이기도 했다. 함께 어려운 상황을 견뎌내고 고통을 참아내면서 부안 주민들은 서로에게 힘을 북돋아 주고 서로를 감동시키고 있었고 이를 통해 이웃과 나를 '우리'로서 경험하고 있었다.

② "이해와 공감-'차이'에 대한 이해"

부안 주민들은 핵폐기장 유치 반대운동 참여의 과정 속에서 핵폐기장 백지화라는 공동의 목표 아래에서 움직이게 되면서 일상 속에서 함께 살아가면서도 무관심하거나 낯설게 느껴졌던 이웃들을 친숙한 존재로 인식하게 된다. 이러한 친숙성은 이웃의 삶에 대한 이해와 공감으로 이어졌고 이는 주민 간의 신뢰를 형성하는 일이었다. 일례로 교사가 학부모들을 중심으로 이루어졌던 등교거부에 공감하고 동참하면서 교사와 학부모 사이에는 강한 신뢰의 끈이 형성된다. 이 점에서 등교거부는 학부모는 교사를, 교사는 부모를 이해할 수 있는 장이 되었던 것이다.

> 황수연 : 선생님들 같은 경우는 학부모들이 아이들 대절해가지고 등교거부 하고 나오고 그럴 때 선생님도 같이 나오고 이렇게 함께하고 이런 것들이 굉장히 고마운 거죠. 힘이 되고. 예를 들어서 선생님이 맨날 보면서 왜 애는 안 보내느냐, 애보고 혼내고, 또 전화해가지고 애 보내라, 누구는 나왔는데 너만 안 나와서 너는 결석이다 이렇게 해버리면 불안하고 괜히 선생님한테 미안하고 이럴 텐데, 오히려 선생님이 그것을 이해하고 같이 하고 이렇게 되면서 훨씬 든든한 힘으로 믿음이 강해지고 하면서, 그런 것들이 아마 보이지 않는 믿음의 끈을 강하게 해주지 않았을까 라는 생각이 들고...

이러한 이해와 공감은 촛불집회라는 열린 참여의 장을 통해 집중적으로 이루어졌다. 촛불집회에서는 누구나 마이크를 잡을 수 있었고 누구나 무대의 주인공이 될 수 있었다. 무대의 주인공이 된 주민들은 핵폐기장 백지화와 같이 주민들이 공감하는 목소리를 높였다. '반핵출정가'[40]처럼 이미 주민들에게 익숙해진 노래를 함께 부르기면서 반핵군민으로서 동질감을 확인하기도 했다.

한편, 촛불집회는 이와 같은 '구심력'을 토대로 서로의 '다름'을 확인하고 이해하게 할 수 있는 '차이' 이해의 장이기도 했다. 무대에 오른 주민들은 핵폐기장 백지화라는 공동의 의지를 자신만의 '목소리'와 '몸짓'을 통해 표현하고 있었기 때문이다. 천주교도들은 천주교인의 목소리로, 불교도는 불교인의 목소리로, 기독교인들은 기독교인들의 목소리로, 원불교도는 원불교인의 목소리로 핵폐기장 백지화의 목소리를 높였다. 교사는 교사의 목소리로, 농민은 농민의 목소리로, 어민은 어민의 목소리로 공동의 의지를 표현했다. 할머니는 할머니의 입담과 춤사위로, 청소년들은 자기들만의 10대의 문화를 매개로 핵폐기장 반대의 의지를 무대에 선보였다.[41]

이처럼 촛불집회를 통해 주민들은 구성원들의 다양한 목소리와 몸짓을 접하게 되면서 그동안 낯설게만 받아들였고 그렇기 때문에 무관심했던 다른 사람들(다른 종교, 다른 세대, 다른 직종 등)에 대한 이해의 폭이 넓어지게 된다. 이는 반핵군민이라는 강한 동질감 위에서 형성될 수 있었다는 점에서 상호 신뢰를 토대로 한 이해와 공감의 확장 과정이라고 할 수 있었다.

---

40) 민중가요인 '광주출정가'를 개사한 노래로 핵폐기장 유치 반대운동을 대표하는 노래로 자리 잡는다.

41) 앞서 촛불집회에 대한 논의에서 보았던 것처럼 실제 천주교의 밤, 원불교의 밤, 교사의 밤, 농민의 밤, 청소년의 밤 등 종교별, 직종별, 세대별로 자신들이 주최가 되어 촛불집회를 준비하게 된다. 바로 이러한 촛불집회의 장을 통해 주민들은 구성원 간의 차이를 확인하고 이해할 수 있는 기회를 갖게 되었다.

최현경 : 일주일에 한 번씩 월요일 날 학생들이 이제 문화의 밤 그런 거요. 그러면 애들이... 그 한 시간 한두 시간 동안을 자기네들이 다 채웠었어요 일단. 그러니까 어른들은 관심을... 그게 이해가 안 되잖아요. 댄스 동아리들 다 나오고 그러면 하여튼 그때 처음에는 어떤 거였냐면... 처음에는 아... 그러다가도 너무너무 이쁜 거예요 애들이. 애들이 그렇구나! 애들이 쌀쌀한데도 뭐 옷을 다 벗은 여자애들이 댄스도 하고 막 그런 거였거든요. 그러면서 하여튼 부안 싸움에서 느끼게 되는 거는 애든 엄마 아빠를 이해하게 되고 할머니를 이해하게 되고 어른들은 애들을 이해할 수 있는 그 공간이 등교거부를 통해 이루어졌던 거예요.

요컨대, 부안주민들은 핵폐기장 반대과정을 통해 낯설고 무관심했던 이웃들을 적극적으로 우리로 경험하는 과정 속에서 동질성을 확인하고 결속력을 강화해갔다. 한편 이렇게 해서 구축된 서로 간의 신뢰감을 토대로 구성원 사이의 '차이'에 대한 공감과 이해의 폭을 넓혀갔다. 이는 스스로를 고립적 개인이 아니라 부안 지역 사회의 문제를 함께 풀어가는 공동체적 구성원으로서의 '우리'를 경험해가는 과정이었다는 점에서 공통체적 구성원으로서의 '나'를 경험해가는 과정이었다.

#### ▶ 운동 주체로의 성장: "주민 모두가 대책위"

핵폐기장 유치 반대운동의 본격적으로 전개되고, 대중 집회, 촛불집회, 등교거부 등 다양한 교육(이라 이름 붙일 수 있는) 활동들이 활발하게 이루어지면서 주민들은 참여를 통해 자발적인 반핵공동체의 구성원으로 참여하였다. 그리고 경계 넘기 등을 통한 집단

경험과 상징의 공유 등을 통해 반핵군민으로서 자기 이미지와 자기 정체성을 공고히 하고 있었다. 또한 주민들은 핵폐기장 반대의 선택과 이를 정당화하고 자기 방어를 위한 반핵담론에 대한 학습에 마음을 열고 이를 자신들의 삶의 경험과의 결합을 통해 추상적 반핵담론을 자기 경험적 민중담론으로 재창조하기도 하였다. 이러한 과정은 반핵군민으로서 자기정체성을 반핵담론의 수용을 통해 공고화하는 과정으로도 이해할 수 있었다. 뿐만 아니라 이웃들과 함께하는 '우리'의 경험을 통해 부안 주민들은 고립적 개인을 넘어 핵폐기장 백지화를 공동 목표로 하는 '우리' 속에서 자신을 경험하고 타자에 대한 이해와 공감의 폭을 넓힘으로써 공동체적 자아로서의 자기경험을 할 수 있었다. 이처럼 부안 주민들은 자연스럽고 자발적인 참여와 자기 역할 찾기, 자신의 일상적 경험과 결합시키는 과정인 반핵담론의 학습, 우리로서의 공동체적 자아 경험을 통해 반핵공동체로서의 자기 성장을 경험하고 있었다.

이러한 과정을 통해 반대운동에 참여하고 있는 주민은 더 이상 개인으로서가 아니라 공동체의 중요한 한 구성원으로서 스스로를 인식하고 있었다.

> 나혁진 : 빠지면 안 돼 절대 빠지면 안 되는 거 가텨. 나 빠지면 안 되는 거 가텨. 하루라도. 다른 사람이 나오는가 본다고 내가... 그래서 빠질 수가 없어요.

주민들이 스스로를 핵폐기장 유치 반대운동의 주체로 인식하게 되고 적극적인 참여를 지속하면서 '주민 모두가 대책위'라는 말이 나오기까지 한다. 즉, 분노와 위기감이라는 감성적 공동체에서 출발한 부안 주민들은 집단적인 경험과 참여의 과정, 반핵담론의 학습과 자기 맥락화, 그리고 우리라는 강한 공동체적 경험을 통해 핵폐기장 유치 반대운동의 단순한 동원의 대상이 아닌 운동을 주도하는 주체로 성장하고 있었다. 이 점에서 주민들은 감성적 공동체를 넘어 핵폐기장 백지화의 의지와 결속력 아래에 생명을 같이 나누는 운명공동체로서 변모되고 있었다.

> 이영산 : 중간에 중간이라고 할 수 있을까 조금 한두 달 정도 지나면서 나온 것이 주민 모두가 대책위지 않느냐 그런 표현도 나오고 그게 딱 맞는 거 같아요.

주민들은 자발적 참여와 자기 역할 찾기를 통해 이미 핵폐기장 유치 반대운동 안에서 중요한 역할을 하고 있었다. 또한 촛불집회의 장을 통해서 스스로 무대를 만들어가는 주체로서의 자기 경험을 지속하고 있었다. 주민들은 참여가 지속되면 될수록 핵폐기장 유치 반대운동의 주체로서 자신의 위치를 확고히 해가고 있었다. 주민들의 핵폐기장 유치 반대운동의 주체로서 자신을 인식하기 시작하면서 주민들의 참여의 열기는 군대책위의 지도력을 압도하기도 하였다.

> 정영회 : 하여간 내가 인제 촛불집회를 보고하는 입장에서 그런 문제가 있었어요. 가서 얘기하면 바로 다음날 반응이 와. 굉장히 무섭드라고. 어느 학교는 못하고 있다 하면 바로 반응이 오고 자기네들이 전화를 해... 그러면 어느 학교 가서 도와주라고 그런 식으로 교장 선생님이나 선생님들도 그렇게 해달라고 하니까 바로 오는 거야 바로. 며칠

새로 자기네들끼리 서명을 해서 그냥 700여 명이니 500여 명이니 몇 명 빼놓고 바로 하드라고.

핵폐기장을 반대하는 반핵공동체가 주민들의 자발적인 참여와 동조 속에 강한 결속력을 형성해가면서 공동체 내부에는 구성원 스스로가 참여를 촉진하고 어떤 면에서는 강제하는 내부적 자기 규율을 만들기 시작한다. 이는 당시의 부안 주민들이 찬성이냐 반대냐는 이분법적 자기 선택의 상황에 놓여있었던 분위기에도 관련된 것이었다. 핵폐기장 반대 입장을 갖고 있다면 반대 집회장에 참여하는 것은 당연했다. 핵폐기장 반대는 '정의'로운 것이었고 이러한 정의를 따르지 않는 것은 부당한 일이었다. 이 때문에 핵폐기장 반대 집회 참여 여부와 헌신도는 반핵 공동체로서 이웃을 평가하는 기준이 되기도 하였다.

나민경 : 친구 분들이 계모임이나... 그런 친구 분들 있잖아요. 그러면은 정말로 하루도 안 빠지고 나오시고 그런 분들이 안 나오시는 분들을 출석 체크를 해요. 그래가지고 왜 안 나왔느냐 나와라 그러면서 하는 건데, 안 나가게 되면 그 집단에서 소외되는 거 같고.

주민들이 서로 참여를 강제하는 자기 규율을 만들어감으로써 내부 결속력을 강화하고 반핵 공동체의 저항의 역량을 강화할 수 있었다. 하지만 이러한 자기 규율은 다양성을 용인하지 못하고 사사로운 이유를 용납하지 못하는 분위기를 만들기도 하였다.

윤동주 : 반대하는 사람들 그 속에서도 예를 들어서 뭐 촛불집회 못 나가는 사람들도 있고 또 못 나가는 사람들도 있고 예정된 집회를 하루 이틀 정도 못 나가는 그런 경우도 있는데 그런 부분들까지도 이해하고 용인하는 그런 것이 부족하지 않았었나 그런 생각이 들어요. 반대허는 사람들은 오로지 죽어도 같이 죽고 살아도 같이 살고 어떤 그런 분위기가 형성되고 그 속에서 개인의 다양한 생각이라든지 어쩔 수 없는 피치 못할 그런 것들이 잘 용납되지 않는 어떻게 보면 전제적인 그런 것들은 좀 있지 않았었느냐 이런 생각이 답답한 생각이 들더라고요.

이는 반핵공동체의 결속력이 강해지면서 나타난 '이웃에 대한 태도'의 양면성을 보여주는 것이었다. 앞서 살펴보았던 것처럼 '우리'의 경험과 그 속에서의 '차이'에 대한 이해의 풍경은 서로간의 다양성을 확인하고 이해하는 측면을 보여주고 있었다. 그러나 이는 반핵공동체로서 자기 역할을 하고 있다는 전제하에서 용인되는 '다양성'이었다. 반핵인가? 찬핵인가? 라는 이분법이 지배하는 분위기 속에서 찬성 또는 반대집회에 참여하지 않는 이웃들에게 다양성, 또는 다른 목소리는 용인될 수가 없었다.

요컨대, 핵폐기장 유치 반대운동이 전개되면서 반핵공동체의 '자기 경계'는 뚜렷해진다. 반핵공동체의 경계는 핵폐기장을 반대하는가 아니면 찬성하는가, 그리고 핵폐기장 유치 반대운동에 참여하는가 참여하지 않는가라는 공동체적 자기 규율에 의해 구획되고 있었고 그 구획에 의해 반핵공동체로서 자기 정체성이 확보되고 있었다.

이 시기 학습과정의 특징은 교육활동의 진화와 학습주체의 성장, 그리고 다층적인 학습관계망의 형성에 있다. 초창기에 형성된 교육활동들이 체계적이고 조직적인 형태로 전개될 뿐만 아니라 주민들이 주도하는 자기 조직적인 활동이 전개되고 다양한 학습매체들이 등장하는 등 교육활동의 질적 양적 팽창이 이루어진다. 한편 촛불집회의 등장으로 이 시기의 모든 교육활동이 '광장'을 중심으로 집적되고 주민들의 참여를 통한 학습의 장이 촛불집회를 통해 생성된다.

초기 감성적 공감대를 기반으로 반핵담론과 공명하면서 출현한 학습주체로서 반핵공동체는 이 시기 실천적 참여, 반핵담론에 대한 학습, 우리의 경험을 통해 반대운동에 적극적으로 참여하고 상황을 주도해나가는 운동의 주체로 성장하고 있었다. 이는 초창기 감성적 공감대를 기반으로 출현했던 반핵공동체가 스스로를 정당화할 수 있는 운동담론을 학습하고 구성원 간의 동질감과 유대감을 강화해가며 이를 통해 공동체로서의 자기 규율을 만들어가면서 자기 정체성을 확보해가는 과정이기도 했다.

이러한 과정에서 학습관계는 복잡성을 띠게 된다. 반대운동 초기 감성적 공감대 속에서 맺어진 학습관계는 선도 집단과 일반 주민들 사이에서 이루어지는 단선적 구조였다. 하지만 일반 주민들의 참여와 자기 목소리가 높아지면서 기존의 선도 집단과 일반 주민들뿐만 아니라 일반 주민과 일반 주민 사이에서도 가르침과 배움의 과정이 이루어지는 등 이 시기 학습관계의 수평적 외연이 확대된다. 그리고 이러한 수평적 관계에서는 수직적 관계에서 주가 되었던 추상적인 운동담론보다는 구체적인 일상의 경험이 소통되기 시작한다.

## 3. 반대운동의 위기와 주민투표

### 광장의 위기와 미래교육

이 시기에 광장학습의 장이었던 촛불집회가 원천봉쇄가 된다. 이 때문에 초창기처럼 부안지역을 순회하는 형태의 교육활동이 전개되는 동시에 주민투표를 통한 미래교육이 이루어진다. 한편 주민들은 공동체 주체로서의 경험과 자치주민으로서의 경험을 하게 된다.

#### ▶ 광장의 위기, 다시 밑바닥으로

2003년 11월 17일, 반핵군대책위 측에서 제시한 '연내 주민투표 실시'에 대해 정부가 반대 입장을 공식 통보해옴으로써 '부안 현안문제 해결을 위한 공동협의회'가 결렬되고 주민들의 분노가 극에 달하기 시작한다.[42] 이 때문에 11월 21일까지 부안은 핵폐기장 백지화를 외치는 주민과 전투경찰 간의 극한적인 대립 사태가 발생하고, 이후 경찰 병력이 대거 부안에 투입되어 촛불집회를 포함한 대중 집회가 원천 봉쇄 되면서 소위 '경찰계엄'[43]의 상황이 벌어지게 된다.

이때까지만 해도 부안의 핵폐기장 유치 반대운동을 통해 광장을 중심으로 한 교육 활동이 주를 이루고 있었다. 특히, 촛불집회는 주민들의 자발적 참여와 동조 속에서 반핵담론의 학습뿐만 아니라 공동체적 자기 경험의 장으로서 핵심적인 역할을 하고 있었다.

---

42) 2003년 10월 16일 '부안 현안문제 해결을 위한 공동협의회'가 부안 핵폐기장 반대 지도부와 정부 사이에서 구성이 되면서 대화 분위기가 조성된다. 하지만 내부적으로는 핵폐기장 반대 운동 내부에서는 주민투표를 통한 문제 해결 방식을 둘러싼 주민들의 견해 차이가 표출되기도 한다. 이에 대해서는 후술하도록 한다.

43) 이 시기에 경찰 70개 중대 8천여 명 배치된다(세계일보, 2003. 11. 21). 당시 부안의 주민등록상 인구가 6만 8천 명이었던 것을 감안한다면 거의 부안 주민 10명당 한 명 이상의 경찰이 배치된 숫자이다.

그렇기 때문에 촛불집회를 포함한 대중 집회의 원천 봉쇄는 핵폐기장 유치 반대운동 과정에서 형성되어온 광장을 중심으로 한 교육활동의 위기를 의미하는 것이기도 했다.

한편, 핵폐기장 광장이 위기를 겪게 되고, 정부 공권력이 부안 사회를 장악하게 되면서 핵폐기장 찬성 진영의 활동공간이 확보된다. 부안 지역 내에서 핵폐기장 유치 반대운동이 초기 여론을 선점하고 주민들의 자발적 동조를 이루어내면서 핵폐기장 건설에 대한 찬성 담론은 자기 영역을 확보하고 있지 못한 상황이었다.[44] 이에 한수원 등을 중심으로 한 주민 홍보활동이 시작되고 〈표 10〉에서 볼 수 있는 것처럼 부안지역 사회 내에 찬성단체가 새롭게 결성되어 대중 집회 및 기자 회견 등을 통한 활동이 전개된다.

▶▶ **표 10.** '경찰계엄' 이후 찬성단체 주요 활동

| 일 시 | 내 용 | 주 최 |
|---|---|---|
| 2003. 12. 2 | 위도주민설명회 | 위도발전협의회 |
| 12. 5 | 찬성단체기자회견 | 부안사랑 나눔회<br>부안지역 발전협의회 |
| 12. 9 | 찬성단체출범 | 비전 부안 기독교인협의회<br>부안경제발전 협의회 |
| 12. 12 | 2대국책사업 유치 범부안 군민 결의대회 | 찬성 측 6개 단체 |
| 12. 13 | 찬성단체창립총회 | 부안경제발전협의회 |
| 12. 18 | 찬성단체기자회견 | 양성자가속기 유치위 |

44) 이런 이유 때문에 정부 측에서는 군대책위에서 제시한 '2003년 연내 주민투표 실시안'을 거부한다. 이에 부안군수는 일방적이고 폭압적인 반대 운동 중단, 군정과 홍보활동 보장, 주민공청회와 TV 토론회 실시, 자유로운 의사 표현을 위한 선거관리기구 구성을 내세우며 다음 해인 2004년 6월 주민투표를 실시할 것을 주장한다(동아일보, 2003. 11. 25).

핵폐기장 건설을 둘러싼 반대 담론이 부안지역에서 절대적 지위를 공고히 하고 있었던 상황에서 광장의 위기와 찬성 담론의 발흥은 부안 핵폐기장 유치 반대운동 자체의 위기감[45]을 일으킨다. 이는 곧 광장 중심의 교육활동을 대체할 수 있는 새로운 교육활동 방식에 대한 요구로 이어진다.

> 최영신 : (이 시기에) 한수원 활동이 다시 시작됐고 찬성단체가 결성이 됐어요… 찬성단체가 언론전에 강하더라고요. 계속 빵빵 터트려요. TV에 나오고 기자회견 하고 이런 게 많아요. 그러니까 사람들이 불안하잖아요. 우리는 뭐 하냐 이러는데. 우리는 다시 이럴 때 밑바닥을 훑어가야 한다 그러고 그런 때가 많아요. 대부분 인제 소강상태고 아무것도 안 하고 노는 것 같다 이럴 때는 다시 밑바닥부터 계획을 짰어요. 할 일을 만들어가면서.

결국 광장과 거리를 중심으로 이루어졌던 이전의 교육활동은 이 시기에 이르러 주민들의 삶의 터전과 일상을 파고드는 '기동성 있는' 교육활동으로 이어지게 된다. 순회교육이 다시 활기를 띠기 시작하며, 촛불집회도 노동단체 등 외부단체와의 연대 방식, 도(道) 순회 방식, 면 순회 방식으로 확산된다. 뿐만 아니라 여성들을

---

45) 이러한 위기감은 부안읍내에 경찰 병력이 대거 투입되면서 고조된다. 이에 대해 소위 '물방울 작전'이라고 하여 부안 지역 곳곳에서 산발적 시위가 벌어지기도 하지만 부안 주민들이 느끼는 공포감은 매우 컸던 것으로 보인다. 다음 인터뷰 참조: "촛불집회가 11월 20일 날 굉장히 싸우고 나서 11월 20일 날 원천 봉쇄가 됐거든요. 갈 데가 없죠, 완전히 주민들이 그냥 거지신세가 된 거에요. 여기저기 쫓겨 다니고, 우리는 대책위야 말로는 물방울 작전이라고 여기저기 그냥 돌아다니기만 하면 된다, 근데 실제 전경과 부딪히는 주민들은 정말 힘들어했어요. 그냥 노랑 옷만 입고 돌아다니면 된다 하는데, 한두 명씩 연행해 갈 때는 무서워서 못 돌아다니고 그냥 가만히 이렇게 있고"(최영신)

중심으로 한 '아줌마 홍보단'의 결성되면서 '밑바닥부터'의 여론 환기 작업이 이루어진다.

순회교육은 반대운동 초기 및 전개기에 핵에 대한 위험성과 핵폐기장 부지 선정과정의 부당성을 알리기 위해 실시된 바 있다. 그러나 촛불집회가 매일 개최되면서 교육의 중심이 촛불집회로 이동하고 있던 터였다. 그러나 촛불집회를 통한 주민교육의 장이 원천 봉쇄되고 찬성 단체들의 활동이 부안지역 사회에 전개되면서 이에 위기감을 느낀 군대책위는 핵폐기장 반대여론을 환기시키고 면단위 및 마을단위 조직을 재정비하기 위한 순회교육을 강화하게 된다.

> 윤 민 : 워낙 오랫동안 (반핵운동을) 하다 보니까 홍보물에 대한 중요성도 차츰 밋밋해지고 그러다보니까 나가도 면에서도 돌려지지 않고 그리고 촛불집회를 통해서 그것들을 공유할 수 있는 시간도 없고 이러다 보니까, 다시 한번 면을 활성화시키고 면 사람, 면 중간 활동가들 움직이게 할 수 있는 것이었다고 생각하거든요.

이때의 순회교육은 초창기에 이루어졌던 핵폐기장에 대한 지식이나 핵폐기장 부지 선정 과정에서의 부당성에 대한 것을 '새롭게' 알리기보다는, 기존의 반대 여론을 환기시키고 현 정세에 대한 정보를 알리는 데 주력한다. 또한 핵폐기장 유치 반대운동이 장기화됨에 따라 마을 단위의 홍보 및 교육활동의 동력이 떨어지고 있는 상황에서 지역 활동가 역량 강화46)에 초점이 맞춰진다. 연말 및 농

46) 지역 활동가 조직 강화를 위해 2003년 12월 4일 '대책위 활동가대회'가 개최된다. 이때, 100여 명의 읍·면 대책위 활동가가 참여하여 '첫째도 조직! 둘째도 조직! 조직정비만이 승리의 관건이다'라는 주제의 문정현 신부님의 강연을 듣고 향후의 일정 및 조직정비

한기를 맞아 각 마을마다 열린 마을총회가 교육의 장으로 적극 활용된다.47)

> 최영신 : 초반에는 핵 공부할 때 이럴 때는 비디오 TV 이런 거 들고 다니는 열성이 있었거든요. 하반기로 가면서 지치기도 하고 알고 있는데 또 나가냐. 그런데 저희 입장에서는 핵은 둘째 치고 그 동향을 알려줘야 한다, 그래서 계속 해야 한다... 그리고 이게 농한기잖아요. 농한기기 때문에 마을별로 다 회관이나 이런 데 다 모여 있어요. 이런 때 동향을 알리고 우리가 앞으로 어떻게 할 건가 재교육을 시키는 거죠.

즉, 이미 이 선 시기에 자발적 참여와 동조를 통해 반대담론에 대한 주민의 공감의 정도가 견고해진 상황이었고, 그럼에도 불구하고 광장에서의 교육활동이 불가능해짐에 따라 주민역량을 '관리' 할 수 있는 대안적인 접근 방식이 필요했으며 이 때문에 주민 조직 강화에 초점을 맞춘 순회교육이 이루어졌다고 볼 수 있다.

한편, 2004년 1월 8일 '부안군민의 독자적 주민투표실시 선언'을 전후로 하여 군대책위는 다시 한 번 면단위 순회교육을 실시한다. 이때에는 주민투표를 앞두고 지역별로 주민투표를 준비하는 차원에서 실시하게 된다. 이 시기에는 주로 주민투표를 앞두고 면단위 조직을 정비하고 주민투표에 대한 준비 차원의 순회교육이었다.

---

를 결의하게 된다(군대책위, 일일브리핑 2003. 12. 5).

47) "요즘은 겨울철이라 마을회관에 사람들이 저녁 먹고 많이 모입니다. 그 시간에 적극 참여하여 PD수첩, 참소리 등 비디오를 함께 보면서 우리 투쟁의 내용과 올바름을 주민들과 함께 이야기한다. 이후 마을 주민들 한 분, 한 분이 찬성자들과 000의 사탕발림에 흔들리지 않도록 쐐기를 박는다."(군대책위, 읍면마을별 활동지침)

부안읍내 수협 앞 '반핵민주광장'에서 이루어지던 촛불집회가 원천봉쇄된 후, 촛불집회의 장소는 부안 성당으로 옮겨지게 된다. 촛불집회는 이전에 비해 규모도 작고 참여자 수도 적었지만 경찰 병력이 대거 상주하는 상황 속에서도 하루도 빠짐없이 열리게 된다. 이때에도 촛불집회는 부안 주민들의 참여의 장이자 정세 및 핵에 대한 교육이 이루어지는 학습의 장으로서 기능한다. 또한 외부 단체와의 연대 및 반핵전문가들의 참여[48]가 지속적으로 이루어지면서 그 명맥을 유지하고 있었다.[49]

찬성 단체들의 활동이 본격화되고 핵폐기장 유치 반대운동이 '소강기'를 갖게 되면서 반대 진영은 반대 여론을 확고히 하고 조직을 강화해야 한다는 문제의식이 제기된다. 이 때문에 2003년 12월 22일부터 12월 30일 까지 계화지역을 시작으로 하여 면 순회 촛불집회의 형식으로 열리게 된다.[50]

> 최영신 : 우리가 성당에서 촛불집회를 할 땐데, 이때, 소강상태니까. 면단위 촛불집회 이런 게 뭐냐면 소강상태 때 면별 순회 촛불집회 준비하거나 계속 주민들을 긴장상태에서 놓치지 않게 하기 위해서 이런 걸 준비했거든요.

이처럼 면 순회 촛불집회는 소강기에 따른 '주민들의 긴장관계'를 늦추지 않기 위한 목적도 있었지만 이와 같은 지역 행사를 통해

48) 2003년 11월 25-6일 부안에서 열린 '국제 반핵 포럼 in 부안'에 참여한 해외 반핵활동가들도 촛불집회에 참석하기도 한다.

49) 뿐만 아니라 군산, 익산, 김제, 고창 등 부안 인근 전북지역에서도 핵폐기장 반대 촛불집회가 열리기도 한다(군대책위, 일일브리핑 2003. 11. 28)

50) 2003년 12월 22일 계화면, 23일 보안면, 24일 백산면, 25일 하서면, 26일 행안면, 27일 주산면, 28일 상서면, 29일 동진면, 30일 줄포면, 31일 격포 - 해넘이 행사(군대책위 홈페이지 http://nonukebuan.or.kr)

면단위 지역 차원의 조직력을 정비하기 위한 목적도 갖고 있었다. 이와 같은 면 순회 촛불집회는 2003년 12월 31일 격포항에서 "핵 없는 세상을 위한 해넘이 한마당" 잔치를 끝으로 막을 내리게 된다.

이 시기에 나타난 특징적인 기동적 교육활동으로 '아줌마 홍보단'의 역할을 들 수 있다. 2003년 12월 반핵군대책위를 중심으로 결성되기 시작한 '아줌마 홍보단'은 주민투표기간을 거치면서 전 면단위 대책위에도 결성이 돼 이 시기에 중추적인 홍보 역할을 한다.

반대운동 초기였던 2003년 7월을 전후하여 이미 여성들은 홍보전을 통해 초기 여론화 작업에 성공적인 역할을 수행한 바 있었다. 이에 대중 집회의 봉쇄와 찬성 단체들의 활동으로 위기감을 겪고 있는 상황에서 여성들을 중심으로 한 홍보활동의 필요성이 다시 제기되어 군대책위를 중심으로 한 아줌마 홍보단이 결성된다. 이후 아줌마 홍보단의 활동이 반대여론을 환기시키는 역할을 하게 되고 주민투표를 맞이하여 핵폐기장 반대 여론을 효과적으로 조직화할 필요성이 제기되면서 읍면 단위로 확대된다. 읍면대책위에서는 주로 '농가주부모임'이나 '자모회' 등 기존 모임을 활용하게 된다. 계화면 지역의 경우 여성 노인들이 적극적으로 홍보단 역할을 자임하고 나서면서 '할머니 홍보단'이 꾸려지기도 한다.

> 김윤지 : 먼저 대책위에서 하고 그게 효과가 좋으니까 지역 대책위에서 만들어졌죠. 지역대책위에서는 기존의 모임이 있어요. 상서의 경우에는 농가주부모임, 격포 같은 데는 그 자모회를 찾아갔어요. 자모회를 찾아가서 도와주실 분 있냐고 해가지고서…

한두 명씩 짝을 지어 가가호호 방문하는 등 주민들과의 직접적인 대면을 통해 활동을 전개 한 아줌마 홍보단은 이 시기에 다음과 같은 역할을 담당했다. 첫째, 아줌마 홍보단는 핵폐기장 반대 여론을 '환기'시키는 역할을 한다. 핵폐기장 반대와 관련된 교육은 이전 시기를 통해 집중적으로 이루어지고 있었던 터라 새로운 사실을 전달하기보다는 기존의 핵폐기장 반대에 대한 입장을 확인하고 이를 공고히 하는 것이 중요했다. 둘째, 아줌마 홍보단은 단순히 전단지만을 돌린 것이 아니라 핵폐기장 반대 의견을 표현한 집에 '반핵 깃발'을 달아주고 '반핵 스티커'를 붙여줌으로써 핵폐기장 반대의 의견을 적극적으로 밖으로 표현하도록 하였다. 셋째, 아줌마 홍보단은 방문하는 지역에 일종의 핵폐기장과 관련된 '화두'를 던져주는 역할을 하게 된다. 아줌마 홍보단이 지나간 자리에는 핵폐기장 건설의 위험성과 부당함을 알리는 전단지, 핵폐기장 반대 의사를 표현하는 노란 깃발이 남겨져 있었다. 주민들 입장에서는 이러한 것들이 주민들이 화제로 삼을만한 '이야깃거리'였던 셈이다.

> 김윤지 : 전단지 돌리면서 동네에 화제를 던져주고 오는 거지... 회관에들 많이 모여 있고 그랬을 때 그거를 보고 논쟁을 하는 것이 아니라 인제 그거를 줌으로 해서 서로 대화를 할 수 있는 계기를 만들어주고 그럼으로써 관심이 커지는 거죠.

이처럼 이 시기의 아줌마 홍보단은 경찰과의 격렬한 대립 이후 맞았던 교육활동의 위기 속에서 다시 주민들 속으로 들어가 주민들과 직접적으로 대면하여 기동성 있는 홍보활동을 펼침으로써 핵폐기장 반대 진영이 여론을 주도할 수 있는 경로를 마련하게 된다.

▶ 주민투표와 미래교육

부안 사태 해결을 위한 정부와 군대책위의 협상이 결렬된 이후 반대 진영에서는 독자적인 주민투표를 실시하기로 한다. 2004년 1월 8일 군대책위는 성명서를 통해 "부안의 미래는 독자적 주민투표로 주민의 뜻에 의해 결정될 것"이라고 천명하면서 주민투표 실시를 선언하게 된다(군대책위, 2004. 1. 8).[51]

부안주민들은 핵폐기장 유치 과정에서의 비민주성과 핵에너지 정책이 갖고 있는 문제점을 제기하며 핵폐기장 유치 반대운동이 '지역 이기주의' 또는 '님비'가 아니라 민주주의 실현 및 핵정책 전환을 위한 정당한 싸움임을 주장해왔다. 그럼에도 불구하고 정부는 부안 주민들은 '폭도'라 불렀고, 경찰력을 대거 투입하여 부안 주민들이 자기 정당성을 대내외적으로 천명하는 양식인 촛불집회를 비롯한 대중 집회를 원천 봉쇄하고 있었다. 이러한 맥락에서 '독자적 주민투표'는 반대운동의 정당성을 스스로 획득할 수 있는 적합한 기제로서 받아들여지게 된다.

주민투표를 통해 자기 정당성을 획득하기 위해서는 안팎으로 '동의'할 수 있는 주민투표 관리의 구조를 만드는 것이 중요했다. 주민투표 관리를 얼마나 공정하고 투명하게 하는가는 이와 같은 정당성 획득에 결정적일 수 있었기 때문이다. 따라서 군대책위는 독자적 주민투표를 실시하기로 한 후, 이 주민투표에 대한 관리를 전국의 시민사회단체에 요청하게 된다. 이에 군대책위는 전국의 시민사회, 종교계, 학계에 민간차원의 주민투표를 객관적이고 공정하게

51) 이후 2004년 1월 24일부터 20일간의 선거운동을 기간을 거쳐, 2004년 2월 14일 독자적인 주민투표를 실시하게 된다. 그 결과 투표율72.04%(52,108명 중 37,540명 투표), 반대91.83%(찬성2,146명 반대 34,472명)의 결과를 얻게 된다.

관리해줄 '주민투표관리위원회'의 구성을 호소하게 되고(2003. 12. 27), 이에 시민사회단체 등이 응답하여 '부안 방폐장 유치 찬반 주민투표관리위원회'(이하 주민투표관리위원회) 발족하게 된다(2004. 1. 15)(부안주민투표관리위원회, 2004).

주민투표과정에서 주민투표관리위원회는 군토론회 및 각 읍면 지역을 순회하며 주민투표 찬반토론회를 개최한다. 읍면토론회는 주민투표관리위원회가 일정 조정과 관리를 하게 되고 읍면주민투표관리위원회가 주관하여 2003년 1월 27일부터 2월 8일까지 13개 읍면 별로 각 1회씩 진행 되며, 군토론회는 주민투표관리위원회의 주관 하에 2004년 2월 9일부터 12일까지 4회 진행된다.

주민투표 토론회는 형식적으로 핵폐기장 건설에 찬성하는 측과 반대하는 측이 참여하는 식으로 구성이 됐다. 하지만 찬성 측의 불참으로 〈표 11〉에서 볼 수 있는 것처럼 반대 진영의 발제 및 토론 중심으로 이루어지게 된다.

▶▶ **표 11.** 주민투표 토론회 일정

| 일시 | 장 소 | 사 회 자 | 발 제 자 |
|---|---|---|---|
| 01/27 | 진서면 복지회관 | 최두현 사무처장<br>(지방분권국민운동 전북본부) | 고영조 대변인<br>문규현 신부님<br><br>(핵폐기장백지화 범부안군민대책위) |
| 01/28 | 변산면 복지회관 | 최두현 사무처장 | |
| 01/29 | 하서면 농협강당 | 김완술(지안자활후견기관장) | |
| 01/30 | 보안면 복지회관 | 김신 사무국장<br>(생명평화 전북 기독교연대) | |
| 01/31 | 상서면 상서중학교 | 최두현 사무처장 | |
| 02/01 | 계화면 계화초등학교 | 이창필 시민사업위원장<br>(익산 YMCA) | |
| 02/02 | 백산면 백산고등 | 김신 사무국장 | |

| | | | |
|---|---|---|---|
| | 학교 | | |
| 02/03 | 줄포면 복지회관 | 염경형(시민운동가) | |
| 02/05 | 주산면 주산중학교 | 염경형(시민운동가) | |
| 02/06 | 부안읍 부안초등학교 | 박민(전북민언련 사무국장) | |
| 02/07 | 동진면 동진초등학교 | 박민(전북민언련 사무국장) | |
| 02/08 | 행안면초등학교 | 염경형(시민운동가) | |
| 02/11 | 부안군 합동토론회<br>부안동초등학교 | 김신 사무국장 | 석광훈 연구위원<br>(에너지 시민연대)<br>조영탁 교수<br>(한밭대 경제학과)<br>임경수 대표<br>(생태기업(주)이사장) |
| 02/12 | 부안군 합동 토론회<br>부안동초등학교 | 지금종 사무처장 | 양이원영 사무국장<br>(반핵국민행동)<br>이상훈 사무국장<br>(에너지대안센터)<br>이호 주민운동실장<br>(한국도시연구소) |

*출처: 부안 방폐장 유치 찬·반 주민투표관리위원회 (2004). 부안 방폐장 유치 찬·반 주민투표 백서. p 36

이로서 주민투표 토론회는 군대책위 지도부 및 시민사회단체 활동가 및 전문가들의 발제를 통해 핵폐기장 반대담론(주민자치, 반핵, 대안에너지, 환경평화 등)을 학습하고 토론의 장을 통해 주민들의 결의와 경험을 공유하는 학습의 장으로 기능하게 된다. 즉, 주민투표 토론회의 장은 일반 주민, 대책위 지도부, 시민단체 활동가 및 외부전문가들 사이의 '발언'을 통한 상호 학습의 장으로서 성격을 갖게 되었다.

▶ 확인과 환기, 그리고 준비를 위한 학습담론

이 시기에는 주민들에게 현 정세를 알리는 일이 급선무였다. 이전까지의 학습내용은 핵폐기장의 위험성, 부안군수 및 정부의 비민주주성을 드러내고 핵정책 전환과 주민자치 실현을 드러내는 데에 맞춰져 있었다. 이 시기에도 이러한 기본적인 학습내용의 틀이 유지되기는 하지만 정부와의 협상이 결렬되고 주민투표와 관련된 일정이 급박하게 돌아가고 찬성 단체의 활동이 본격화되기 시작하면서 정세를 알려내고 향후 투쟁 방향에 대한 이해를 구하는 일이 중요하게 대두되었다. 여기에 정부와의 협상과정에서 불거진 주민투표 문제 때문에 주민투표를 받아들일 것인가 또는 백지화를 위한 강경투쟁을 지속할 것인가에 대한 주민들 사이의 이견(異見)이 표출되면서 군대책위는 이와 같은 학습내용에 주력하게 된다.

> 윤 민 : 그니까 핵문제에 대한 위험성 이런 것보다는 정부 일정과 관련해서 우리가 어떤 입장을 취해야 할 건지 주민투표와 관련해서 어떻게 받아들여야 할 것인지…

현 정세 및 기존 학습내용을 환시키는 활동이 이 시기에 주를 이루고 있었던 한편 기존의 학습내용을 심화시키고 발전시키고자 하는 시도가 이루어진다. 이전의 대규모 집회 속에서는 핵폐기장 반대라는 기본적인 틀 안에서 다양한 사회운동 담론들(환경, 평화, 인권, 언론, 정치 등)이 교육내용으로 채택되었다면 이 시기의 소규모 집회 속에서는 '핵 에너지의 근본적인 문제'처럼 심화된 학습내용이 등장한다.

윤　민 : 성당에서 하면서 저녁 프로그램을 채우기도 하고 교육도 이제 외부 강사만 불러들일 게 아니라... 그동안 촛불집회장에서 다뤄보지 못했던 진짜 뭐라고 할까 핵과 관련된 근본적인 교육을 해보고 싶어서 책을 찾아서 한 달 정도를 한 10회 정도를 해갖고 제가 주욱 정리를 해서 했었거든요... 수협 앞에서 했던 내용들이 아까 그 중저준위 폐기물의 위험성 경제 발전 이런 이야기들이었다면 저는 에너지 문제에 대해서... 왜 핵에너지가 근본적인 문제가 있는지 그리고 다이옥신은 어떤 것인가 이런 이야기죠.

한편, 주민들의 분열을 우려해 다루지 못했던 새만금에 대한 이야기도 이 시기에 촛불집회를 통해 조심스럽게 이루어지기도 한다.

정선호 : 마지막 성당에서 (촛불집회) 할 때 그때는 인원수도 적고 분위기가 안정된 이러다 보니까 이런 저런 얘기도 한번 해봅시다 해서 계화도 주민도 나와서 얘기를 하고...

또한 주민투표를 진행하는 과정에서 '주민자치의 담론'이 중요한 교육내용으로 부각된다. 물론 핵폐기장 부지 선정과정에서 드러난 비민주성 때문에 이때 주민투표 읍면토론회는 이와 같은 문제를 본격적으로 고민하는 중요한 장으로서 역할을 하게 된다. 군대책위측 발제자로 나선 문규현 신부는 생태적 삶을 통해 거대 자본에 대항하여 스스로의 삶을 주관한 '가비오따스 공동체'를 소개한다.

50년의 내전과 가난으로 콜롬비아의 어려움은 컸다. 이러한 어려움을 대안에너지와 생태적 삶으로 극복하려 한 공동체가 '가비오따스'이다. 어린이의 장난감으로 펌프를 돌리고, 태양열을 이용한 조리기구를 쓰며, 송진을 수출하여 경제적 어려움과 거대자본의 유입을 막아낼 수 있었다. 우리는 그동안 새로운 역사를 써왔다. 진정한 민주주의가 무엇인지, 풀뿌리 민주주의가 무엇인지 몸소 느껴왔다. 새로운 세상을 위해 많은 것을 나누어온 부안 주민들이 진정으로 승리하는 때가 곧 오리라 믿는다(문규현, 2004. 1. 29 하서면 찬반토론회 발제 요약문, http://nonukebuan.or.kr).

즉, 주민투표 행위는 단순한 빼겼던 주민의 자치 권리를 되찾는 것이 아니라 공동체적 대안을 생성해 나가는 공동체적 주민자치의 가능성을 탐색하는 '공동체적 주민자치 담론'의 중요한 교육내용으로 등장한 것이다.

요컨대, 이 시기에는 새로운 내용의 교육이 이루어졌다기보다는 급박하게 돌아가는 당시의 상황을 알리고 핵폐기장 반대의 여론을 확인하고 환기시키기 위한 교육활동이 이루어진 한편, 집회 규모가 작아지면서 기존의 반핵담론을 심화하는 학습과 주민투표를 앞두고 주민자치를 주 내용으로 하는 교육이 집중적으로 이루어졌다. 이 때문에 이 시기의 학습담론은 현재를 확인하고 심화하며 미래를 준비하는 다차원적인 면모를 보이고 있었다.

### 주체 인식과 경험의 확장

#### ▶ 공동체적 '자기' 목소리 내기

등교거부 철회 과정에서 부안 주민들 사이에 '다른 목소리'가 일기 시작했다. 당시 군대책위가 등교거부를 전격 철회하자 이에 대한 비판의 목소리가 높아졌다. 등교거부를 통해 핵폐기장 백지화라는 승리를 얻을 수 있을 것이라는 신념을 갖고 있었던 주민들은 군대책위의 등교거부 철회와 협상 복귀에 대해 비판적일 수밖에 없었다. 뿐만 아니라 운동의 주체로서 자리 잡은 부안 주민들은 자신들의 의견을 묻지 않고[52] 행해진 전격적인 군대책위의 결정에 대해 분노하는 경우도 생기게 된다.

> 명수정 : 42일째 대화하고 어쩌고 한다고 했었고 그냥 풀었잖아 갑자기 풀었어요. 그니까 애들이 막 항의를 했잖아. 왜 우리한테 물어보지도 않고 풀었냐고 대책위 와서 막 항의를... 지들 다 조직해서 굉장히 열심히 했어요. 지들끼리 조직을 하고 지들끼리 촛불대회 한 꼭지씩 나와서 지들끼리 진행을 하고 그랬었거든요. 그런데 우리들한테 물어도 안 보고 어른들끼리 그걸 풀었냐고 항의하고 성당에 와서 그랬었어요.

이는 핵폐기장 운동을 진행하는 과정에 있어서 나타난 반대운동을 전개하는 전략적인 문제에 대한 주민들과 군대책위 사이의 인식의 차이를 보여주는 것이기도 했다. 정부와 군대책위의 대화 창구가 열리면서 향후 투쟁방향에 대한 주민들의 '다른 목소리'가 본격적으로 제기되게 된다. 군대책위와 정부와의 협상에서 '주민투표'안이 제기되고 이에 대응하는 군대책위의 협상 방식에 대하여

---

52) 이 부분에 대해서는 이견이 존재한다. 등교거부를 시작과 철회를 결정한 단위는 군대책위의 집행부가 아니라 학교운영위원회장단이었기 때문에 형식상 절차에 문제가 없었다는 견해도 있다. 또한 당시 내부적으로 등교거부 동력이 떨어지고 붕괴 직전의 상황이었기에 당시 등교거부 철회는 불가피했다고 보는 견해도 있다. 한편, 등교거부 철회에 대해 비판적인 견해를 갖고 있는 주민들은 아이들이 유급을 당하지 않고도 등교거부를 통해 핵폐기장을 백지화시킬 수 있는 며칠의 여유가 있었음에도 불구하고 전격적인 등교거부 철회를 한 데에는 집행부와 정부 사이의 모종의 '밀약'이 있었던 것은 아닌가라는 음모론을 제기하기도 한다.

비판적인 주민들의 '이견'이 나타나기 시작한 것이다. 물론, 군대책위에 대한 주민들의 신뢰가 붕괴되고 있는 것은 아니었으며 여전히 주민들은 군대책위에 대한 절대적 지지를 보내고 있었다. 그러나 핵폐기장 백지화를 위해서 4개여 월간 반대운동의 주체가 되어 싸워온 주민들 입장에서 협상 테이블에서 이야기되고 있는 주민투표안은 수용 불가능한 것으로 인식되고 있었다. 이와 같은 상황은 주민과 지도부인 군대책위 사이의 전략상의 인식의 차이를 보여주는 것이었다.

주민들 사이에서 군대책위의 협상과정을 궁금해하고 비판하는 목소리가 커지면서 주민들의 자발적인 토론모임인 '노둣돌'이 조직된다. 노둣돌 모임은 주민과 군대책위 사이의 가교역할을 자임하며 2003년 10월 25일 부안성당에서 처음 열리게 된다.

> 박호연 : 대책위는 대책위대로. 일반 주민들은 주민들대로. 등교거부를 보는 것도 다 다르고, 또 가야할 방향도 서로서로 다르고, 이 어려움이 있었어요. 그래서 막 혼재되어 있었어요. 줄어들 어떤 것이 보이지도 않고. 벌써 10월이면 7, 8, 9 석 달을 싸웠는데, 굉장히 많이 싸웠거든요. 여러 가지 작전도 다양했고... 등교거부가 끝나고 등교거부팀에 소속된 사람이 보통 한 7-8명, 많으면 한 10명 정도. 그 사람들이 있었는데. 거기에서 노둣돌이라는 이름을 정하고 토론회를 조직하자. 그래서 그 집행부 즉 대책위의 가교 역할. 대책위와 주민들과의 사이에 있는 간격이 벌어진 것을 메울 수 있고, 그리고 서로서로 신뢰할 수 있는 부안 주민들과 대책위 모두가 우리가 앞으로 싸움을 장기적으로 해야 한다면 실력이 바탕이 안 된다면 싸움을 진행할 수 없다. 서로서로 의견을 조율할 수 있는 그게 필요

한데 지금으로서는 없다. 삿대질밖에 없는 거야. 삿대질... 그래서 그걸 하기로 하고 대책위한테 얘기했죠. 너희들도 힘들면 와서 이걸 봐라. 봐서 주민들의 의견을 생생하게...

이후 노둣돌 모임은 일주일에 1회씩 3주 동안 진행되며 모든 주민들에게 개방된 형태로 진행이 되며 군대책위 간부를 포함하여 매번 3-40명의 주민들이 참여를 한다. 이 자리는 다양한 주민들의 목소리를 듣고 군대책위와의 인식의 차이를 좁히기 위한 모임[53]이었다는 점에서 군대책위에 대해 비판적인 모임이었기도 하였지만 핵폐기장 유치 반대운동의 전략과 비전에 대해 주민들이 다양한 의견과 욕구를 분출할 수 있는 자리이기도 했다.

〈노둣돌 1차 모임 토론내용 요약〉

1. 대화하는 국면이지만, 대화에 힘을 실어주는 강한 투쟁이 필요하다.
2. 부분조직(읍. 면)들이 자발적으로 일을 꾸려 나가면서, 군대책위를 강화하자.
3. 촛불집회를 강화하자.
4. 핵폐기장과 새만금반대 싸움은 생명과 환경을 지키는 싸움이다.
5. 건의사항: 수협 앞 광장에 군민게시판을 만들자.-군민들이 하고 싶은 말이나, 알리고 싶은 것을 자유롭게 쓸 수 있는 자유게시판.(바로 설치하도록 하였음)

53) 노둣돌 모임의 성격에 대해서도 이견이 존재한다. 대책위를 비판하기 위한 모임이었다는 해석이 있는가 하면, 군대책위에 대한 불만을 완화하기 위해 만들어진 조직이었다는 '음모론'적 관점에서 보는 견해도 있다. 그럼에도 불구하고 주민들의 다양한 의견을 담을 수 있는 토론 형식의 모임이 처음 만들어졌다는 점에서 의의를 찾을 수 있다.

6. 기타 1) 31일 대화에 대비하여, 우리군민들의 대규모 평화집회를 열었으면 한다.-아직 결정사항 아님.

2) 모의투표하자(부안군수 찬.반).

3) 부안신문 만들자.

4) 이라크 파병문제와도 연대하자.

5) 세계생명 문화포럼에 우리 부안실상을 알리고, 연계하여 투쟁하자.

* 출처: 노둣돌 1차 토론회 회의록, 부안반핵홈페이지 한마디 게시판 (http://nonukebuan.or.kr)

위의 토론 내용을 보면 알 수 있는 것처럼 노둣돌 모임에서는 현재의 핵폐기장 유치 반대운동을 성공적으로 이끌기 위한 주민들의 다양한 의견들이 개진되고 있었다. 제2회 토론회 모임 때에는 군대책위 간부가 협상과정을 설명하는 등 대책위의 활동 정보를 공유하고 서로 이해를 구하는 장이기도 했다. 또한 핵폐기장에 대한 진전된 자기 비전(생명, 평화, 반전 등)을 피력하는 장이기도 했다. 이 점에서 주민들은 노둣돌 모임을 통해 핵폐기장 유치 반대운동의 주체로 성장한 자신들의 목소리를 공론의 장을 통해 표출할 수 있는 경험을 하게 된다.

노둣돌 모임은 '주민투표'에 대한 논의가 본격화되고 주민투표 관련 '군민토론회'가 열리면서 자연스럽게 끝나게 된다. 정부와의 협상과정에서 '주민투표'는 핵심적 이슈로 등장하고 있었고, 이에 대해 주민들의 의견은 분분했다. 이 점에서 군민토론회는 핵폐기장 유치 반대운동과 주민투표에 대한 주민들의 인식을 확인할 수 있는 장일 수 있었다. 정부와의 협의기구의 군대책위 측 중립인사인 최병모 변호사가 참여한 이 군민토론회 장에서는 핵폐기장 유치 반대운동이 갖고 있는 정당성을 주민투표라는 형식을 통해서 확보할 수 있는가, 그리고 주민투표를 통해 핵폐기장 백지화라는 '승리'를 얻어낼 수 있는가 등에 대한 토론이 전개된다.

주민들은 토론 모임을 통해 자신들의 의견을 표출하고 운동의 방향성을 설정하는 데 중요한 역할을 하게 된다. 이는 주민들의 공동체적 의식의 성장을 징표해주는 것이었다. 또한 반핵공동체의 구성원으로서 부안 주민들이 반핵공동체의 구심점이었던 지도부에 대한 신뢰를 보내면서도 지도부의 결정에 의존적이지 않고 주체적으로 대응하면서 자기 목소리를 내고 있었다는 점에서 핵폐기장 반대운동의 공동체적 경험의 분화 및 다양화의 가능성을 보여주는 것이기도 했다.

#### ▶ '반핵문화'의 확장

부안 주민들은 반핵공동체로서의 자기 이미지화를 통해 핵폐기장 유치 반대운동과정에서 독특한 반핵문화로 창출하고 있었다. 예컨대, '노란색'의 이미지, '반핵가요', '공간의 재 명명', 난타공연단의 출현 등이 이러한 반핵의 상징과 문화의 창출을 보여주는 것이었다. 반핵공동체의 반핵문화 창출은 이 시기에도 지속적으로 이루어지면서 군민노래패 '노란고무신'이 결성되고 주민이 주도하는 해넘이 행사가 개최되기도 한다.

광장이 위기를 겪고 주민들의 의사소통 통로가 축소된 이 시기의 상황을 반영한 새로운 반핵문화가 등장한다. 대중 집회가 원천봉쇄되고 대규모 경찰 병력이 상주하는 소위 '경찰 계엄'의 상황 속에서 그동안 광장을 통해 분출되었던 주민들의 목소리는 위축될 수밖에 없었다. 이러한 가운데에서도 반핵공동체로서 부안 주민들은 닫힌 광장에 순응하지 않고 적극적인 자기 의지를 표출할 수 있는 '반핵벽화'라는 새로운 문화양식을 만들어낸다.

경찰은 부안주민들의 집단적 움직임을 적극적으로 차단하면서 반핵의 메시지를 담은 현수막을 철거하기 시작한다. 이러한 상황에서 현수막 그리기 등을 통해 핵폐기장 유치 반대운동에 참여하고 있었던 지역 주민 5명이 주축이 되어 직접 벽에다 구호를 쓰고 그림을 그리는 '막칠하세' 팀을 결성한다. 이들은 2003년 11월 22일 창북리 벽화를 시작으로 부안 곳곳에 노란색의 반핵벽화를 그려가기 시작한다(부안독립신문, 2005년 9월 7일). 담벼락, 건물 벽, 아파트, 방파제 등 그림을 그릴 수 있는 곳이면 어디나 이들이 그린 노란색의 '반핵벽화'가 등장하게 된다.

> 막칠은 주로 노란 밑바탕에 '핵 없는 세상'이란 글씨와 반핵마크가 한 귀퉁이를 채우고, 지역에 맞는 선전문구가 쓰여졌다. '산들바다가 아름다운 부안'이나 '대안에너지 개발'등의 문구 들이 대표적이다. 그림은 주로 아이나 노인, 여성들을 등장시켜 재밌는 삽화가 그려지기도 하고, 민화의 일종인 십장생도의 동식물들도 들어갔다. (부안독립신문, 2005년 9월 7일)

이처럼 부안 지역 곳곳에 핵폐기장 반대의 주민의 목소리와 그림을 담은 '반핵벽화'가 등장하면서 '반핵부안'이라는 부안 공동체의 자기 이미지의 공간적 확장이 이루어진다. 이는 부안 지역사회를 핵폐기장 반대라는 주민들의 의지를 벽화를 상징을 통해 재배치시키는 일이기도 했다.

▶ 운동 주체의 재인식-여성의 발견

'참여와 헌신의 정도'는 핵폐기장 유치 반대운동 과정에서 반핵군민으로서 자기 정체성을 확인하는 중요한 준거였다. 얼마나 열심히 참여하고 헌신적인가는 핵폐기장 유치 반대운동 전 과정 속에서 반핵군민으로서 이웃과 자신 스스로를 평가하는 기준이 되고 있었다. 이 점에서 '여성'들은 반핵군민으로서 자신들의 역할을 헌신적으로 수행해가면서 다른 지역주민들에게 중요한 운동의 '주체'로 각인되고 있었다.

오세현 : 처음에 시작은 적극적으로 못했지만 나중에 집회하고 그럴 때는 남자들보다는 아줌마들이 더 위력을 발휘했죠. 더 적극적이고 어떻게 보면 남자들보다는 더 몸을 안 사리고. 평가를 하자면 부안 방폐장을 막은 것은 여자들이다.

정인철 : 너무 헌신적이었어요. 핵폐기장을 막아낼 수만 있다면 간이라도 빼줄 사람들이에요. 특히 아줌마들 할머니들이 거의 뭐…

핵폐기장 운동이 진행되는 과정에서 여성들의 참여와 헌신이 중요한 역할을 담당했지만 광장이 공권력에 의해 폐쇄되고 반대운동의 동력이 떨어졌던 이 시기에 여성의 역할이 더 부각된다. 특히 눈이 오는 추운 겨울에도 하루도 빠짐없이 자리를 지키고 있었던 '할머니 부대'의 헌신적 참여는 핵폐기장 유치 반대운동에 참여했던 다른 주민들을 감동시키고 있었다.

정영회 : 의미 있는 부분을 생각해보면 주민들의 자발적으로 자생적인 면 거기서 가장 큰 힘이 됐던 건 노인들 할머니…

그분들이 맨날 와서 앉아 있고 한겨울에 앉아 있고 그거 때문에 흔들리지 않았어요.

눈이 오고 추운 겨울에도 자리를 "앉으면 궁뎅이를 뗄 줄 몰랐던" 할머니들의 '끈질김'은 막바지로 치닫고 있었던 핵폐기장 유치 반대운동을 지속적으로 전개하는 중요한 힘이 되고 있었다.

윤 민 : 그니까 사실은 촛불집회를 마지막으로 지키는 동력들, 그건 할머니들… 앉으면 궁뎅이를 뗄 줄 모르는 할머니들. 집행부가 지킨 게 아니고. 집행부는 어떻게 보면 끌려갔었어요. 나중에는 그것이 굉장히 힘들게 느꼈을 거예요. 할머니들의 끈질김 때문에…

이러한 '할머니 부대'의 끈질긴 참여는 앞서 살펴보았던 것처럼 반핵군민으로서 자기 역할 찾기의 과정에서 비롯된 것이었다. 반핵공동체의 한 구성원으로서 '자리 지키기'는 자신들이 해야 하는 최선의 역할로 인식되고 있었고 할머니들은 이러한 자기 역할을 '끈질기게' 다하고 있었다.

허선미 : 젊은 사람들이 나와서 하는데 내가 뭐라도 보탬이 돼야겠다. 그래서 역할을 잡아야겠다. 내가 역할은 얘네들처럼 열심히는 못 뛰니까 촛불집회 때 자리 지킴이라도 돼야겠다.

또한, 이 시기에 아줌마 홍보단이 군 전역에서 조직되고 아줌마 부대들이 부안 지역 구석구석을 돌아다니면서 '아줌마'들의 역할이 부각된다. 이때 아줌마들은 주로 30~50대의 기혼 여성들로 구성되어 있었다. 핵폐기장 유치 반대운동 초창기부터 여성들은 홍보전등부터 시작해서 주민으로서 자기 역할을 다하고 있었다. 핵폐기장을 반대하는 주민으로서 자발적으로 반대운동에 참여한 아줌마들은 다른 사람들이 마다하고 힘들어 할 '밑바닥 일'을 도맡아 하고 있었다. 특히, 아줌마 홍보단이라는 홍보 조직이 출현하면서 이들의 역할은 더욱 도드라진다. 밥을 하고 먹을 것을 해주는 일부터 시작해서 발로 뛰어다니는 홍보일까지, 핵폐기장 유치 반대운동 내내 궂은일을 마다하지 않고 앞장 선 아줌마들의 이러한 '성실함'은 주민들에게 깊은 인상을 심어줄 수 있는 것이었다.

> 윤 민 : 일로 말하자면 옛날 콩밭 그... 쫙 인제 아줌마들 고랑에 내딜러 밑바닥을 훑듯이 아줌마들이 그런 걸 한 거야, 아줌마 홍보단이. 그게 사실 큰일이지. 그걸 안 할러고 하자나 다. 그 일을 한 거예요. 그런 일들 밑바닥 일이라고 해야지. 그런 일들이 정말 중요한 거 같애. 그걸 성실히 해냈는가 모댔는가(못 했는가) 이게 굉장히 사람들을 설득력 있게 하느냐 모다느냐(못 하느냐) 저는 그렇게 생각하거든요.

이처럼 핵폐기장 유치 반대운동의 과정에서 날씨도 추워지고 주민들도 지쳐가던 이 시기에 끝까지 자신들의 자리를 지키고 반핵 군민으로서의 자신들의 역할을 성실히 해 간 '할머니 부대'와 '아줌마 부대'는 핵폐기장 유치 반대운동의 '주역'으로 인정받게 된다.

**▶ 자치민주주의의 경험**

주민들은 반대운동 과정에서 핵폐기장 반대의 정당성을 주장하고 백지화를 통한 일상의 회복을 외치고 있었다. 그러나 정부와의 협상이 결렬되고 대규모 경찰 병력이 부안 지역사회에 상주하고 있는 상황에서 더 이상 국가나 지방자치체를 통해 이러한 주민들의 의지를 실현시키는 것은 불가능한 일로 간주되었다. 이러한 상황에서 주민투표는 주민들에게 일차적으로 핵폐기장 백지화를 외치는 자신들의 집단적 의지를 대내외적으로 알리는 의미를 가지고 있었다.

> 민수현 : 이거(주민투표)를 가지고 법적인 구속력이 없어도 이것은 어떻게 보면 항상 하는 얘긴데 정부에 우리의 뜻을 알려야 된다 잉... 무시를 했어도 우리를 그런 희망을 가지고 주민투표를 한 것이고...주민투표의 궁극적인 목표는 뭐간디... 아 우리 의사를 말한 것인디...

또한 주민투표는 7개여 월간 반핵공동체의 구성원, 즉 반핵군민으로 성장한 주민들의 공동체적 역량이 집결되고 이를 확인하는 장이기도 했다. 주민들은 공동체적 참여와 반핵담론의 학습, 그리고 반핵군민으로서의 공동체적 경험을 지속하고 있었다. 이 과정을 통해 주민들은 '반핵군민'으로서의 자기 정체성을 확인하고 반대운동의 주체로 나서는 등 공동체 주체로서의 성장을 경험하고 있었다. 이러한 경험은 주민투표를 준비하고 실행하고 참여하는 과정에서 공동체적 역량을 구성하고 있었다.

> 김건우 : 촛불집회가 없었다고 한다면 2.14주민투표가 성공을 못했죠. 난 그렇게 생각해요. 그게 교육이 안 되고 참여 의식이 그만큼 성숙돼 있지 못하면 주민투표가 성공을 못하죠. 어떻게 보면 2.14 주민투표를 위한 성공하기 위한

학습의 과정이었다고 생각해요. 그렇기 때문에 성공할 수 있는 그런 학습이 된 거그덩.

정영회 : (주민투표는) 매듭을 엮는 상황... 매듭을 졌는데 여러 것들이 모아져서 삼보일배도 하고 차량시위도 하고 고속도로도 점검도 하고 해상시위도 하고 그런 것들이 모아져서 (주민투표로 이어진 것이다)

한편, 주민투표는 비일상적이고 비정상적인 부안의 상황을 주민들의 승리로 '끝내버리고자' 하는 주민들의 의지가 반영된 것이기도 했다. 7개월간 핵폐기장 문제가 부안 전역을 휩쓸면서 부안 주민들은 생계를 포기하고 핵폐기장 유치 반대운동에 전념하였다. 그리고 주민들 스스로는 반대운동에 대한 자기정당성을 획득하고 있었다. 하지만, 국가는 이러한 정당성을 인정하지 않는 상황이었다. 이 점에서 주민투표는 반대운동의 정당성을 확고히 하고 승리선언을 통해 당시 상황을 종결시킬 수 있는 적합한 방식이었다.

진형우 : (주민투표)에 대해 거창하게 몇 가지를 얘기 했잖아요. 한국의 주민투표 어쩌고저쩌고. 뭐고뭐고... 그러니까 우리처럼 말 짓기 좋아하는 사람이나 얘기하는 것이고 직감적으로 주민들이 판단할 때에는 정말 이걸로 해서 명분이든 뭐든 누구도 뭐라 못하고 우리 힘 모아서 끝내버려야 한다. 이런 것들이 다 섰었죠.

이처럼 주민투표는 핵폐기장 백지화를 외치는 주민들의 집단적인 의지의 표현이자 반핵운동 과정에서 축적된 공동체적 역량이 반영된 결과, 그리고 주민 스스로 상황 종결에 대한 의지라는 의미를 가지고 있었다. 그러나 주민투표가 갖는 보다 더 중요한 의미는 주민 스스로 '자치주민'으로서의 경험을 주민투표를 통해 할 수 있었다는 데 있다.

주민투표는 기존에 국가가 주도하는 투표의 방식과는 여러모로 달랐다. 투표의 관리는 국가가 아니라 학계, 종교계, 시민사회단체 등 시민사회 영역이 도맡아 했다. 외부에서 자원 활동가로 참여한 활동가뿐만 아니라 주민들은 참여주체로 투표 준비, 관리, 실행 과정에 적극적으로 참여할 수 있었다. 현실 정치의 이해관계를 넘어 미래 사회에 대한 대안적 비전이 주민투표의 핵심적인 담론으로 다뤄질 수 있었다. 즉, 군수의 독단적 결정이나 정부의 밀어붙이기식 방식이 아니라 주민 스스로가 자신들의 운명을 결정하는 민주주의적 방법으로서 '주민투표'는 기존의 자치제도의 틀을 넘어서는 실험적이고 대안적인 경험의 장이었다.

> 강민호 : 그게 주민투표라는 것을 통해서 아 민주주의라는 것이 아 이런 거구나. 주민들이 스스로 만들어 나갈 수 있는 거구나 그런... 뭐 경험으로 배웠다고 할 수 있겠죠. 주민투표가 하나의 과정이지만 하나의 계기였었던 거 같고... 단순히 백지화를 위한 수단으로 생각한 것이 아니라 이 주민투표 자체도 상당히 의미가 크다 이런 생각이... 그러니까 자기 스스로 주민투표를 만들어 냈다는 자부심 이런 것들이 굉장히 높아진 거죠.

이 모든 것은 현실 정치에서는 불가능한, 그러나 미래의 언젠가는 누릴 수 있을지도 모르는 자치적 민주주의에 대한 경험들이었다. 이 점에서 주민들은 주민투표를 통해 핵폐기장 유치 반대운동의 정당성과 '승리'를 대외적으로 선언하는 등, 자기 정당성을 획득하기도 했지만 참여적 민주주의를 넘어 자치민주주의라는 미래와 대안적 정치체제에 대해 경험할 수 있었다.[54)]

이 시기에 나타난 반핵공동체학습 과정의 특징은 "학습관계의 위기와 복원"의 과정에서 찾을 수 있다. 학습관계의 1차적 위기는 정부와의 협상과정에서 주민과 지도부 사이에서의 신뢰관계가 위협을 받으면서 나타난다. 반대운동 참여 과정을 통해 운동의 주체로 성장한 주민들은 지도부의 결정에 일방적으로 따르는 것이 아니라 적극적으로 자기 목소리를 내고 상황을 주도해 나가고자 한다. 감성적 공감대를 바탕으로 한 신뢰 관계가 부안 반핵공동체 학습관계의 기본적 토대였다는 점에서 이와 같은 지도부와 주민들 사이의 갈등으로 초래되는 '신뢰 관계'의 위기는 지도부가 전달해주는 지식과 정보 등을 불신하게 될지도 모르는 학습관계의 위기를 의미하는 것이기도 했다. 그러나 반핵공동체학습 과정을 떠받들고 있었던 "핵폐기장 백지화"라는 목적의 균열을 의미하지 않았다는 점에서 반핵공동체 학습관계의 근간을 흔드는 것은 아니었다. 이와 같은 반핵공동체 내부 갈등으로 초래된 학습관계의 위기를 주민들이 '토론회'라는 소통방식을 통해 극복하고자 한다. 이는 '이해와 소통'을 통한 학습관계 복원의 시도라고 이해할 수 있다.

학습관계에 대한 2차적 위기는 반대운동의 위기와 함께 찾아왔다. 반핵공동체의 교육 역량이 집중되고 있었던 촛불집회가 원천봉쇄 되면서, 군대책위와 주민, 주민과 주민 사이에 형성되었던 학

54) 중고등학생들도 주민투표 과정에 참여한다. 부안지역 내에 있는 부안중학교, 백산중학교, 백산고등학교 학생들이 자체 주민투표를 실시한 것이다. 이 학교에서는 95% 이상이 넘는 참여율을 보였다(참소리 참조, http://cham-sori.net).

습관계가 물리적으로 단절되었기 때문이다. 반대 진영은 핵폐기장에 대한 반대 여론을 공고히 하고 관련 정보를 제공할 수 있는 주민들과 지도부를 잇는 소통의 장을 잃었을 뿐만 아니라 주민들 또한 이웃과의 만남을 통해 소통할 수 있는 기회를 잃게 된 것이다. 이는 반핵공동체학습 과정의 주축이 되고 있었던 광장을 중심으로 형성된 다층적 학습관계의 위기를 의미했다. 그러나 이러한 위기도 '순회교육', '순회 촛불집회'의 방식을 통해 극복해 나간다. 순회교육이 지도부와 주민 사이의 학습관계의 복원을 위한 것이었다면, 촛불집회는 다시 주민들이 모일 수 있게 하는 주민들 사이의 수평적 학습관계의 복원을 위한 것이었다.

이와 같은 학습관계의 위기와 복원의 과정은 사회운동 과정에서 이루어지는 외부 압력과 내부 균열에 의해 위기를 겪는 학습과정의 불안정성과, 위기를 극복하기 위한 소통 방식을 만들어 가는 자기 복원력을 동시에 보여주는 것이기도 하다. 이때, 학습과정의 자기 복원력은 기존의 학습관계의 재건을 통해서 이루어지는 것이기도 했지만 주민투표와 같은 예시적 경험의 장이나 반핵벽화와 같은 반핵문화의 창출을 통해서 이루어졌다는 점에서 생성적(generative)인 특성을 갖는 것이었다.

## 4. 일상으로의 복귀

### '일상'으로: 비일상적 '중심의 해체'

주민투표 이후 핵폐기장 유치 반대운동은 '일상으로'라는 모토 속에서 일상적인 운동의 방식을 전개한다. 매일 하던 촛불집회는 일주일에 한 번씩 열리게 되고, 군청 앞에서는 일인시위가 진행된다. 부안군은 핵폐기장 유치를 위한 홍보와 교육을 진행하고 있었고 정부도 공식적으로 '백지화'를 선언한 것은 아니었기 때문이다. 주민투표를 통해 주민 스스로 '승리'를 선언했지만 정부 및 부안군은 이 '승리'를 인정하려고 하지 않았다. 이러한 상황에서 공식적인 핵폐기장 유치 반대운동은 진행된다. 횟수와 규모는 줄어들었지만 여전히 주민들의 관심과 참여 속에서 매주 촛불집회와 매월 대중집회, 그리고 매일 이어지는 일인시위 등이 이루어지고 있었다.

대덕 연구단지 견학을 추진하는 등 핵폐기장 유치에 대한 부안군의 의지는 높았지만 부안 주민들은 이미 핵폐기장 백지화를 기정사실화하고 있었다. 주민들은 이미 주민투표를 통해 자기 정당성을 확보했다고 인식하고 있었다. 이 때문에 정부에서 다시 핵폐기장 부지 선정 절차를 진행한다든지 하는 등의 주요한 사안이 발생할 때마다 대처하는 식의 반대운동 활동을 펼쳤다.

> 필　자 : 주민투표 이후로 운동의 방향이 변했나요?
>
> 진형우 : 일상으로 돌아가자고 했는데 일상으로 돌아가자고 했어요. 승리대회를 다 면단위마다 열었어요. 면단위마다 열었는데 승리대회 보고대회 다 하고 일상으로 돌아가자고 하고 그리고 5월 달인가 수배자들도 인제 출두해서 감옥가고 정리해야 되니까. 언제까지 숨어 살아요? 끝내자고 했는데 계속 잡고 있다가 1년 반 가까이...
>
> 차동우 : (중략) 2004년 재공고를 했다가 (핵폐기장 부지선정을) 못했다가 올해(2005년) 다시 재공고를 해서 된 건데...특별한 사안이 주민투표 끝나고 인제 특별한 게 자체적으로 그전처럼 뭐 반핵관련 운동을 대중적으로 진행하지 않았고...

이와 같은 일상으로의 복귀와 반대운동의 성격의 변화는 그간 부안의 핵폐기장 유치 반대운동 과정에서 주민들의 절대적 신뢰와 지지 아래에서 중심적 역할을 해왔던 군대책위의 위상을 변화시켰다. 군대책위에 대한 비판세력이 등장하는가 하면 2004년 총선과정에서 나타난 정치적인 갈등 상황 때문에 군대책위에 대한 불신이 표출되기도 하였다. 뿐만 아니라 '일상으로의 복귀'를 선언한 상황에서 그동안 군대책위를 지탱해주고 있었던 면단위 조직체제 등이 약해지는 등, 군대책위의 조직적 역량이 약화되고 있었다. 이는 부안 핵폐기장 유치 반대운동의 과정에서 보았을 때, 반대운동을 이끌고 주민들을 모아낼 수 있었던 구심체로서의 중심이 해체되는 과정이었다. 군대책위와 같은 중심적 운동체제는 비일상적 상황에 최적화되어 있었기 때문에 핵폐기장 유치 반대운동의 비일상적 영역이 급속히 일상적 영역으로 다시 진입해 들어가면서 나타날 수밖에 없는 필연적 과정이었다.

일상으로의 복귀는 부안 지역 사회에 새로운 변화를 함께 가져다주었다. 핵폐기장 유치 반대운동에서의 학습경험이 지역사회의 새로운 '변화'의 물꼬를 터주고 있었다. 이는 반핵공동체의 학습경험이 일상적 지역사회의 변화로 맥락화되는 과정이라고 할 수 있다. 이 과정은 부안지역의 시민사회의 영역과 주민들의 일상의 영역에서 동시에 나타나는 것이었다.

### 반핵담론의 일상화: 시민운동과 교육활동

대중 집회 방식의 반대운동이 축소되고 핵폐기장 유치 반대운동을 이끌었던 중심이 점점 해체되어가면서, 일상적 운동체제가 하나둘씩 부안 사회에서 출현하게 된다. 이는 집중적인 핵폐기장 유치 반대운동 과정을 통해 주민들의 입으로 외쳤던 다양한 담론들이 일상 속에서 체제화되는 것이기도 했다. 이 운동체제들은 핵폐기장 유치 반대운동에서 발견한 다양한 지역사회의 모순들을 해결하고 주민들의 공동체적 경험을 체제화하려는 움직임 속에서 발생하였다.

### ▸ 지역 활동가 층의 성장

주민투표 이후, 여전히 부안군과 찬성단체와의 긴장관계를 유지하면서 핵폐기장의 문제가 지역사회에서 일단락 되어가고 있었다. 대부분의 주민들은 그동안 핵폐기장 유치 반대운동 때문에 떠나왔던 일상생활로 속속 복귀하고 있었지만 주요 지역 활동가들은 이 과정 속에서도 자기 역할을 찾고 있었다. 여기에는 핵폐기장 유치 반대운동 이전의 부안 지역에서 농민운동, 정치운동, 환경운동, 지역운동 등에 적극적으로 참여하였던 기존 활동가 층도 있었지만 핵폐기장 유치 반대운동 과정을 통해 발견되고 성장한 활동가들도 있었다.

조영진 : 그리고 본인이 그런 운동을 했던 사람으로서 다시 생업으로 돌아가 있지만 정당해야겠다는 자기가 거기에 대한 것을 져버리면 안 맞잖아요. 해왔던 일을. 그것도 참 의미 있는 일이에요. 우리가 정당한 일이고 어떤 일을 해왔던 사람은 그 길을 계속 가려고 하죠. 그분들의 그런 모습들은 소중한 거 같아요.

핵폐기장 유치 반대운동 과정에서 지역 활동가로 성장한 활동가 층이 누군가라고 특정 짓기는 힘들다. 핵폐기장 유치 반대운동처럼 강렬한 이슈가 제기되지 않은 상황에서 새로운 지역 활동가층의 역할은 반핵담론의 일상적 실현태인 일상운동 과정, 또는 일상생활 속에서 나타나고 있기 때문이다. 그럼에도 불구하고 핵폐기장 유치 반대운동을 통해 지역사회의 문제에 대해 적극적으로 관심을 갖는 주민들이 등장하고 핵폐기장 유치 반대운동이라는 공동의 경험에 터한 활동가 간의 인적 네트워크가 형성되었다는 점에서 핵폐기장 유치 반대운동의 경험은 부안지역의 시민사회 역량은 그 이전과는 다른 것이었다.

▸ 일상적 지역운동의 등장

주민투표 이후 승리와 일상으로의 복귀를 선언한 이후 핵폐기장 관련 이슈가 다시 부안 지역사회에 제기될 때마다 이루어졌던 일상적 형태의 핵폐기장 반대운동과는 별개로 핵폐기장 유치 반대운동 과정에서 이야기되었던 반핵담론들이 일상적 운동체의 형태로 부안 지역사회에 나타나기 시작한다. 이전의 비일상적 상황 속에서의 반대운동이 군대책위의 중심적 역할하에 주민들의 자발적 참여와 동조 속에서 이루어졌다면, 주민투표 이후의 일상 속에서는 다양하고 분화된 형태의 운동체들을 중심으로 이루어졌다. 이 시기 핵폐기장 유치 반대운동 과정에서 제기되었던 주민자치, 대안언론, 환경생태, 문화 등 운동담론들을 실현하는 다양한 활동과 운동단체들이 등장한다.

첫째, 주민자치조직의 출현을 들 수가 있다. 우선, 일상 활동을 중심의 주민자치운동의 길을 열었다는 점에서 '의정참여단'의 결성과 활동에 대해 주목해볼 만하다. 2004년 3월 3일, 핵폐기장 유치 반대운동으로 개원하지 못하고 있었던 군의회가 임시회를 열자 아줌마 홍보단원들을 비롯한 부안 주민들이 군의회 방청을 시작하면서 의정참여단 활동을 시작한다. 의정참여단은 군수의 업무추진비를 포함해 핵폐기장 유치 활동에 쓰일지도 모르는 군 예산을 감시하는 활동을 시작하여 2004년 7월 정기총회를 거쳐 공식 출범한 이후 부안 의회를 감시하고 군정 정보를 주민들에게 '소식지', '홈페이지' 등을 통해 알리는 등의 활동을 펼친다. 이러한 의정참여단의 활동은 군의원들의 의회에 임하는 '태도'를 바꾸어 놓는 등 지역사회 정치 문화를 변화시킨다.

이　선 : 그런 것들 속에서 일단 회의 태도가 좀 많이 달라졌어요. 항상 가면 회의를 하는 건지 그냥 사석에서 얘기를 하는 건지 모를 정도... 휴대폰 계속 전화받고, 회의 도중인데 앞에서는 회의를 하든지 말든지 자기는 계속 큰소리로 휴대폰 받고 담배 피우고 아무튼 공무원들한테 대하는 태도도 무슨 아랫사람 다루듯이 "야, 너" 이런 말 하고 뭐... 그런 거부터 계속 썼거든요. 방청 그런 것부터. 요즘은 그런 모습이 거의 없죠. 그리고 조심하고. 그런 것부터 시작하고 그리고 예산서를 보면서 아직도 예산 분석을 잘하지는 못하지만 예산서를 보면서... 많이 달라진 거죠. 그리고 예전에는 우리들도 마찬가지지만 주민들도 의원들은 엄청난 권력을 갖고 있다고 생각을 일반적으로 많이 했구요. 권한이 엄청나다. 그런데 예산... 들어가서 보고 아무래도 예산만 보는 게 아니라 의회 전반에 관해서 의원의 권한이나 이런 것도 다 보게 되잖아요. 그런 걸 보면서 그게 아니라는 것을 알게 되는 거죠.

뿐만 아니라 의정참여단은 의회에서 일어나고 있는 일을 적극적으로 주민들에게 알려냄으로써 핵폐기장 유치 반대운동에 참여하면서 높아진 지역주민들의 지방자치에 대한 관심을 충족시키는 역할을 한다. 이로써 주민들의 공적이고 낯선 영역이었던 의회를 적극적으로 참여하고 관여할 수 있는 친숙한 영역으로 인식하게 하는 데 중요한 역할을 했던 것으로 평가받고 있다.

신숙영 : 정말 아무것도 모르는 우리 부안주민들 다 깨우쳐졌어요. 한 가지 배운 거는 그거에요. 우리가 군청 부안군 예산이 얼마가 되고 어디다가 쓰고 그러는 거 모르잖아 우리는 일반인들은 모르고. 이걸 함으로써 의정참여단이 생겨가지고 잉, 좀 뜻이 있는 사람들이 보고 듣고 보고 그리고 우리 같은 사람이 참여하고 와서 보고 하니까 아 정말 우리 생활비를 얻다 쓰고 얻다 쓰고 하듯이 이렇게 쓰이는구나 그런 걸 알게 되고, 그리고 그런 거를 군민들을 위해 써야지 그렇게 잉, 말 그대로 하늘에 부끄럼 없이 써야 그렇지 잉.

이와 같은 핵폐기장 유치 반대운동의 경험을 토대로 한 주민자치운동 조직들은 주민투표 이후 결성된다. 예컨대, 주민들의 자발적 조직화의 과정을 통해 '부안주민자치참여연대'(2004년 4월 13일)가 결성되는가 하면, 군대책위가 공식 해산한 이후 군대책위 인사를 중심으로 한 '부안희망'(2005년 4월 30일)이 발기하기도 한다. 뿐만 아니라 변산반핵대책위 및 격포반핵대책위가 발전적 해체를 통해 변산면 단위의 주민자치조직인 '변산면주민자치연합'(2005년 5월 11일)을 결성한다.

그러나 이처럼 주민자치운동을 표방한 주민조직은 2006년 5월 31일 총선을 앞두고 정치적 이해관계가 얽혀 내외부적 갈등을 겪게 되면서 활발한 활동을 펼치지는 못하게 된다.[55] 그러던 중 지방선거를 앞두고 발생한 갈등의 상황을 극복하고 기존의 군대책위 상임위원들을 중심으로 지방선거에 대비하고 이후 핵폐기장 유치 반대운동의 연속선상에서의 지역운동의 방향성을 모색하기 위한 주민조직인 '부안군민회의'를 결성(2006년 2월 11일)하여 선거 감시와 반핵후보 지지 등을 통한 지역운동을 전개하게 된다.

둘째, 대안신문의 창간을 들 수 있다. 핵폐기장 유치 반대운동 과정 내내 부안 주민들은 정부와 부안군과 싸워야 할 뿐만 아니라 주민들의 '입장'이 아닌 정부와 부안군, 그리고 경찰의 '입장'에서 사대 보도를 하는 중앙언론 및 지역 언론과도 대립각을 세워야 했다. 물론, 전라북도 지역 인터넷 언론매체인 '참소리'처럼 지역주민들의 시각에서 사태를 구성하고 보도한 언론단체도 있었지만 부안 주민들은 보다 적극적으로 자신들의 입장에서 사태를 보도해줄 대안언론에 대한 요구가 일고 있었다. 이러한 맥락에서 주민투표가 끝난 직후인 2004년 2월 25일 대안신문 창간 준비 위원회가 발족하여 2004년 9월 22일 부안 주민이 주주로 참여하는 '부안독립신문'을 창간하게 된다.

셋째, 환경생태 담론이 일상적 운동으로의 실현되는 것을 들 수 있다. 핵폐기장 유치 반대운동 과정에서 제기된 환경생태의 목소리도 주민투표 이후 부안 지역사회의 구체적인 운동의 방식으로 나타난다. 부안 주민들은 핵폐기장 유치를 반대하면서 '이 세상 어디

55) 예를 들어 군대책위가 중심이 되어 결성한 '부안희망'은 지도부 일부가 집권여당의 입당으로 전면적인 비판에 직면하게 되어 유명무실화된다.

에도 핵폐기장은 안 돼'라는 님비를 넘어선 자기 정당화의 구호를 외치고 있었고 이러한 의식은 핵정책 자체에 대한 문제제기와 대체 에너지 정책전환에 대한 의식으로 심화되고 있었다. 이러한 에너지 문제에 대한 반핵, 환경주의적 관심은 대안에너지 운동을 표방하는 시민단체인 '부안시민발전소'의 출범으로 이어진다(2005년 10월 22일). '부안시민발전소'는 주민들의 출자금으로 부안 지역 내에 태양열발전기 설치를 추진하고 있다.

뿐만 아니라 "반핵싸움 뒤로 주민들 사이에 싹튼 생태 문화적 감성을 바탕으로 지역문화를 활성화시킬 거점"[56]의 필요성을 느낀 부안 출신 문화 활동가 및 지역주민들이 '부안생태문화활력소'를 개관(2006년 2월 10일)하기도 한다. 부안생태문화활력소는 '책 읽는 마을 만들기, 주민영화 감상, 천연염색 교실, 문화예술교육' 등 문화 프로그램을 운영을 통해 부안 지역사회 내의 생태문화를 발굴하고 알리기 위한 활동을 계획하고 있다.

넷째, 촛불집회에서 나타난 중요한 반핵문화의 하나인 '반핵영상문화'가 주민투표 후 부안영화제로 발전한다. 핵폐기장 유치 반대운동 과정에서 활동한 영상팀이 주축이 되어 준비한 부안영화제는 반핵운동의 기본 정신을 이어간다는 취지로 운동 과정에서 다루어졌던 다양한 담론들, 예를 들어 환경, 자치, 평화, 인권 등의 주제를 폭넓게 담아냈다. 또한 주민이 제작한 영상물도 상영하여 미디어 소비자가 아닌 생산자로서 주민 참여의 폭을 넓혔다. 특히, 2005년 제2회 영화제 때에는 '여성'과 '환경'을 결합시켜 "아줌마 지구를 지켜라"라는 주제로 영화제를 개최하는데, 이때 지역 유기

56) 고길섶씨 인터뷰 中(부안독립신문 67호, 2006년 2월 13일)

농 소비자 모임인 '두리반' 회원을 대상으로 영상교육을 실시하고 이들의 작품을 출품하도록 하여 지역사회 여성들의 시선으로 환경 문제를 구성할 수 있는 참여의 장을 마련하도록 하였다.

이처럼 핵폐기장 유치 반대운동은 주민투표 이후로 일상적인 맥락에서 다양한 운동과 새로운 활동들의 출현으로 이어지고 있었다. 물론, 이 과정에서 이전에 주민들의 신뢰와 지지로 강한 구심력을 갖고 있었던 군대책위의 역할이 축소되어 정치사회의 등장에 따른 내외부적인 갈등이 나타나기도 했지만, 핵폐기장 유치 반대운동 과정에서 분출된 다양한 '이야기'들은 일상운동의 각 영역에서 핵폐기장 유치 반대운동의 성과를 이어가고 있었다. 이 점에서 주민투표 이후 부안 지역사회에서는 핵폐기장 유치 반대운동을 이끌었던 '중심의 약화와 해체'와 동시에 주민자치, 환경생태, 언론, 문화 등 일상적 주민 '활동의 분화와 다양화'가 나타나고 있다고 볼 수 있다.

### ▶ 일상적 교육활동-지역 활동가 중심의 교육 전개

주민투표 이전 매일 열리던 촛불집회는 주 1회로 축소되고 비일상적인 상황에서 이루어졌던 '일상적' 대중 집회도 월 1회로 축소되는 상황에서 광장을 중심으로 한 교육활동이 축소된다. 뿐만 아니라 '승리'와 '일상으로의 복귀'를 선언한 상황에서 주민투표 이전처럼 '광장'과 '밑바닥'을 오고 가며 이루어졌던 핵폐기장 유치 반대를 위한 적극적인 교육활동 또한 이루어지지 않는다. 대신, 앞서 살펴보았던 것처럼 각 영역에서의 일상운동이 싹트기 시작하면서 각 단위별 교육활동들이 전개된다.

주민투표 이후 부안 지역사회 내에서 이루어졌던 주요 교육활동들을 볼 때 주민자치와 관련된 내용들이 가장 눈에 띤다. 특히, 일반 주민들을 대상으로 하기보다는 주민활동가를 양성하기 위한 활동가 교육이 주를 이룬다. 대표적인 경우로 군대책위가 주도하여 2004년과 2005년 두 차례 개최한 '주민자치학교'이다.

주민자치운동의 움직임은 군대책위를 비롯한 읍면대책위에서 일고 있었다. 주민투표 이후 일상으로 돌아가면서 반대운동을 통해 결성된 주민조직들을 주민자치조직으로 전환하려는 움직임이 일었다. 이에 군대책위 및 읍면대책위에서 활동하였던 활동가들을 중심으로 2004년 4월 7일 '부안발전기획단'이 꾸려지고 본격적인 주민자치운동을 위한 준비를 하게 된다. 그 첫발은 활동가들을 대상으로 활동가교육을 실시하는 '주민자치학교'로 이어진다.

> 김동혁 : …보다 지역적인 수준에서 교육이 필요한 것이고 이러한 중견활동가를 키우기 위해서 제안되었던 것이 주민자치학교였습니다. 두 차례 거쳐서 주민자치학교가 왜 필요한지를 그래서 준비 모임이 있었어요. 그래서 주민투표가 끝나자마자 왜 주민자치학교가 필요한지 그리고 이 주민자치 학교를 통해서 어떤 활동가를 키워내는 것이 가장 필요한지를 주민과 함께 고민했고 그런 내용을 위해서 강사들과 일방적인 강연이 아니라 집단적인 토론회 이런 것을 통해 진행을 했었죠.

이 주민자치학교는 일반 주민을 대상으로 하기보다는 향후 주민자치조직을 꾸려나갈 주요 일꾼들을 대상으로 하고 있었다. 2004년 5월 4일 "왜 자치인가"라는 강의를 시작으로 제1회 주민자치학교가 개원하여 매주 1회, 총 6회 이루어진다. 2005년 1월 25

일~26일, 2월 1일~2일, 4일간 제2회 주민자치학교 개원까지 이어진다. 주민자치학교 프로그램을 보면 다음과 같다.

▸▸ **표 12.** 주민자치학교 프로그램 (1, 2회)

| 제1회 (2004. 5. 4~ 6. 6) | 제2회 (2005. 1. 25~2. 2) |
|---|---|
| 〈1강좌〉 "왜 자치인가?"-충북대 강형기 교수<br>〈2강좌〉 주민참여 세상을 바꾸는 힘: 이호 (도시연구소 연구위원)<br>〈3강좌〉 주민참여로 달라진 지역사례(해외): 김해창 국제신문 노조위원장<br>〈4강좌〉 주민참여로 달라진 지역사례(국내): 임경수 (주)이장 대표<br>〈5강좌〉 지방자치 이해하기: 최훈열 부안군의회 의원<br>〈6강좌〉 지역의제 개발 워크숍-임경수 (주)이장 대표 | 〈1강좌〉 동학혁명과 부안항쟁-박맹수 교수(원광대)<br>〈2강좌〉 지역정치 참여의 경험과 전망-김혜련(고양시 의원): 올바른 지도자 상, 2006 지방선거 어떻게 맞이할 것인가<br>〈3강좌〉 주민자치센터를 중심으로 한 주민참여의 구체적 방도-진광현(경남정보사회연구소)<br>〈4강좌〉 사례를 통해 본 자치운동(지역 의제 만들기)-강민호 변호사 |

* 출처: 반핵부안 홈페이지 '한마디' 게시판 교육안내 참조 (http://nonukebuan.or.kr)

또한, 의정참여단에서도 의정참여단 단원 및 지방자치에 관심이 있는 주민들을 대상으로 한 다양한 교육을 실시한다. 의정참여단은 회원 연수 등 내부 단원들을 위한 연수 프로그램뿐만 아니라 '예결산 감시 및 행정사무감사에 대한교육'(2004년 8월 12일) 등 주민자치를 위한 지역 리더 교육과 '요가명상'(2005년 9월 22일~) 등 지역주민들의 관심과 참여를 이끌기 위한 교양교육을 실시한다. 또한 지역 사회 내 다른 단체들과의 네트워크를 통한 지역 활동가 교육으로 '리더십 향상을 위한 감마 트레이닝교육'(2004년 9월 8일, 부안의정참여단, 두리반, 부안여성영상집단 줌마, 여성환경바람 레헴 주관), '동학사상과 동학혁명에서 바라보는 지도자상 강연'(2005년 11월 29일, 부안군여성농민회, 여성농업인센터, 부안군여성의용소방대 공동주최, 의정참여단 주관)을 실시하기도 한다.

'부안영화제'를 개최하는 과정 속에서 있었던 '영상교육'도 주민투표 이후 나타난 주요 교육활동의 하나로 꼽을 수 있다. 부안영화제는 핵폐기장 유치 반대운동 과정에서 나타난 다양한 운동담론들을 영상을 통해 공유하는 장이었을 뿐만 아니라 주민들 스스로가 미디어 생산자로서 자신들의 시선을 담은 영상을 선보이는 장이기도 했다. 이 때문에 부안영화제 조직위에서는 영화제를 개최하기에 앞서 주민들 특히 영상을 통해 지역 활동을 펼쳐나갈 수 있는 활동가 그룹을 대상으로 하는 영상교육을 실시한다.

> 나민경 : 영화제만 준비하기에는 영상기반이 취약하고 사실은 영화를 보자는 것도 있지만은 부안 주민들이 스스로 영상으로 목소리를 낼 수 있고 그런 의미로 하기 때문에 사실은 부안 영화제에서 상영하는 영화들이 재미가 없잖아요. 그래서 사람들의 관심을 끌어내는 데는 결국에는 그런다고 재밌는 상업영화를 틀 수도 없는 거고 영화에 관심을 끌고 영상에 대한 이해를 아직은 그것도 잘 없거든요. 그거를 하기 위해서는 교육을 해서 그거를 이해하고 자기들이 작품을 찍고 자기들 얼굴이 나오고 그게 중심이 될 수밖에 없다 그런 이유도 있죠.

제1회 및 2회 부안영화제를 앞두고 이루어졌던 영상교육의 내용을 보면 다음 표와 같다.

▶▶ **표 13.** 부안영화제 영상교육 내용(1, 2회)

| | 제1회 영상교육 | 제2회 영상교육 |
|---|---|---|
| 주최 | 부안환경영화제조직위원회<br>영상미디어교육센터 MediACT | 부안영화제조직위원회<br>전주시민미디어센터 영시미 |
| 기간 | 2004년 6월 19일~7월 19일 (매주 토/일) | 2005년 5월 16일~6월 14일 (월, 화) |
| 대상 | 부안반핵대책위 영상팀, 부안지역 전교조 교사 | 여성소비자 모임 "두리반" 회원 및 부안 주민 |
| 목적 | 일상생활에서부터 지역사회까지 미디어로 민주주의 실현하기 | 지역여성활동가들이 영상을 통해 개인과 가정에서부터 시작되는 환경운동과 지역 내 활동상황을 스스로 표현해내고 알려내는 것 |
| 내용 | 퍼블릭엑세스 (영상팀 대상):<br>촬영, 편집 기술 등<br>미디어교육 워크숍 (교사대상):<br>영상제작 및 미디어교육 토론 | 대안미디어 이해<br>대안미디어 제작교육<br>(기획, 촬영, 편집) |

* 출처: 반핵부안 홈페이지 '한마디' 게시판 교육안내 참조 (http://nonukebuan.or.kr)

이처럼 주민자치학교, 의정참여단 교육, 영상 교육 등 이 시기의 교육활동은 주민투표 이후에 등장하게 된 다양한 활동과의 연계 속에서 이루어지고 있었다. 특히, 일반 주민들을 대상으로 하는 대중교육보다는 지역 활동가들을 대상으로 한 활동가나 단체 회원 중심의 교육이 주를 이루고 있었다. 이는 주민투표 나타나게 된 핵폐기장 유치 반대운동의 지평이 주민자치, 환경, 여성, 문화 등 다양한 방향으로 분화되는 과정과 그 궤를 같이 하는 것이었다. 주민투표 이전의 '핵폐기장 백지화'라는 강한 결속력을 통해 이루어졌던 군대책위 중심의 반대운동이 다양한 목소리를 담은 운동들로 분화되면서 이에 따른 활동가그룹의 발굴과 육성이 중요한 교육 목표로 등장했기 때문에 나타난 현상이었다.

### 학습경험의 일상화: 낯선 일상과의 조우

주민들은 일상으로의 복귀를 선언하고 핵폐기장 유치 반대운동 이전의 일상으로 돌아온다. 그러나 예전과 똑같은 일상이 아니었다. 오랫동안 비일상적 경험을 해온 부안 주민들에게 다시 맞닥뜨린 일상은 생경한 것이었다. 주민들은 새로운 공동체적 과제 앞에 서게 된다. 그것은 핵폐기장 유치 반대운동이라는 비일상적이고 공동체적 경험을 어떻게 일상의 맥락 속에 위치시키는가에 관한 것이었다. 그러나 이 과정이 그리 순탄하게 이루어진 것은 아니었다.

#### ▶ 풍선처럼 부풀어 오른 의식, 채워지지 않는 내용

핵폐기장 유치 반대 운동에 참여한 주민들은 반핵담론의 학습과 공동체적 참여과정을 통해 반핵공동체를 형성하고 있었다. 핵폐기장 유치 반대운동이 진행되고 반핵담론의 학습과 반핵군민으로서 공동체적 자기 동일화가 강화되면서 반핵공동체의 자기 정체성도 강화되었다. 또한 반핵공동체가 주장했던 바대로 핵폐기장이 백지화되면서 공동체적 목표도 실현했다. 이 때문에 공통적으로 주민들에게 자부심과 승리감을 안겨주고 긴 시간동안 생계를 버리면서까지 참여했던 자신들의 경험을 긍정할 수 있는 부분이었다. 주민들은 핵폐기장 유치 반대운동의 참여하고 승리한 경험에 대해 "자랑스럽고", "보람되게" 생각하고 있었다.

> 오세현 : 크게 개인적으로 영향을 미쳤다기보다도 부안에 사는 한 사람으로서 주민들이 똘똘 뭉쳐가지고 불의에 항거했다는 거기에 큰 보람을 느끼고 앞으로 다른 지역에서나 그렇게 흔치 않은 항거였다.

김안순 : 여그가 젤로 잘했어요. 이 지역이 제일로... 우리가 했어요, 우리가.

최순영 : 그것도 다 기념이여. 후손들한테 우리 이런 것도 했다. 나는 좋데...

뿐만 아니라 무엇이든지 "똘똘 뭉치니까" 해낼 수 있다는 자신감과 자부심은 "새 희망"과 "대안운동"을 꿈꾸고 새로운 운동을 긍정하는 일이기도 했다.

명수정 : 아, 부안처럼 우리 부안처럼 보수적인 사람들도 똘똘 뭉치니까 그 거대하다는 정부도 이길 수가 있구나! 이런 것도 있구요. 나름대로 열심히 했던 동지들 재밌었던 동지들 이런 거. 또 새 희망이라는 게 대안운동을 통해 뭔가 조금씩 해볼 수 있겠구나 이런 것들... 그전에 같으면 우리가 무슨 대안에너지 상상도 못했죠.

이러한 자부심과 새로운 가능성에 대한 희망과 함께 주민들은 반핵담론에 대한 학습의 기억들을 간직하고 있었다. 그리고 이러한 기억들은 기존의 일상의 질서들을 돌아보게 하는 계기가 되기도 하였다. 한 예로 반핵담론에 대한 학습의 기억을 갖고 다시 돌아온 일상은 주민들에게 더 이상 '당연한 것'으로 보일 수가 없었다. "예전에는 확실하게 믿었었던" 일상이 "완전 거짓말"로 보이기도 한다.

조영진 : 저는 이제 우선 아까 말씀드린 것 중에 우리가 세상에 진실을 아는 일이 얼마나 어려운 일인가. 노력하면 알 수 없고, 아무리 노력해도 찾을 수 없는 세상의 모습을 이 나이를 먹어서 다시 한번 확인하는... 어찌 보면 안타까

운 거죠. 예전에는 확실하게 믿었었던 것이 완전 거짓말 인거…

또 다른 예로 반핵담론에 대한 학습의 기억들은 기성언론에 대한 인식론적 태도에도 영향을 미치는 것이기도 했다. 진실만을 말한다고 믿었던 언론 매체는 핵폐기장 유치 운동 과정에서 주민들의 시선이 아닌 정부와 개발주의자들의 시선으로 사태를 구성하고 있었다. 그랬기에 주민들은 핵폐기장 유치 반대운동 동안 중앙 언론과 지역 언론에 보도에 대해 문제제기를 하고 있었다. 이 때문에 주민들은 일상에서 맞닥뜨린 기성 언론에 대해 신뢰를 보낼 수 없었다.

신숙영 : 정말 인제는 방송에 나와도 저게 다 사실은 아니다 우리가 저렇게 그냥, 사실일지라도 그렇게 믿어버려요. 우리가 싸우는 과정에서 너무나도 그냥 그렇게 보여줬기 때문에 정말 다 진실이어도 80%는 거짓말이다 20%만 믿자 그렇게 된다니까요.

이는 반핵담론에 대한 학습을 통해 주민들의 언론의식, 주민자치의식, 환경의식, 정치의식 등, 의식 변화의 단편을 보여주고 있다. 부안 주민을 바라보는 다음과 같은 시선 속에서도 주민들의 의식 변화의 단초를 발견되고 있었다.

황수연 : 싸움을 했었던 군민들을 만나면 예전에 말했었던 못 배우고 무지몽매한 군민들의 모습에서 이미 벗어나고 있어요. 탈피해버렸어요, 이미. 그래서 오히려 활동가나 지도자들이 그 수준을 못 따라갈 정도가 되어버렸기 때문에 누구나 이미 수준이 이렇게 올라와 버렸다니까요.

그러나 이러한 "부풀어 오른 의식"의 한계도 발견되고 있었다. 그 한계는 핵폐기장 유치 반대운동과 무관한 것이라고 생각되는 다른 운동담론들에 대해서는 무관심한 주민들의 태도에서도 발견되고 있었다. 그 예로 부안영화제에 나타난 주민들의 반응을 들 수 있다. 주민투표 이후 이루어졌던 부안영화제에서 주민들의 참여는 핵폐기장 유치 반대운동의 맥락에서 이루어지고 있었다. 이 때문에 핵폐기장 문제와 직접적으로 연관이 되지 않는 영화에 대한 관심은 핵폐기장 관련 영화보다 덜할 수밖에 없었다.

> 나민경 : 거의 관객 분들은 할머니 할아버지들은 핵에 관련된 영화를 틀면 뭐든지 다 용서가 되요 재미가 없어도. 근데 주민들이 만든 작품 중에 유기농에 관한 내용도 있었고 환경미화원의 휴일에 관한 내용도 있었고 그런 내용 있잖아요. 왜 부안 영화제에서 저런 것들을 트느냐 그렇게 나무라시는 분들이 있었어요. 그리고 주민들 작품이 너무 재미가 없다 그래 가지구 주민들한테는 썩 좋은 평가를 받지는 못했죠.

물론, 이는 반핵담론에 대해 낯설 수밖에 없었던 노인층에서 목격되는 현상이었기에 반핵담론의 학습이 공동체적 목표의 실현과 함께 폐기되었다고는 볼 수는 없다. 핵폐기장 유치 반대운동 과정에서 이루어졌던 반핵담론에 대한 학습이 실제 개발주의적 태도를 취하고 있었던 주민들의 변화를 이끌어 내는 경우도 있었기 때문이다.57)

57) 필자가 인터뷰를 하는 과정에서 새만금 문제에 대한 의견을 물었을 때 핵폐기장 유치에는 반대했던 많은 주민들이 여전히 새만금 개발에 대한 찬성의 의견을 말하고 있었지만 찬성의 이유를 묻는 질문에 대해서 대부분 '시기상 불가피성'의 논리와 '친환경적 개발'이라는 조건을 내걸고 있었다.

정선호 : 여기에서도 보면 골프장 찬성하셨던 분도 싸움이 끝나고 나선 다시 반대로 돌아선 분도 있고 새만금 찬성하셨던 분도 핵폐기장 끝나고 나서 삼보일배까지 하신 분도 있어요. 그런 변화들도 있어요.

이처럼, 핵폐기장 유치 운동 과정에서 이루어졌던 반핵담론에 학습을 통해 이루어진 주민들의 의식의 변화는 다층적으로 나타나고 있었다. 핵폐기장 백지화의 성과를 획득과 함께 반핵담론에 대한 학습 중지가 이루어지는가 하면, 적극적인 환경생태주의적 담론의 수용으로 핵폐기장 유치 반대를 '넘어선' 새로운 의식과 태도의 변화의 장으로 나아가는 경우도 있었다.[58]이는 반핵담론에 대한 주민들의 학습이 갖는 한계 및 다층성을 동시에 보여주는 것이기도 했다.

핵폐기장 유치 반대운동이 일단락이 된 후 반핵담론 학습이 이루어졌던 대중적 학습 공간이 사라지고 이러한 활동의 구심력이 되었던 군대책위가 해체되면서 "풍선처럼 부풀어 오른" 주민에게 "내용을 채워줄 수 있는" 장이 열리지 못하고 있었다. 그렇기 때문에 핵폐기장 유치 반대운동 과정을 통해 의식의 고양을 경험한 주민들은 일상의 맥락 속에서 '학습의 단절'을 경험해야 했다. 이는 "혼돈"의 상황일 수 있었다.

58) 이 점 때문에 리더그룹 중 일부는 핵폐기장 유치 반대운동을 통한 주민의 변화에 대해 회의적인 견해를 피력하는 경우가 있었다. 이는 주로 환경담론에 대한 주민들의 의식의 변화에 관한 것이었다. 주민자치의식의 성장에 대해서 리더그룹들은 공통적으로 긍정하고 있었으나 핵폐기장 반대에 대한 의식이 과연 환경, 생태, 반개발주의적 담론으로까지 발전하였는가에 대해서는 회의적이었다(진형우, 노상호 등 인터뷰 참조).

박장필 : 주민들의 의식 얘기를 하자면 사실은 그래요. 주민들의 의식은 풍선처럼 부풀어져 있었어요. 내용을 채워줘야 되는데 지속적으로 대책위가. 근데 채워 넣기는커녕 이 상태에서 대책위가 딱 해산을 해버려요. 그러면 주민자치 지방자치도 어려운데 주민자치도 딱 꺼내 놨단 말이에요. 공부도 했었고. 그러면 거기에 합당하게끔 찾아줘야 하는데 주민들이 그거까지는 못하거든요 사실은. 근데 그걸 안 하고 딱 해체를 해버려요. 주민들이 혼돈이 생겨버리는 거죠.

주민자치학교, 의정참여단 교육, 부안영화제의 영상교육 등 일상운동의 전개에 따라 주민들의 "부풀어 오른 의식"을 채워줄 수 있는 교육활동들이 전개되고는 있었지만, 일반 주민들 보다는 활동가 집단을 중심으로 이루어지고 있었다. 뿐만 아니라 핵폐기장 유치 반대운동 과정에서 중핵적인 역할을 담당했었던 군대책위의 해체는 이러한 일반 주민들을 모두 아우를 수 있는 교육활동의 해체를 의미하는 것이기도 했다. 결과적으로 '일상으로의 복귀'로 대중적 학습의 장은 사라지고 주민들은 "부풀어 오른 의식"을 간직한 채 표류하고 있었다.

▶ **일상압(日常壓): 한계 짓기 또는 성찰의 요청**

주민들의 의식을 채워줄 수 있는 대중적 교육활동의 부재는 군대책위의 해체에만 그 책임을 물을 수 있는 것은 아니었다. 핵폐기장 유치 반대운동 과정에서 주민들은 학습 참여는 자발적 동조를 통해 이루어졌다. 부안군수에 대한 분노와 생계에 대한 위협감이라는 '감성'이 군대책위가 말하고 있는 학습담론에 공명하면서 반핵담론에 대한 학습이 시작되었다. 그리고 이 과정은 과감히 일상의 틀을 벗어나 핵폐기장 싸움에 투신하는 실존적 결단과 선택을 통해 이루어진 것이었다. 이 점에서 군대책위를 중심으로 한 교육활동은 주민들의 참여의 계기를 마련하고 지속적 참여를 도울 수 있는 역할을 담당하고 있었다.

이 점에서 반핵공동체학습 과정에서 반핵담론을 학습하겠다는 주민들의 실존적 결단이 중요했다. 그러나 일상으로의 복귀를 통해 주민들은 다시 일상의 압력으로부터 자유로울 수 없는 상황으로 내몰리고 있었다. 일상은 핵폐기장 유치 반대운동의 과정에서 이야기 되었던 다양한 운동담론의 '실현'을 제한하는 "하루하루 어렵게 살아가는 현실", 즉 현실적 압력으로 작용하고 있었다.

> 조영진 : 살아가는 일 자체가 너무 힘든 일, 하루하루 어렵게 살아가는 그 현실이 더 이상 더 운동을 통합시켜나가는 데서는 참 어렵게 만드는 거죠.

이 때문에 주민투표 이후, 핵폐기장 백지화가 가시화되고 있는 상황에서 주민자치, 환경, 대안언론, 문화 영역에서 '작은 운동'들이 촉발되고 있었음에도 불구하고 주민들의 참여는 주민투표 이전보다 적극적일 수 없었다. 일상의 질서는 다시 주민들의 '관심'을 일상 안에 가둬놓고 있었다.

> 황수연 : 저도 주민투표 이후에는 딱히 그쪽 일을 거의 이제, 우리는 일상으로 돌아와 버렸기 때문에 잘 알지 못하는데...

한편, 일상은 비일상적 핵폐기장 유치 반대운동의 경험을 성찰할 수 있는 시간을 요청하고 있었다. 핵폐기장 유치 반대운동의 경험은 주민들에게 '큰 경험'일 수밖에 없었고 이 경험은 다시 일상의 맥락에서 숙고되고 성찰되고 있었다.

> 조보현 : 핵폐기장 관련해서 직장을 그만두는 계기가 있었거든요. 그때는 거기에서 그냥 안주를 하려면 안주할 수 있었는데, 새로운 것 그러니까 기본적으로 제가 가지고 있는 신념에 맞는 일을 찾고 싶었어요. 그래서 그때는 그냥 학교라든가 여건 때문에 다녔는데, 그런 거 무시하고 이건 일이다 하고 그냥... 근데 계기가 됐어요. 그거를 바꿔서 이제는 직접적으로 기본적으로 가지고 있는 신념에 맞게끔 조금 더 일이 많고 힘들어도 전공 살려서 처음에 가졌던 마음대로 갈 수 있게 하는 계기가 됐어요.

이는 자신의 참여의 경험을 일상 속에서 통합하는 과정이기도 했다. 핵폐기장 백지화라는 공동체적 목표가 실현되고, 그 목표를 실현하기 위해 나섰던 공동체적 참여의 경험은 목표의 실현과 함께 사라지는 것이 아니라 다시 개인의 삶 속에도 녹아들고 있었다.

일상 속에서 이루어진 공동체적 경험에 대한 숙고는 공동체 속에서의 자신의 역할을 돌아보는 계기가 되기도 하였다. 반핵군민으로서의 공동체적 경험으로 인해 이전에 자기가 속한 '집단'에서 "이방인"으로 변한 나 자신을 발견하기도 한다. 하지만 이는 공동체적 경험을 긍정함으로써 자신의 새로운 역할을 찾는 과정이기도 했다.

이민순 : 이제 (제가 속한 종교에서) 제가 좀 이방인이 된 것 같아요. 여기서는 제가 정서에 맞는 것 같고 그래서 참 어디를 가든 간에 경험하지 못한 그런 것들이 많은 것을 얻고 배우고 느끼고 그랬는데, 제가 얼마나 부안에서 살지 모르고 또 다음 임지에 가서 이제 부안 주민이 아니라 모든 세상의 아픔을 함께 할 수 있는 그러한 마음을 가져야겠다는 생각이 들더라고요.

이처럼 일상으로 돌아온 주민들은 이전의 일상의 질서, 즉 일상압에 직면하면서 동시에 핵폐기장 유치 반대운동 과정 속에서의 공동체적 경험을 일상 속에서 반추하고 있었다. 이는 일상의 경험과 비일상적 핵폐기장 유치 반대운동의 경험이 일상 속에서 융합되는 과정이기도 했다. 이 점에서 핵폐기장 유치 반대운동 참여를 통해 이루어졌던 공동체적 경험은 주민들 모두에게 던져진 공통된 '화두'일 수 있었다. 비일상적 상황에서 동일시했던 반핵군민으로서의 나 자신은 '일상 속'에서 '어떻게 살아가야 할 것인가?'라는 질문에 맞닥뜨릴 수밖에 없을 것이다.

▸ **갈등의 재 경험**

핵폐기장 유치 반대운동에 참여하는 주민들은 핵폐기장을 유치하려고 하는 주민들과 갈등을 겪고 있었다. 찬핵 또는 반핵 중에 '선택'을 해야 하는 상황에서 핵폐기장 반대를 외치는 주민들에게 핵폐기장을 찬성하는 주민들은 자신들의 이익을 좇고 고향을 버리는 '매향노'(賣鄕奴)로까지 인식되고 있었다. 일상으로의 복귀 이후에도 이와 같은 찬성 주민에 대한 불신은 핵폐기장 유치 반대운동에 참여한 주민들에게 "앙금으로" 남아 있었다.

정선호 : 서로 미워하고 하는 마음이 잊혀지지는 않는다고 생각이 들어요. 봐도 안 좋게 보여 자연스럽게… 농사짓던 사람들 다 팽개치고 한 사람들도 있고 그런데 그거에 대해서나 몰라라 하는 사람도 있고. 그런 게 서로 앙금으로 많이 남았죠, 더군다나 찬성 쪽에 사람들에 대한 것이…

찬성한 주민들에 대한 주민들의 불신 때문에 생활 속에서 서로를 '배제'하고 '외면'하는 일까지 이루어지는 등 핵폐기장 상황에서 형성된 주민 간의 갈등의 골은 메워지지 않고 있었다. 이 때문에 핵폐기장 유치 반대운동에 적극적으로 나섰던 주민들의 눈에 찬성한 사람들은 여전히 '절대적 타자'였다. "걸어가는 것만 봐도 틀릴" 정도로 핵폐기장 유치 반대운동에 참여한 주민들이 바라보는 찬성 주민들에 대한 부정적 이미지는 확고했다.

민형준 : 지금 찬성하는 사람이 어느 모임에 들었다믄 그 소리를 들으면 반대하는 사람이 그 모임에 안 가는 경우도 있어요. 아예 빠져버리고.

강인순 : 아직도 찬성하는 사람 보면 때려죽이고 싶다니까… 그래도 (처음에는 찬성했던) 죄가 있어서 반대하는 사람들은 우리랑 같이 허는데 찬성하는 사람들은 (손사래) 걸어가는 것 봐도 틀려요.

그렇지만 핵폐기장 상황 속에서 발생한 주민 간의 갈등을 넘어서고자 하는 의지도 발견되고 있었다. 반대운동의 후유증 때문에 여전히 찬성 측에 대한 불신의 벽은 높이 쌓여 있지만 언젠가는 풀어야할 지역사회의 과제로 인식되고 있었다. 이는 비일상적 경험을 통해 단절된 일상적 관계를 복원하고자 하는 시도라고 볼 수 있다.

이준성 : 뭐 저도 미워를 안 해야 하는데 상처 때문에 그 사람들 봐도 안 좋고 솔직히 때려죽이고 싶은 마음만 있고, 왜냐하면 나 같은 사람도 병원 가서 침 맞아야 하고 치료 받어야 하니까 그게 그 골을 빨리 풀어야 해 풀어야 혀.

한편, 일상으로의 복귀 이후 새로운 갈등의 양상이 표면화되기 시작한다. 핵폐기장 유치 반대운동 과정에 참여했던 주민들이 일상으로 돌아와 느끼는 '혼란'은 찬성한 주민들과의 갈등 상황 보다는 함께 반대운동에 참여했던 주민들 간의 갈등 상황에서 보다 극명하게 드러나고 있었다. 강한 동질감과 일체감의 경험 속에 주민들은 '반핵군민'으로서 함께 참여했다. 이러한 '하나 됨'의 경험은 핵폐기장 유치 반대운동을 성공으로 이끈 중요한 동력이었다는 인식을 주민들은 공유하고 있었다. 그러나 일상으로의 복귀 이후 생긴 반대 주민 간의 '갈등의 상황'은 핵폐기장 유치 반대운동의 경험을 새로운 지역사회의 변화의 힘으로 일구어내고자 욕구하는 주민들을 혼란스럽게 했다.

조보현 : 찬성했던 사람들보다 반대했던 사람들 사이에서 골이 되게 많이 패이는 경향이 있거든요. 그러니까 자기가 생각했던 만큼의 결과가 없기 때문에 거기에 대해서 분노를 하고 누구한테 책임 전가를 시켜야 하는데, 마땅한 게 없으니까 서로 동료 간에 그런 게 좀 있어요. 지금도 그게 있는 거 같고, 조금 가슴이 아프다니깐. 2004년, 작년까지는 그래도 괜찮았던 것 같아요. 뭐 핵폐기장을 떠나서 무슨 특별한 행사가 있으면 저희가 다 가고, 참석하고, 집회가고 그럴 때는 괜찮았던 것 같은데 올해 들어오면서 뭐... 부안이 정말 새로운 모습으로 갈 것 같다는 생각

을 했었는데, 차츰차츰 보면 아무 것도 아닌 것 같은데도 서로 간에 갈등이 되게 심했거든요. 지금도 같이 웃고 떠들고 했던 그런 동료들끼리도 약간 불편함이 있고 그것 같더라고요.

핵폐기장 상황이 부안지역에서 불거지고 군대책위를 중심으로 주민들의 역량이 결합되는 과정에서 다양한 자기 배경을 갖고 있는 주민들은 '반핵군민'이라는 우산 속에서 동질화되었다. 구성원 간의 '차이'가 가져다 줄 수 있는 갈등의 상황은 비일상적 핵폐기장 유치 반대운동 과정에서 쉽게 '봉합'될 수 있었다.[59] 그러나 주민투표 이후 핵폐기장 백지화가 가시화되어가고 있는 상황에서 그동안 잠재해 있었던 주민들 간의 '차이'와 이를 통한 '갈등의 상황'이 드러나기 시작한다.

박호연 : 새로움으로 가자고 했는데, 긴장이 풀어지니까 아무래도. 그래서 어떤 이슈도 아직 안 정해졌고, 무엇을 해야 할 것인가 아직 다들 일상적인 생활 속에서는 안 찾아져요. 생각들이 다 틀리기 때문에. 반핵은 딱 모아졌는데, 이제는 좀 각자 생각 차이도 많이 나고.

갈등의 증폭과 차이의 표면화는 한편으로 핵폐기장 반대운동에 참여했던 주민들의 고양된 의식의 수준을 반영하는 것이기도 했다. 핵폐기장 유치 반대운동 과정에서 이루어졌던 학습은 핵폐기장 백

59) 물론, 핵폐기장 유치 반대운동의 과정에서도 정치적 이해관계에 따라 집행부의 의사결정이 이루어졌다는 문제제기도 있다. 하지만 주민의 자발적 참여와 동조를 통해 이루어졌던 일련의 참여의 속에서 '잠재적 갈등'은 심각하게 표면화되지는 않았다.

지화라는 공동체적 목표 실현에 기능했을 뿐만 아니라 (후술하겠지만) 주민들이 자기 목소리를 낼 수 있는 힘, 즉 지역사회의 주체로서의 자기 역량을 강화시킨 측면이 있었다. 이는 반핵공동체의 자기 분화 가능성을 보여주는 것이기도 하다. 이 점에서 반핵군민으로서의 공통된 자기이해 속에서 일상으로 돌아간 주민들은 주체로서의 자기 역량을 기반으로 한 '자기 목소리'를 내고 있었고 이것이 갈등의 양상으로 표면화되는 것이라 이해할 수 있다. 따라서 반핵군민들 사이에서 나타나는 갈등의 양상은 반핵군민으로서 공동체적 경험이 분화되고 분유되는 과정, 즉 동질감 속에서 형성되었던 반핵공동체가 다양성을 포용해 가는 과정으로 이해할 수 있다.

하지만 여전히 반핵공동체 분열 또는 해체의 가능성도 상존해 있다. 특히 지방선거를 앞두고 정치사회가 부안 지역에 전면화되면서 정치적 입장에 따른 갈등의 상황이 전개되었기 때문이다. 반핵군민으로서의 공동체적 경험이 이러한 정치사회의 전면화를 어떻게 '견뎌내는가'에 따라 반핵공동체가 분열되는가 또는 다양성을 획득해가는가의 중요한 기로에 서게 될 것이다. 이 점에서 반핵공동체 내부의 갈등을 초래하는 정치사회의 전면화는 반핵공동체에 가해지는 또 다른 '일상압'이라고 이해할 수 있다.

### 학습주체의 일상화: 일상에서의 공동체 경험

일상으로의 복귀 이후 "부풀어 오른 의식"은 표류하고 있었고, 반핵공동체를 강하게 결합시켜주었던 비일상적 중심은 해체되고 있었으며, 일상압에 직면해 분절적이고 개별화된 성찰의 과정을 거치고 있었다. 또한 찬핵과 반핵사이에 이루어졌던 갈등이 해소되지 못한 상태에서 반핵군민 사이의 내부 갈등이 표면화되고 있었다. 이처럼 낯설어진 일상으로의 '재진입', 그리고 반핵공동체로서 겪었던 비일상적 경험이 일상의 맥락과 결합되는 과정은 주민들 입장에서는 '혼란'의 과정일 수 있었고, 핵폐기장 유치 반대운동 과정에서 생성되어온 반핵공동체의 위기의 과정일 수 있었다. 그럼에도 불구하고 반핵공동체로서의 자기 정체성은 일상 속에서 확장되고 있었다. 이는 지역사회와 이웃에 대한 인식과 태도의 변화 속에서, 그리고 체제(system) 영역과의 관계 맺음 방식 속에서 발견될 수 있었다.

#### ▶ 일상과 자아의 확장: 공동체로서 '지역'과 '이웃'

주민들은 공동체적 자아에 대한 경험의 과정, 즉 핵폐기장 유치 반대운동에서 '반핵군민'과 스스로를 동일시하는 과정을 거쳤다. 이는 스스로를 하나의 개인이 아니라 '군민'(郡民)으로 인식하는 일이었다. 군민으로서의 자기 영역은 자신이 살고 있는 '마을' 단위를 넘어서 부안군 전체를 아우르는 것이었다. 이는 핵폐기장 유치 반대운동 이전의 자신의 생활 반경에 국한되었던 '좁은 일상'의 영역이 부안군 전체를 아우르는 '넓은 일상'으로 확장되고 있었다.

> 김건우 : 나는 가끔 애기하면서 그래요. 옛날에는 내 고향이 00면이었거덩, 정말이에요 그거는. 근데 지금의 내 고향은 부안이다. 그거는 확실하게 사실이에요. 왜냐면은 그 전에는 00면 말고는 내가 고향에 대해서 아는 게 하나도 없어. 아는 것도 하나도 없고 아는 사람도 하나도 없어. 그렇잖아 그런데 부안이 어떻게 내 고향이 될 수 있어? 그냥 지나가는 데고 어쩌다가 뭐가 필요하면 군청밖에 모

르지. 군청이 어디 있다는 걸로 부안의 역할은 끝난 거야. 근데 지금은 그니까 그 전에는 내가 서울에서 고향을 갈려면 00면에 들어와야 고향 온 기분이 나지 근데 지금은 부안만 오면 우리 집에 온 느낌을 받거등 내가. 그래서 핵폐기장 전에는 00면이 내 고향이었는데 지금은 부안이 내 고향이다. 그게 굉장히 커진 거 아냐.

고향에 대한 인식 지평의 확산은 '관심'의 확산을 동반하는 것이었다. 핵폐기장 유치 반대운동 이전에는 일상적인 생활 영역이 자신이 살고 있는 '마을'에 국한되었기에 관심의 영역도 그 정도였다. 그러나 핵폐기장 유치 반대운동 과정을 통해 '반핵군민'이라는 공동체 경험을 한 주민들은 일상의 확장과 함께 관심의 확장도 경험하게 된다. 이는 자신의 마을 아닌 부안 지역사회 내의 다른 지역에 대한 관심으로 나타난다.

김은아 : 그동안의 면 단위에서 면 단위에서 하는 것 밖에 몰랐어. 그런데 지금은 아마 가시면 알거에요. 계화인지 변산이 나오면 아 변산의 누가 어떻드라, 그게 엄청난 힘이 되더란 말이에요. 똑같은 일인데 한 사람을 건드려놨더니 다른 면에서 막 벌집 쑤시듯이 쑤셔봐 감당을 못하는 거지... 아마 물어보고 다니면 느낄 거에요. 옛날엔 뭔 사고 나도 (그냥 지나)가요. 그런데 지금은 안 그래요. 먼저 내 일처럼 뭐든 팔을 걷고 나서요. 옛날에 그거 보면 우스갯소리로 "뭐 사고 났대." 그랬는데 지금은 "뭐 사고 났어? 그럼 알아봐야지?" 하고 전화를 하는 거에요. 자세한 얘기를 들어보고... 그게 많이 변하고...

이전에는 '다른 동네'에서 일어난 무관심했던 일상적인 일들에 대해 부안 주민들은 적극적인 관심을 보이기 시작하면서 이웃의 일에 "전화를 해보고 알아보는" 등의 일상적인 '태도의 변화'를 경험하기도 한다.

이와 같은 부안군 전체를 아우르는 일상과 관심의 확장, 그리고 주민들의 태도의 변화의 한가운데에는 반핵군민으로서 동질감을 가지고 있었던 이웃의 발견이 중요하게 자리하고 있었다. 반핵군민으로서의 자기 동일화가 '좁은 일상'에서 '넓은 일상'의 확장을 가능하게 한 측면도 있지만, 함께 참여하고 함께 고생한 이웃들을 알게 되면서 그 이웃이 살고 있는 다른 '마을'과 그들의 '일상'에 대한 관심도 자연스럽게 높아진 것이다.

> 김동현 : 핵반대 이전에는 막말로 우리 동네에도 내가 모르는 사람이 거의였죠. 거의였는데 이걸 통해서 많이 알게 됐고. 더 나아가서 옆의 동네 부안 사람까지도 웬만하면 다 아니까... 정말 큰 걸 얻었죠.

여기에서는 더 나아가 이전에 낯설게 느꼈던 지역사회 구성원에 대한 인식의 변화도 이루어진다. 일례로 부안 지역에서 귀농하여 공동체를 이루고 살고 있었던 '변산공동체'에 대한 인식의 변화를 들 수 있다. 변산공동체 구성원들은 핵폐기장 유치 반대운동에 적극적으로 참여함으로써 지역주민들에게 지역구성원으로 인정받게 됐다. 이는 핵폐기장 유치 반대운동 과정을 통한 지역구성원의 재발견이라는 관점에서 이해할 수 있다.

윤동주 : 귀농한 분들이나 이런 분들은 다 자기 것들 일정정도 포기하고 내려온 거예요. 알고 덤비는 사람들이란 말이에요. 그러니까 뭐 예를 들어서 밖에 나가서 사람을 만날 때도 일복 입고 만나고 이를테면 그런 사람들한테 인식이 된 거죠. 그니깐 이 우리같이 농사짓는 사람들은 여그 면소재지만 나올라믄 깨끔하게(깔끔하게) 하고 나오신단 말이에요. 그런데 귀농하신 분들은 그런 치레 이런 것들을 전혀 염두에 두지 않고 오로지 농사 이 정도로 보여준 것이고, 그리고 다 자기 자신에 대한 약속이기도 하겠죠. 그런 생활하고 그러니깐 일부에서는 옷만 봐도 저 사람은 귀농한 사람 공동체에서 온 사람 딱 감으로 잡고 우스갯소리 같지만... 그 소리는 약간은 이상한 사람 그런 식으로... 생각허고 이러는데... 실제로 겪어보니까 전혀 그게 아니란 말입니다. 그 사람들이 옷을 험하게 입고 다녀도 뭔가 다들 뭐 세제를 안 쓴다든지 더 자연적으로 오히려 이 지역을 아끼고 그런 사람들이라는 인식을 바꿔 버렸죠.

이처럼 일상의 맥락에서 발견되는 지역사회에 대한 주민들의 인식의 변화는 구체적인 지역 간의 협력과 교류과정에서 확인되기도 하였다. 예를 들어 2005년 부안지역 내에서 수해와 눈피해를 보는 지역이 생기자 "협의체계나 공식적인 게 아닌데도" 불구하고 다른 면지역에 있는 지역민들이 나서서 적극적인 도움을 주기도 하였다.

이용태 : 네 그 전에는 예를 들어서 타면에 큰 문제가 생기면 몰라라 했는데 지금은 옆에 면에서 어려운 일 생기면 그 면에서 협의체계가 있는 것도 아닌데 공식적인 게 아닌데도 연락이 돼가지고 어려움을 같이 극복헐라고 그러고 같이...

줄포 수해 났을 때도 진서면에도 있었지만 이쪽에서 많은 인원 경제적인 거 많이 도와주고 그런 면이 없잖아 있었어요. 이번에도 눈 많이 와가지고 피해나니까 인근 논농사만 짓는 분들은 사실 많은 피해가 없거든요, 하우스 짓고 그런데는. 많이들 오셔가지고 걱정들 많이 해주시고…

요컨대, 핵폐기장 유치 운동을 통해 이루어졌던 반핵군민으로서 공동체적 경험의 결과는 일상생활 속에서 주민들의 지역사회와 이웃주민들에 대한 인식 및 태도의 변화로 확인되고 있었다. 뿐만 아니라 지역문제가 발생했을 때 공동체적 역량으로 이러한 주민들의 핵폐기장 유치 반대운동의 경험이 결집되면서 구체적인 공동체 실천의 장면으로 나타나고 있었다.

▶ 체제의 재 경험: 지역사회의 주체로서의 '우리'

일상으로 복귀한 주민들은 지역사회의 주체로 나서는 '낯선 우리'를 경험하게 된다. 이는 핵폐기장 유치 반대운동 과정에서의 집중적인 반핵담론에 대한 학습에서 비롯된 것이기도 했지만 주민들이 권력과 권위에 도전하는 과정에서 체득한 것이기도 했다.

허윤행 : 어떤 분들이 이런 얘기를 해요. 내가 60먹었는데 육십 평생에 이런 일은 처음이다. 내가 살아온 만큼 이 짧은 순간에 많은 일들을 겪었다. 정부가 어떻고 도지사가 어떻고 정치하는 사람들이 어떻다는 것을 알게 되는 계기가 됐다. 그동안은 믿고 따르고 순종만 했었는데 이것만은 아니었다. 자기가 당해보고 체험해본 만큼 그런 생각을 갖게 된 사람들이 많아졌다는 거죠.

이처럼 부안 주민들은 핵폐기장 유치 반대운동 참여 과정 속에서 국가 공권력 및 지방자치단체에 대한 불신의 벽을 쌓고 있었고 이러한 권력체제에 대해 직접적으로 대항하고 있었다. 그리고 이 속에서 정치권력과 행정권력의 속성을 체득하고 있었다. 정치체제, 행정체제가 권위를 잃게 되면서 주민들에게 더 이상 군림할 수 없었다. 핵폐기장 유치 반대운동에 참여한 주민들은 스스로를 지역사회의 '주체'로 위치 짓고 있었던 것이다.

김 산 : 예. 많은 사람들이 다 똑같이 생각하겠지만, 좋은 점은, 장점 같은 경우는, 모든 부안에서의 일들은 우리가 주인이라는 생각을 가지고 참여를 해야 되고, 많은 것을 알아야 되고, 그동안의 행정을 보시는 분들이, 국가 공무원이라는 사람들이 너무 눈가림을 많이 했죠. 주민들 위에서 군림을 너무 많이 하려고. 우리가 착하고 순수하고 그러니까 법으로써 모든, 불법도 많이 있겠지만… 그런 면에서 주민들은 자기가 주인이라는 의식을 많이 찾았어요. 주인의식을 참 많이. 어느 도민보다도 그거 하나는 참 잘된 거예요. 주인의식을 찾았기 때문에, 이제는 벽이 많이 없어진 거예요. 예전에는 그런 벽이 많이 있어서 두려워하고, 사회참여를 하는데도 부탁을… 서류 하나를 떼려 할 때도 아쉬워서 그런데, 그런 게 많이 없어졌죠. 당연한 권리행사고. 우리가 주인이 되면 그러면 된 거에요. 그러면서 다시 되찾았던 것은, 잃어버렸던 것을 되찾았던 거죠.

김건우 : 옛날에는 시골 사람들은 안 그래요. 자기 마음에 안 맞는 게 있으면 내가 상대 안 하면 되지 굳이 내가 그 사람들하고 얼굴 붉힐 필요가 없다는 애기거덩. 그런데 지금은 얼

> 굴을 붉히는 한이 있다고 하더라도 뭔가 뜯어 고치려고 하는 그런 저거가 있다 보니까는 어떻게 보며 그것 때문에 시끄럽고 그렇지만 결국에는 그게 발전 요인이 아닌가? 나는 그렇게 생각해요.

이제 주민들은 이전의 순응적이고 수동적인 태도가 아닌 적극적이고 공격적인 태도로 '현실 권력'에 대응하게 된다. 이전에 일상을 지배하고 있었던 '현실 권력'의 힘이 허물어지면서 주민들은 "면장도 땅깔로 보아버리는" 등 일상과 체제의 관계를 전복하게 된다. 이는 핵폐기장 유치 반대 운동이 일어나기 이전에는 "의식 있는 소수"가 할 수 있는 일이었지만 이제 주민들은 이러한 소수의 인식과 태도를 공유하고 있었다.

> 윤동주 : 특이할만한 상황은 하나 있습디다... 반핵투쟁 했던 사람들이 권력이나 그런 것들이 뭐 면사무소의 면장도 땅깔로 봐버리는 거죠 (웃음). 면장이 예를 들어서 뭐 뭐시랑 했다고 그러면 대번 승질 나서 달려가서 치고받고 그러는 것들... 전혀 볼 수 없었던... 몇몇 의식 있는 운동가들 개인하고는 볼 수 없는 현상인데, 그런 부분에 대한 자신감에 대한 밝아진...

여기에는 주민들 스스로가 나서 핵폐기장 백지화를 이루어냈다는 자신감이 전제되어 있었다. 무엇이든 자신이 참여해서 노력하면 바꿀 수 있다는 자신감은 '침묵'을 깨고 자기 목소리를 높일 수 있는 동력이 되고 있었다.

정선호 : 생각의 변화는 많이 있죠. 지역 문제나 복지 문제나 이런 데 관심은 있지만은 행동은 소극적으로 했었고 그래서 가만히 생각을 해보면 내가 관심을 가지고 적극적으로 하면 바꿀 순 있겠다는 생각이 들기도 하고.

이처럼, 공동체적 주체, 즉 반핵군민으로서 핵폐기장 유치 반핵운동을 경험한 주민들의 자신들의 일상의 문제를 체제에 대한 순응적 태도가 아닌 적극적인 참여를 통해 풀어나가고 있었다. 이와 같은 체제에 대한 태도는 핵폐기장 유치 반대운동이라는 비일상적 상황 속에서 주민들이 집단적으로 경험한 것이었다. 일상으로의 복귀 후에 체제와의 일상적 관계 맺기를 하는 과정에서 주민들은 이러한 비일상적 상황 속에서의 집단적 경험을 일상적 관계 속에 투영시키고 있었다. 이는 핵폐기장 유치 반대운동 과정에서 이루어졌던 반핵공동체의 학습이 일상 안에서 결과 맺는 방식 중의 하나였다.

▸반핵공동체의 자기 진화: 지역공동체

지역과 이웃에 대한 인식 및 태도의 변화 그리고 주체로서의 자기 인식을 통해 반핵공동체는 핵폐기장 유치 백지화라는 운동 목표를 넘어 지역사회로 다가가고 있었다. '지역사회'는 반핵공동체의 중심적인 화두로 떠오르고 있었다.

'지역사회'에 대한 화두는 핵폐기장 유치 반대운동 과정을 통해 이미 주민들 사이에서 공유되고 있는 것이었다. 핵폐기장 백지화는 자신들이 살고 있는 삶의 터전과 자기 자신뿐만 아니라 이웃과 후손의 삶을 지켜내기 위한 것이라는 공통체적인 이해 기반을 형성하고 있었다. 이 점에서 핵폐기장 유치 반대운동은 주민들 사이에서 삶의 터전으로서 지역사회를 지켜내는 일로 이해되고 있었다. 이러한 핵폐기장 유치 반대운동에 대한 이해는 일상으로의 복귀 이후 자연스럽게 '지역사회'의 문제를 공동체의 중요한 화두로 부각시키고 있었다. 주민들은 예전의 사적(私的)인 존재로서의 개인이 아니라 반핵공동체의 구성원, 즉 반핵군민으로서 자기 정체성을 확인한 공적(公的)인 존재로서 지역사회의 문제를 본격적으로 고민하기 시작한다. 이는 앞서 살펴보았던 지역과 이웃에 대한 인식의 지평의 확대, 그리고 삶의 주체로서 자기 인식이라는 학습결과로 말미암는 것이기도 했다.

이는 반핵공동체의 지역공동체로의 자기확산 가능성을 보여주는 것이라고 이해할 수 있다. 이러한 확산의 가능성은 앞서 살펴보았던 것처럼 주민들의 일상 속, 그리고 주민자치, 환경생태, 문화운동 등 지역사회 내의 일상운동의 출현 속에서 발견할 수 있는 것이기도 했다.

이 시기에는 사회운동의 경험이 일상세계와 결합된다. 즉 비일상적 운동의 장에서 이루어졌던 반핵공동체의 경험이 일상 속에서 어떠한 형태로 발현되는가를 다양한 변화 양상 속에서 살펴볼 수 있다.

일차적인 변화는 비일상적 맥락에서 형성되었던 학습과정의 변화 속에서 발견될 수 있다. 반대운동 과정에서 강력한 구심력으로 역할을 했던 군대책위의 위상이 달라지고 반핵공동체로서 학습주체로 참여했던 주민들이 일상으로 복귀하면서 "핵폐기장 백지화"라는 당면의 목표를 중심으로 형성되었던 강력한 공감대가 약화된다. 이러한 공감대가 반대운동에서 형성되었던 학습관계의 기본적 토대가 되고 있었다는 점에서 선도 집단과 주민, 주민과 주민 사이에서 맺고 있었던 학습관계의 약화를 의미하는 것이기도 했다. 이 때의 학습관계가 핵폐기장 유치 반대운동이라는 비일상적 상황에서 출현하였고 이러한 상황에 최적화된 것이었다는 점에서 자연스러운 것이었다.

일상으로의 복귀 이후 군대책위의 지도력과 일상을 버리고 광장으로 나선 주민들의 참여가 약화되면서 비일상적 학습관계는 새로운 양태로 변화하고 있었다. 반핵담론을 매개로 핵폐기장 백지화를 위해 주민들의 참여와 반대여론의 확산을 위해 이루어졌던 교육활동들은 이 시기 일상운동의 출현으로 주민자치, 환경, 문화 영역으로 전문화되고 분화되고 있었으며 '주민자치학교'와 같이 독자적인 영역으로 출현하기도 하였다. 한편, 주민들은 일상으로 돌아가 반대운동의 경험을 일상생활 속에서 숙고함과 동시에 지역사회의 주체이자 공동체 성원으로 스스로를 재 경험하고 있었다. 이러한 경험은 이전과 같은 '광장'이나 '거리'가 아니라 주로 일상의 틀 안에서 이루어지고 있었다.

이는 강한 공감대, 즉 핵폐기장 백지화라는 단일한 목표 아래 형성되었던 학습관계가 일상으로의 복귀 이후, 주민자치, 환경생태, 문화, 에너지 등의 전문 활동가 영역, 그리고 주민들의 일상생활의 각 장면 속으로 분화되는 양상을 보여주는 것이었다. 그러나 이러한 분화의 과정은 시민사회의 공론의 장이 확장되고, 지역주민들의 지역사회에 대한 인식이 확장 되는 등 반핵공동체가 지역공동체로의 자기 변화 과정 속에서 이루어지고 있었다는 점에서 지역공동체라는 새로운 공감대를 형성하는 과정이자 이를 통해 지역사회 차원의 새로운 학습관계를 만들어가는 과정이기도 했다.

# 4

## 공동체학습과정의 구성 요소

사회운동은 특정 목적을 실현하기 위해 사회적 이슈를 중심으로 이루어지는 집단적 행위이다(Giddens, 2005). 이와 같은 집단 수준에서 갖게 되는 사회적 이슈를 둘러싼 목적지향성과 실천지향성은 사회운동의 장이 다른 영역, 예를 들어, 학교와 기업의 영역과는 다른 차별적인 특성이라고 할 수 있다. 그렇다면 이와 같은 특수한 장으로서 사회운동 속에서 이루어지는 학습과정의 특성은 무엇인가?

## 1. 학습과정의 기반: 공감영역

핵폐기장 유치 반대운동에서 지역 구성원들은 핵폐기장 백지화라는 공동의 목적을 달성하기 위한 학습과정을 요청하게 된다. 이때의 학습과정은 초창기 핵폐기장 유치 반대운동을 주도했던 선도집단들이 반대운동을 주도하는 과정에서도 요청되는 것이기도 했지만 핵폐기장 부지로 위도가 선정된 '낯선 상황'에 맞닥뜨린 주민들의 입장에서도 요청되는 것이었다. 전자의 상황이 반대운동을 성공적으로 이끌기 위해 주민들을 참여시키고 반대여론을 확산시켜야하는 필요에 따라 요청되는 것이었다면 후자의 경우는 주민들이 주도적으로 핵폐기장 유치라는 낯선 상황에 대처해 나가기 위해 요청되는 것이었다. 이 점에서 전자는 교육활동에 대한 요청, 후자를 학습활동에 대한 요청이라고 할 수 있다.

교육활동은 구성원들의 학습을 특정한 방향으로 조장하고 촉진함으로써 구성원들의 참여를 이끌어낼 뿐만 아니라 집단적 역량을 강화하고 자기정당성을 확보할 수 있는 지식과 가치 등을 생산해 낼 수 있다. 이 점에서 다른 주민들에게 정보를 알리고, 주민들의 참여를 이끌어내며, 활동가 인력을 육성하고, 자기정당화의 학습담론을 생산하며 이를 확산시키는 등의 교육활동을 필요로 한다. 한편 주민들의 입장에서는 핵폐기장 유치라는 낯선 상황을 이해하고 관련 정보를 획득하며, 자신의 입장을 정하고, 이를 정당화하며, 자기 정체성을 확인하는 등의 학습활동을 필요로 한다. 이러한 교육활동과 학습활동에 대한 요구는 학습관계의 형성을 통해 충족될 수 있다. 이 때문에 교육집단은 적극적으로 학습자들과의 관계

맺기를 통해 학습활동에 관여하고자 한다.

부안의 사례에서의 교육활동 및 학습활동의 요구를 충족시켜줄 수 있는 학습관계는 핵폐기장 백지화라는 운동의 목적에 대한 공감대가 형성되면서 본격적으로 맺어지기 시작했다. 반대운동의 초창기 부안 주민들은 핵폐기장 부지 선정과정에 대한 분노와 핵에 대한 불안을 중심으로 감성적 공감대를 형성하고 있었으며 이러한 감성적 공감대를 토대로 한 집단적 참여를 통해 반핵담론과 공명하기 시작하였다. 이 점에서 부안주민들이 학습활동 참여를 촉발시켰던 근본적 에너지는 '감성'적인 영역에서 나타나고 있었으며,[60] 이러한 감성적 에너지를 기반으로 형성된 공동의 목적에 대한 공감대는 공동체 수준에서의 학습과정을 촉발하는 기제가 되고 있었다.

이때의 공감대는 선도 집단들의 적극적인 교육활동과 주민들의 참여 과정을 통해 강화되고 확산되고 있었다. 분노와 불안의 형성된 감성적 공감을 토대로 주민들은 '반대세력'을 형성하고 있었으며, 반핵담론에 대한 학습을 통해 '감성'의 자기 정당성을 '이론적'으로 확보하고 있었다. 뿐만 아니라 물리적 공간을 반핵상징을 통해 재배치하는 등 반핵에 대한 공감은 일종의 자기 영토성(領土性)을 획득해 가고 있었다. 즉, 핵폐기장 백지화의 공동의 목적을 중심으로 형성된 공감대는 학습과정이 전개됨에 따라 고유한 자기 영토성을 갖는 '공감영역'(共感領域)을 형성하고 있었다. 부안 사례에서 나타난 교육활동과 학습활동은 핵폐기장 백지화를 중심으로 형성되는 이와 같은 공감영역의 위에서 통합되고 있었다. 즉, 핵폐기장 백지화라는 공동의 목적에 대한 공감 속에서 다양한 교육활동

60) 감성의 어원은 "e movere이다. 이는 움직인다(to move)라는 뜻으로 감성은 우리가 행동할 수 있는 능력을 제공한다."(Callahan, 2004: 76).

과 학습활동이 전개되고 있었다. 이 점에서 공감영역은 사회운동에 나타난 학습과정을 특정 목적을 향해 통합시키는 역할을 한다고 볼 수 있다.

이때 사회운동에서 나타나는 학습과정에서의 공감영역은 학습과정의 토대가 될 뿐만 아니라 학습과정의 전개 속에서 변화한다는 점에서 공감영역이 학습과정의 획일화를 낳는다고 볼 수는 없다. 즉, 공감영역은 학습과정의 토대인 동시에 그 결과라는 점에서 교육활동 및 학습활동의 전개 양상에 의존적일 수밖에 없다. 이와 같은 특징은 부안 사례에서 나타난 공감영역의 분화 과정 속에서 발견될 수 있는 것이었다.

핵폐기장의 문제는 단순한 반핵의 문제가 아니라 비민주적인 절차를 통해 강요되고 있다는 점에서 민주주의의 문제이며, 주민들이 뽑은 지방자치단체장의 독단에 의해 진행된다는 점에서 주민자치의 문제이고, 핵폐기장은 환경과 생명에 위협적이라는 점에서 환경문제이며, 근본적으로는 대안에너지를 통해서 극복할 수 있는 문제라는 점에서 에너지 문제이고, 부안의 상황이 대중언론매체에 의해 왜곡을 통해 오도(誤導)되고 있다는 점에서 언론문제이기도 하다는 공감대가 반대운동을 정당화하고 여론화하는 과정에서 형성된다. 이는 선도 집단 및 외부 전문가 집단의 교육활동을 통해 촉진된 것이기도 하지만 주민들이 참여 속에서 체득되는 것이기도 하다. 즉 공감영역의 자기 생성과 분화는 교육활동과 학습활동이 전개되는 과정 속에서 일어난다. 그러나 이러한 새롭게 생성된 공감영역은 핵폐기장 백지화라는 일차적인 목표의 실현을 위해 요청된 것이었다는 점에서 핵폐기장 백지화라는 일차적 공감영역 안에서 미분화된 상태로 존재하는 것이었다. 부안에서 일상으로의 복귀 이후 이러한 공감영역의 본격적 분화가 이루어진다. 핵폐기장 백지화라는 공동의 목표가 실현되면서 운동기에 요청되어 핵폐기장 백지화라는 공감영역 속에서 미분화된 상태로 존재했었던 주민자치, 환경, 문화 등의 관심 영역이 분화되기 시작한 것이다. 공감영역이 사회운동에서의 학습과정을 형성하는 기본적 토대가 되었다는 점에서 이러한 현상은 핵폐기장 백지화에 대한 공감영역을 중심으로 형성되었던 비일상적 학습과정의 해체와 일상에 기반을 둔 새로운 학습과정의 출현 가능성을 보여주는 것이다.

이처럼 감성적 공감대를 기반으로 형성되고 확장되며 분화하고 변화하는 공감영역은 사회운동 학습과정 출현의 토대가 된다는 점에서 공동체학습과정을 요청하는 일종의 공동체적 학습필요의 생성처라고 할 수 있다. 그리고 이때의 공동체적 학습필요 생성처로서의 공감영역은 일차적으로 운동 속에서 제기되는 공동의 목적으로부터 비롯된다는 점에서 그리고 참여적으로 이루어지는 교육활동 및 학습활동을 통해 재구성된다는 점에서 사회운동의 장이 갖는 독특성을 반영하고 있다. 이 점에서 사회운동에서의 학습에 대한 요구는 사회운동의 상황이 변화함에 따라, 그리고 공동체적 학습주체의 역량과 관심 영역이 변화함에 따라 변화하는 속성을 갖는다고 볼 수 있다.

## 2. 교육활동: 생성적 학습관리체제의 구축

### 교육집단 외연의 확대

성인교육 영역, 특히 인본주의적 세계관을 토대로 한 성인교육론에서 교육자는 학교교육에서처럼 앞서서 지식의 구조를 습득한 자로서 학생들의 학습목표를 설정하고 이끄는 지적 권위자가 아니라 학습자들의 학습을 촉진하고 안내하는 촉진자로서 이해된다. 이와 같은 이해는 성인학습자로서 갖고 있는 자기주도성에 대한 믿음, 즉 학습자 스스로가 자신의 학습을 기획하고 주도해 나갈 수 있다는 전제에서 출발한다(Elias & Merriam, 1995; Finger & Asun, 2001; Merriam, 2001). 이 점에서 성인교육에서 교육자의 역할은 학습자의 '학습 상황'을 중심으로 형성된다. 그러나 사회운동의 과정은 집단적 목적의 실현을 위한 집단적 참여를 통해 이루어진다는 점에서 교육자의 역할은 학습자의 '학습 상황'보다는 학습자를 포함한 집단이 처한 '실존 상황', 이러한 실존 상황에서 발생하는 문제를 해결하기 위한 '문제 상황'에 맞춰진다. 이 점에서 사회운동 과정에서 교육자의 역할은 학습자들의 '개인 성장'에 맞춰 있는 것이 아니라 공동의 목표를 실현하기 위하여 학습자들의 학습을 '특정 방향으로' 촉진하는 데 있다. 이 때문에 비판적 성인학습담론에서 교육자는 실존 상황과 문제 상황을 앞서 인식한 '지식인'의 이름으로 표상된다. 특히 그람시는 대항헤게모니 문화 활동에 참여하는 성인교육자는 '유기적 지식인'(organic intellectual)으로 이해되어야 한다고 보고 이러한 성인교육자들이 자신이 가르치는 학생들에게 정치적으로 기여해야한다고 주장한다. 그람시가 보기에 이때의 유기적 지식인은 노동계급 스스로가 자신의 지식인을 생산하거나 전통적 지식인을 동화시킴으로써 등장한다(Mayo, 1999).

부안 핵폐기장 유치 반대운동에 등장한 교육집단은 부안주민들이 처한 '실존 상황', 그리고 이러한 상황으로부터 유발된 '문제 상황'에 대해 선도적으로 인식한 집단으로 구성되며 이들의 역량이 핵폐기장 백지화라는 공동의 목표 실현을 위해 결집된다. 그리고 주민들의 참가 확산되면서 교육집단의 외연이 넓어진다. 지역 사회 내에서 농민운동 및 환경운동의 경험을 갖고 있었던 집단들의 역량이 모아지고 활동가 교육 등을 통해 새로운 주민교사집단이 출현하는가 하면 운동주체로서 일반 주민들의 참여가 확대되면서 스스로 교사의 역할을 수행하는 주민들이 생겨난다. 핵폐기장 유치 반대 운동 과정에서 '이야기 하고, 가르치고, 전달하고' 싶어 하는 사람은 누구나 교사의 역할을 담당한다. 이러한 의미에서 부안 사례에서 나타난 교육집단의 외연의 확대는 반대운동에 참여하는 부안 주민 스스로가 그람시적 의미의 유기적 지식인을 생산하는 과정을 통해 이루어진다. 즉, 교육집단의 외연의 확대는 운동주체로서 지역주민들의 역량 강화와 공진화하는 것이다.

### 교육활동의 기능적 통합과 생성적 학습관리체제

이와 같은 교육집단의 외연의 확대와 함께 부안 핵폐기장 유치 반대운동에서의 교육활동은 사회운동의 장이 학습의 장으로서 갖는 목적성과 기능성에 따라 출현하고 전개되고 있었다. 초기 선도 집단들을 중심으로 형성되었던 교육활동은 핵폐기장 백지화라는 공동의 목적에 기능하는 과정에서 확산되고 변형된다. 선도 집단이 주도하는 교육활동의 외연은 주민들의 자발적인 움직임 속에 이루어진 교육활동으로까지 확대되며, 의도적이고 계획적인 학습의 장뿐만 아니라 무형식적이고 우연적 학습의 장도 출현하게 된다. 이에 따라 부안 핵폐기장 유치 반대운동에서 나타난 교육활동과 학습의 장은 [그림 2]와 같은 형태로 존재하고 있었다.

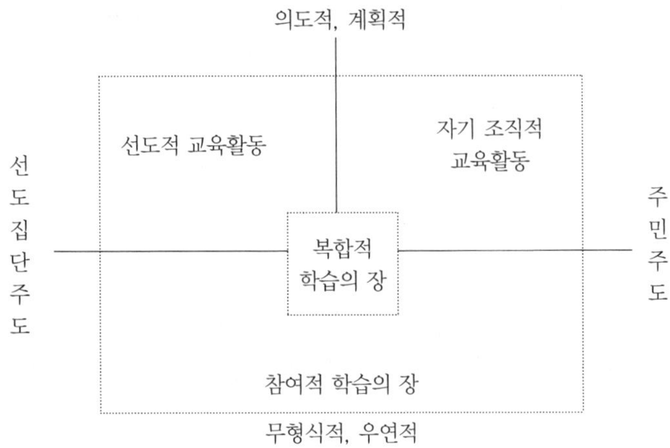


▸▸ **그림 2.** 학습관리체제의 구성

첫 번째 유형은 외부 활동가 및 군대책위를 중심으로 한 선도 집단이 주도하고 형식성과 의도성을 띤 교육활동이다. 순회교육, 강사교육, 홍보활동, 반핵홈페이지 운영, 주민투표 토론회 등과 같은 교육활동이 이러한 활동을 구성한다. 이는 선도 집단의 주도와 기획에 의해 이루어졌다는 점에서 '선도적 교육활동'이라고 할 수 있다. 선도적 교육활동은 여론을 선도하고 주민들의 참여를 촉진하며 활동가 층을 육성하는 데 주된 목표가 맞춰져 있다.

두 번째는 군대책위가 아닌 부안 지역 내 다른 사회단체나 조직, 또는 개인 등 주민의 자발적 참여를 통해서 이루어진 교육활동이다. 천주교 대책위가 실시했던 순회교육, 기독인모임 활동, 교사와 학부모 그리고 지역주민이 등교거부투쟁 중에 운영했던 대안학교(반핵민주학교 등), 인터넷 언론 및 개인이 운영하였던 홈페이지 등이 이러한 유형의 교육활동에 포함된다. 이러한 교육활동은 참여의 과정을 통해서 운동의 주체로 성장한 주민에 의해 군대책위 등의 선도 집단이 주도했던 선도적 교육활동과는 독립적으로 이루어졌다는 점에서 '자기 조직적 교육활동'이라고 할 수 있다. 이러한 교육활동은 주민들의 자발적 참여와 조직화가 기반이 되었던 만큼 동시다발적이며 다양한 방식으로 이루어진다.

세 번째, 참여를 통한 무형식적인 학습이 이루어지는 장도 존재한다. 핵폐기장 유치 반대운동 과정에 다양한 장을 통해 주민들의 참여가 이루어진다. 대중 집회 참여, 삼보일배, 등교거부투쟁 등은 그 자체가 하나의 학습의 장이일 수 있다. 이와 같은 학습의 장은 '참여'와 '학습'이 결합된 형태로 이루어졌다는 점에서 '참여적 학습의 장'이라고 할 수 있다.

네 번째 유형은 촛불집회로 대표되는 '복합적 학습의 장'이다. 촛불집회는 군대책위를 비롯한 지도부뿐만 아니라 부안 지역 안팎의 종교단체, 사회단체, 직능단체 및 개인들의 참여를 통해 진행되었다. 이 과정에서 다양한 형식적 프로그램을 통한 교육이 이루어졌을 뿐만 아니라 참여를 통한 무형식적인 학습이 이루어졌다. 이 점에서 촛불집회는 앞의 세 가지 유형의 교육활동 및 학습의 장으로서의 특성을 모두 갖춘 복합적 학습의 장이라고 할 수 있다.

이처럼 선도적이고 자기 조직적인 교육활동의 확산, 참여를 통해 이루어지는 학습의 장의 출현, 그리고 교육활동과 학습의 장이 복합적으로 집적된 복합적 학습의 장의 등장으로 부안 핵폐기장 반대운동에서의 교육활동과 학습의 장은 핵폐기장 백지화라는 집단적 목표를 실현하기 위해 기능적으로 결합하고 있었다는 의미에서 학습관리체제를 형성하고 있었다. 이때의 학습관리체제는 운동주체로서의 주민들의 성장과 교육집단의 외연의 확대, 그리고 무형식적 학습이 이루어지는 참여의 장의 확대를 통해 변화하고 있었다는 점에서 생성적 속성을 갖는다.

#### 학습관리체제의 유기체적 자기진화

사회운동에서의 교육활동은 핵폐기장 백지화라는 공동의 목적을 실현하기 위해 공감영역을 중심으로 일종의 학습관리체제로 통합되고 있었으며 핵폐기장 백지화라는 공감영역의 확장과 이를 통한 공동의 목적의 실현에 기능함으로써 자기 생명력을 유지하고 있었다. 이와 같은 학습관리체제의 기능적 통합의 양상은 핵폐기장 유치 반대운동 과정에서 이루어졌던 주민들에 대한 학습관리방식의 변화 속에서 확인되고 있었다. 핵폐기장 유치 반대운동이 전개되면서 교육활동은 동의와 공감의 방식에서 집중과 반복의 방식으로, 그리고 다시 환기의 심화의 방식으로 변화하고 있었던 것이다.

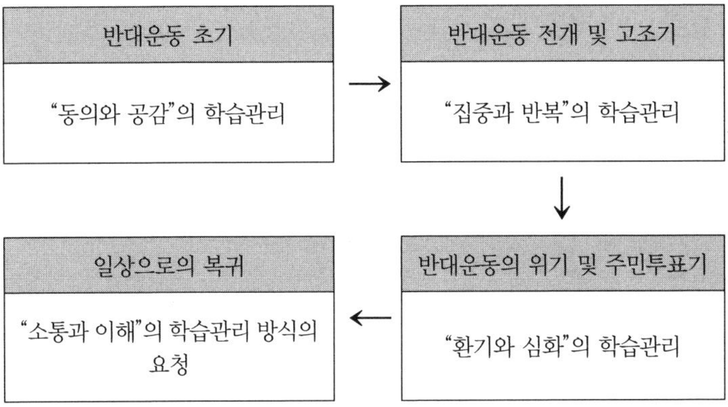


▶▶ **그림 3.** 반대운동 전개에 따른 학습관리체제의 기능적 진화

반대운동 초창기의 교육활동은 주로 '동의와 공감'을 얻어내는 방식을 통해 이루어졌다. 군대책위를 중심으로 한 홍보 및 교육활동은 일차적으로 '핵폐기장 반대'의 동의를 구하는 과정이었다. 당시 주민들의 적극적인 참여가 이루어지지 않은 상태에서 핵폐기장 유치의 부당성과 핵의 위험성에 대해 알리면서 이루어진 교육활동의 목적은 주민들이 핵폐기장 유치에 반대하고 반대운동에 참여토록 하는 데에 있었다. 성인학습자는 타율적이고 의존적이라기보다는 자율적이며 자기 주도적 학습자적 특성을 갖는다. 이 때문에 강제와 설득은 주민들에게 반핵담론을 알리고 반대운동에 참여시키는 데 적절한 접근 방식이 아니었다. 초창기 교육활동의 중심적 역할을 담당했던 군대책위 및 읍면대책위가 다양한 정치적 성향이나 이념, 종교, 직업 등을 아우르는 조직, 즉 폭넓은 동의 구조를 갖추게 되면서 이러한 '동의 구하기'의 방식의 정당성이 확보되고 있었다. 또한, 이 시기 '진심'과 '성실성'으로 무장한 선도 집단들은 '주민으로서 주민에게 말 걸기'의 방식을 통해 일반 주민들과 '공감'하

고자 했다. 이 점에서 선도적 집단들의 홍보활동은 주민들의 이성이 아니라 감성에 대한 호소이기도 했다.

동의와 공감의 토대 위에 반대운동이 본격적으로 전개되면서 '집중과 반복'의 학습관리 방식이 등장한다. 학습담론은 핵폐기장 백지화라는 반핵공동체의 목적에 맞게 조직화되고 있었다. 따라서 학습담론은 핵폐기장 반대를 정당화하고, 핵폐기장의 위험성을 극대화하며, 개발논리와 에너지 정책에 반대하는 담론들로 '집중'된다. 한편, 이러한 학습담론은 다양한 참여의 장을 통해 '반복'적으로 출현한다. 거리집회에서, 견학에서, 촛불집회에서, 그리고 생활의 각 장면에서 핵폐기장 백지화와 반대운동을 정당화하는 학습담론들은 교육, 홍보, 대화 등 다양한 교육 형식으로 '반복'된다.

정부와의 협상 결렬 이후 이루어진 광장의 위기와 반대운동의 위축이라는 운동 환경의 변화 속에서 다시금 반대여론을 '환기'시키는 접근 방식이 이루어지고 있었다. 대중적인 학습의 장이었던 촛불집회가 축소되면서 집중과 반복의 학습관리 방식은 실현될 수 없었다. 뿐만 아니라 집중과 반복을 통해 핵폐기장 반대여론이 공고화된 상태에서 기존의 주민들의 입장을 확인하고 현 상황을 알리는 작업이 요청되고 있었다. 이와 같은 '환기'의 방식은 교육활동이 제한적으로 이루어질 수밖에 없었던 위축된 상황에서, 그리고 주민투표를 앞두고 반대여론을 극대화해야 하는 상황에서 전략적으로 선택하게 된 학습관리방식이라고 할 수 있다. 한편, 주민투표 이후의 일상적 운동을 준비하기 위한 '심화'의 학습관리방식이 이루어진다. 핵폐기장 백지화라는 운동적 목표를 넘어 핵폐기장 반대운동의 경험을 일상 속에 의미 있게 결합시키기 위한 시도이기도 하다.

일상으로의 복귀 이후 일반 주민들을 대상으로 하는 교육활동은 축소된다. 이 과정에서 일상운동이 다양하게 나타나고 일반 주민들이 아니라 주민 활동가를 육성하기 위한 제한적인 교육활동들이 개별적인 형태로 전개된다. 또한 반대운동 과정에서 반핵공동체의 강한 구심력을 형성했던 군대책위의 역할이 축소되고 지역사회 내에 다양한 목소리가 등장하게 된다. 일상으로 복귀한 주민들은 핵폐기장 반대운동의 경험은 개별화되고 있었다. 이러한 상황에서 새로운 형식의 학습관리방식이 요청된다. 이는 개별화된 교육활동들을 엮어내고 다양한 목소리를 포용하며 개인 수준에서의 경험에 대한 성찰을 공론화시킬 수 있는 '소통과 이해'의 학습관리방식이 그것이다.

이처럼 부안 핵폐기장 유치 반대운동 과정에서 형성된 학습관리체제는 반대운동에 참여하는 주민들의 공동체적 역량이 강화되면서 참여적이고 유연한 구조를 형성하는 동시에 공감영역을 중심으로 기능적으로 통합되었다는 점에서 기계적 체제가 아닌 '외부환경의 영향'과 '학습주체의 참여'를 통해 변화하는 유기체적 체제의 속성을 갖고 있었다.

이러한 속성은 역설적으로 사회운동에서 형성된 학습관리체제가 갖고 있는 한계를 동시에 보여주는 것이기도 하다. 부안 사례에서 나타난 사회운동에서의 학습관리체제는 교육활동과 학습의 장의 기능적 통합을 가능케 했던 공감영역과 참여적 구조를 통한 유연성을 확보할 수 있었던 내부 역동에 의존적이었다. 이 때문에 공감영역이 확장되고 주민들의 자기 조직적 참여활동이 활발히 이루어졌던 시기에는 '생성적' 속성을 보여주고 있었지만 일상으로의 복귀 이후에 공감영역 및 주민들의 참여가 약화되면서 '소멸적' 속성을 보여주고 있었기 때문이다. 이는 사회운동에서 출현하고 형성된 학습관리체제의 한계이자 특수성을 말해주는 것이기도 하다.

## 3. 학습활동: 학습역동의 발현

### 구성적 학습 집단: 반핵공동체

부안 핵폐기장 유치 반대운동에 참여하는 부안주민들은 반대운동이 본격화되면서 '반핵군민'이라는 집단의 정체성 속에서 스스로를 인식한다. 이때의 자기 정체성은 선험적으로 주어졌다기보다는 반대운동의 과정에서 형성된 구성적 정체성이었다. 이 점에서 부안 핵폐기장 유치 반대운동에 참여하는 부안주민들은 실천적 참여를 통해 스스로를 형성하는 구성적 집단으로 이해할 수 있다. 이때의 구성적 집단은 다음과 같은 이유에서 하나의 공동체 단위로 이해될 수 있다.

첫째, 핵폐기장 유치 반대운동에 참여한 주민들은 삶의 기반을 공유하고 있는 지역주민들이다. 즉 이들은 부안이라는 지역적 기반과 농촌사회로서 생활양식을 공유하고 있다. 이런 점에서 이미 이들은 삶의 터전을 공유하고 '함께' 살아가면서 부안지역공동체 성원의 일원을 구성하고 있었다. 둘째, 반핵군민으로서 자기정체성을 공유하고 있었다. 핵폐기장 유치 반대운동에 참여한 주민들은 핵폐기장 백지화와 군수 퇴진이라는 공동의 목표를 공유하고 있었다. 이는 생활세계의 위협받는 공통의 문제 상황 속에서 자연스럽게 설정된 목표였고 반대운동에 참여한 주민이라면 누구나 동의

할 수 있는 목표였다. 이러한 목표 아래 반핵담론을 수용함으로써 주민들은 스스로를 '반핵군민'과 동일시한다. 셋째, 구성원의 관계는 신뢰와 상호의존적 관계로 맺어진다. 수직적이나 위계적 관계, 형식적이거나 권위적 관계가 아니라 자발적 참여와 동조의 과정을 통해 상호간의 연대감과 유대감은 핵폐기장 반대운동에 참여한 주민들의 관계 맺는 기본적인 방식이었다. 이는 공동체적 연대감을 형성하는 과정이었다. 넷째, 핵폐기장 유치 운동에 참여한 주민집단은 '공동체적 가치'를 지향하고 있다. 국가 및 지방자치단체 주도의 일방적 '개발주의'에 맞서 환경, 생명, 평화의 가치 실현을 공표하였으며 주민들의 운명을 주민들 스스로 결정할 것을 주장하였다. 이는 현대의 생활 질서에 저항하고 대안을 꿈꾸는 공동체운동으로서의 가능성을 내포하고 있다. 이 공동체는 일상적인 상황에서 형성된 것이 아니라 핵폐기장 유치가 선언되어 일상이 엉클어진 비일상적 상황에서 출현하였다는 점에서 '비일상적 공동체'이다. 특히 핵폐기장 반대의 과정에서 스스로를 '반핵군민'과 동일시하는 과정을 거쳤다는 점에서 '핵과 핵폐기장을 반대하는' 공동체이다.

### 학습활동의 구조: 이론, 실천, 관계

사회운동은 집단적인 실천적 참여를 통해 이루어진다. 이 때문에 비판적성인학습론에서는 이론과 실천의 변증법적 고양의 과정, 즉 프락시스(praxis)의 과정을 중요한 학습과정의 양태로 다루고 있다(Freire, 1972, 1990). 실천에 대한 이론적 성찰과 이론에 대한 실천은 사회운동과 학습의 과정을 연결 짓는 고전적인 접근 방식이라고 할 수 있다. 그러나 한편 '관계'의 측면을 이와 같은 프락시스의 과정과 함께 고려해볼 필요가 있다. 부안 사례에서 나타난 주민들의 학습활동은 운동의 주체로서 뿐만 아니라 서로의 유대감과 공감대 속에서 공동체적 관계를 형성하고 있었기 때문이다. 이 점에서 반핵공동체로서의 반대운동의 운동주체의 학습활동은 이론과 실천 그리고 관계라는 세 가지 구조 속에서 나타난다고 할 수 있다.

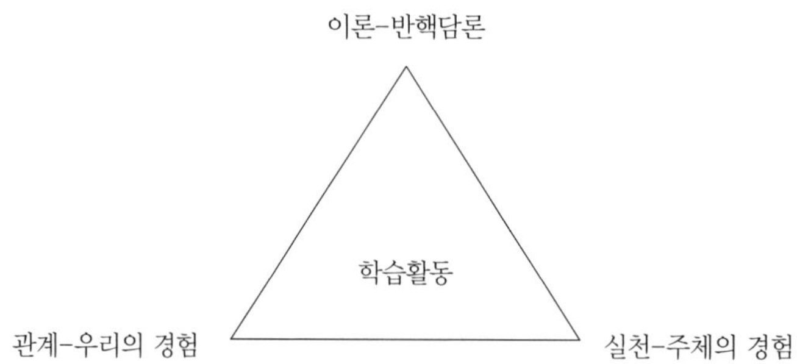


▶▶ **그림 4.** 반핵공동체학습활동 구조

첫째, 주민들의 이론적 학습은 설득기제를 통해 부안 주민들에게 전달되고자 하였던 공식지(formal knowledge)인 핵개발담론에 대한 대항담론으로서 반핵담론에 대한 학습을 통해 이루어졌다. 핵폐기장 유치 반대라는 공감영역에 참여하기 시작한 주민들은 핵폐기장 반대의 입장에 터해 집중적인 반핵담론 학습활동에 참여하게 되며 이러한 참여의 확산 속에서 반핵담론이 확산되고 있었다. 이러한 일련의 과정은 '선 결정 후 설득'의 학습기제를 선택한 찬성 진영에 대한 거부이자 선도 집단에 의해 형성되기 시작한 반대 진영의 학습관리체제에 대한 인정과 선택의 과정이기도 했다.

둘째, 주민들의 학습활동은 '우리로서의 자기 확장과 정당화'의 과정을 통해 이루어진다. 주민들의 학습활동은 '참여'를 통해서 이루어진다. 참여란 공동체에의 적극적인 참여자가 되고 공동체에 대한 정체성을 구성하는 일을 의미한다(Wenger, 2003)고 할 때 부안주민들의 참여의 과정은 핵폐기장 백지화를 외치는 반핵공동체의 적극적인 구성원이 되는 것이자 이를 통해 반핵군민으로서 자기의 정체성을 구성하는 일이다. '반핵군민'으로 표상된 공동체로서의 일체감은 참여와 집단경험을 통해 형성되고 있었다. 이 과정은 생존권과 연결된 지역의 문제를 적극적으로 해결하려는 '주체'로서의 나와 대면하는 일이자, 함께 느끼고 행동하는 동지로서 타자와 대면하는 일이기도 했다. 이때 발견된 타자는 '우리' 안에서 동질화되고 있었으며 '우리' 안의 차이는 '이해'의 과정을 통해 극복되고 있었다.

셋째, 반핵공동체로서 부안주민들은 집단적 실천을 통한 실천적 학습을 수행하고 있었다. 주민들은 핵폐기장 반대 유치 운동이라는 낯선 경험을 통해 일상 속에서 당연하다고 생각했던 질서의 전복을 경험한다. 예컨대, 학부모와 학생 사이의 관계의 전복, 권위에 대한 인식의 전복, 고속도로 점거와 같은 규범과 규칙의 전복의 과정을 통해 주민들은 일상의 금기를 넘어서고 있었다. 이러한 일상질서의 전복과 비일상적 질서의 반복적 경험을 통해 주민들은 스스로를 주체로서 인식하게 된다. 즉, 권력이나 체제의 불합리에 침묵하는 개인이 아니라 자기 목소리를 내고 잘못된 것을 고쳐나갈 수 있는 적극적 주체가 되는 것이다. 이러한 일상 질서의 전복은 일상의 기호와 문화에 대한 뒤틀기를 통한 반핵의 상징과 문화 창출을 동반하는 것이기도 했다.

### 학습활동의 발현적 힘: 학습역동

이론-실천-관계의 구조 속에서 이루어졌던 반핵공동체의 학습활동들은 운동 과정에서 분절적으로 이루어지는 과정이 아니었다. 각각의 학습활동은 참여적 실천과정 속에서 공감영역을 중심으로 유기적으로 통합되고 있었다. 각각 활동의 통합적 과정은 〈표 14〉와 같은 관련성 속에서 이루어지고 있다.

▶▶ 표 14. 학습활동의 통합적 과정

| | 이론 | 관계 | 실천 |
|---|---|---|---|
| 이론 | / | 관계정당화 | 실천정당화 |
| 관계 | 공동체적 지식생성 | / | 공동체적 주체 경험 |
| 실천 | 지식의 실천<br>(자발적 교육활동) | 공동체문화 창출 | / |

첫째, 반핵담론에 대한 학습은 공동체의 경험과 집단적 실천을 정당화해준다. 환경, 생태, 주민자치 등의 반핵담론에 대한 학습은 공동체적 경험과 탈주와 경계 넘기를 통해 이루어지는 집단적 실천을 집단적 일탈이 아니라 사회적 정당성을 갖는 반핵민주운동, 또는 지역공동체 운동으로 정당화해준다. 이는 부안 주민들을 폭도이자, 무지한 주민으로 내모는 외부의 시선에 대한 대항의 의미를 갖는 것이다. 둘째, 관계를 통한 학습의 과정은 반핵담론의 학습과 집단적 실천을 공동체적 경험으로 체화할 수 있도록 하고 있었다. 반핵담론은 백지상태의 주민들에게 일방적으로 수용되는 것이 아니었다. 자신들이 공유하고 있는 삶의 터전 위에서 이해되고 소통

되고 맥락화되고 있었으며 지역사회의 새로운 공동체적 화두로 진화하고 있다. 뿐만 아니라 집단적 실천은 '우리' 라는 공동체적 관계 속에서 이루어지면서 부안 지역사회의 특성과 반대운동의 의미를 담는 공동체적 실천운동으로 발전한다. 셋째, 실천과 이론은 반핵담론의 경험적 실천을 통해 결합되고 있었다. 이 점에서 집단적 실천과 반핵담론의 학습은 일종의 이론과 실천의 변증법적 지양을 통해 고양되는 프락시스(paxis)의 과정(Freire, 1972; Freire & Horton, 1990)을 예시(例示)하는 것이었다. 또한, 집단적 실천은 공동체적 경험을 공동체적 상징과 문화의 생성, 즉 공동체적 실천으로 연결 짓고 있다.

이러한 일련의 통합과정을 통해 부안주민들은 '반핵담론을 학습한 공동체적 참여주체'로 성장한다. "주민 모두가 대책위"라는 말은 이와 같은 공동체적 주체의 출현을 표상하고 있다. 이는 공동체를 이끌어 나고자 하는 다양한 힘과 다양한 목소리의 출현을 의미하며 학습관리체제와 수동적 관계를 맺는 순응적 학습자가 아니라 학습상황을 주도해 나가는 적극적 학습주체의 성장을 의미한다.

요컨대, 참여 과정을 통해 이루어진 학습과정은 공동체적 담론과 문화의 생성, 그리고 공동체적 주체 출현이라는 통합적 과정을 통해 반대운동의 참여하는 주체로서의 역량을 강화할 뿐만 아니라, 이러한 역량을 기반으로 주민들 스스로 적극적인 교육활동에 참여하는 등 학습관리체제에 생성적 에너지를 불어넣는다. 즉 자발성을 원리로 전개되는 학습활동은 공동체적 실천역량 및 학습역량을 강화함으로써 반대운동을 지탱하고 학습과정을 추동하는 근본 힘이 되고 있는 것이다.

이 점에서 특정 목적의 실현을 위해 자발적으로 이루어지는 학습활동의 총체와 그 힘을 총칭하기 위하여 '학습역동'(learning dynamics)이라는 개념이 요청된다. '역동'(dynamic)이라는 개념은 사전적으로 "힘 있게 움직임"(동아출판사, 2005)을 뜻한다. 즉 '역동'이란 끊임없이 요동치며 움직이며 에너지를 발산하는 현상을 지칭하는 개념이다. '역동'에 대한 개념은 심리학에서의 정신분석학 및 발달이론, 집단심리학 등에서 사용되고 있다. 정신분석학 및 발달이론에서는 인간의 다양한 성장과 발달을 촉발하거나 반대로 병리적 현상을 일으키는 내부 심리기제의 역동성을 심리역동 또는 정신역동의 개념으로 포착하고 있다(정옥분, 2004). 또한 집단심리학에서는 집단 구성원의 상호작용에서 비롯되는 힘을 지칭하는 개념인 '집단역동'이라는 개념 속에서 사용하고 있다. 이처럼 '역동'은 개체가 갖고 있는 내적 에너지임과 동시에 내적 에너지를 발산하는 활동을 총칭하는 개념으로 이해할 수 있다. 이 점에서 학습역동은 학습활동을 통해 발현되는 내적 에너지임과 동시에 이러한 에너지를 발산하는 활동을 총칭하는 개념으로 이해할 수 있을 것이다.

이 점에서 부안 핵폐기장 유치 반대운동 과정에서 나타난 반대여론의 확산과 주민 조직화 과정, 즉 공감영역의 확장 과정은 학습관리체제의 기능적 진화와 더불어 주민들의 학습역동에 의해 이루어진 것이라고 볼 수 있다. 이때의 학습관리의 기능적 진화가 선도집단에 의해 일방적으로 주도되었던 것이 아니라 주민들 스스로의 조직화를 통한 자기 조직적 교육활동의 출현과 주민들의 참여를 통해 형성되었던 학습의 장의 확산과 함께 이루어졌다는 점에서 학습역동은 참여한 주민들의 성장을 통해 발산되어진 발현적 힘이었다고 할 수 있다. 이는 주민들의 운동주체로서의 성장과정을 둘러싸고 형성된 학습관계의 변화과정을 통해 확인되는 것이기도 했다.

## 4. 학습관계: '이슈' 중심의 공명적 관계

### 이슈중심의 관계망의 확장

핵폐기장 유치 반대운동이 본격화되면서 주민들은 핵폐기장 백지화를 위해 함께 하는 동지로서의 호의적 관계를 통해 반핵공동체로서 자기 정체성을 강화해 간다. 주민들의 적극적 참여와 반대여론 확산을 위한 자발적 교육활동이 확대될수록 가르침과 배움의 학습관계 망이 확산된다. 이와 같은 핵폐기장 유치 반대운동에서 형성되고 확산되는 학습관계의 특징은 핵폐기장 백지화라는 운동적 '이슈'를 중심으로 형성된다는 점에 있다. 즉, 핵폐기장이라는 이슈를 공동의 문제로 인식하고 이러한 문제를 해결하기 위한 적극적 관계 맺기의 과정에서 학습관계가 형성된다. 이 점에서 사회운동의 학습관계는 학습하는 개인보다는 이와 같은 이슈를 둘러싼 공동체적 목적과 삶의 문제에 맞춰있다는 점에서 공감영역을 둘러싸고 맺어진 목적 지향적 학습관계라고 할 수 있다.

이러한 이슈 중심의 학습관계는 '호의적 관계'를 기반으로 형성되고 변화한다. 핵폐기장 백지화를 위한 반대 진영의 역량 강화와 반대여론의 확산은 반대담론을 중심으로 한 주민들 사이의 호의적 관계망의 형성을 통해 실현할 수 있는 일이었다. 이 때문에 핵폐기장 유치 반대운동 과정은 선도 집단과 일반 주민, 일반 주민과 일반 주민, 외부집단과 부안 주민들 사이의 소통적 관계망을 끊임없이 생성하고 복원하며 확장하는 과정을 통해 이루어지고 있었다. 이 점에서 핵폐기장 유치 반대운동에서의 학습과정은 호의적 관계망 확장이라는 소통원리에 의해 구축되는 것이었다.

이러한 학습관계는 네트워크적임과 동시에 중핵적 속성을 갖는다. 네트워크란 네트(net)와 개체로서의 노드(node)로 구성된 의사소통의 신경망(한숭희, 2005)을 말한다. 이 점에서 네트워크적 학습관계는 다수의 중심 개체와 이를 이어주는 관계로 형성되며, 중심부와 주변부가 있고 이에 따라 수직적 의사전달이 이루어지는 위계적(hierarchial) 관계와 구별된다. 반핵공동체 학습관계의 네트워크적 속성은 학습담론이 형성되고 확산되는 과정과 전자네트워크를 기반으로 전개된 다중적 교육활동 속에서 발견된다. 초창기 핵폐기장에 대한 지식과 핵폐기장 반대운동의 경험이 부족한 상황에서 안으로는 선도적 학습 집단의 학습역량을, 밖으로는 다른 지역사회와 시민사회단체의 경험을 연계하는 일이 이루어진다. 핵폐기장 유치 반대운동에 대한 호의적인 '관계망'(net)을 통해 각각의 중심(node)에서 갖고 있었던 경험과 지식이 적극적으로 소통하기 시작한 것이다. 이 소통을 통해 부안 상황에 적합한 맥락적 지식(contextual knowledge)이 형성되고 네트워크적 소통방식을 통해 확산되며 변형된다. 반핵군민으로서 공동체적 관계망 속에서 읍면대책위, 종교단체, 주민모임, 사회단체 등 주요 집단뿐만 아니라 개별적 주민들은 반핵담론을 학습하고 변형시켜 다시 집단의 구성원들과 이웃들에게 확산하는 네트워크적 '노드'로서의 역할을 한다. 전자통신망은 이러한 네트워크적 학습관계를 촉진한다. 군대책위 홈페이지를 비롯하여, 참소리, 부안21, 격포소리, 기독인모임 홈페이지 등은 문서자료, 동영상, 사진 등의 학습 자료를 제공할 뿐만 아니라 부안 주민들을 포함해 핵폐기장 유치 반대운동에 관심을 갖고 접속하는 사람들에게 소통의 장을 마련해준다.

한편, 반핵공동체학습관계의 중핵적 속성은 군대책위를 중심의 교육 및 홍보활동과 촛불집회라는 일상적인 대중교육의 장에서 발현된다. 본격적인 핵폐기장 반대운동이 전개되고 군대책위 및 읍면대책위를 중심으로 전 지역을 아우르는 주민 조직이 형성되면서 학습관계도 '중핵적' 성격을 띤다. 이때 학습관계가 군대책위 및 읍면대책위의 중심적 조직 틀 위에서 주민들을 거리와 광장으로 모아내는 과정에서 형성되었다는 점에서, 또 한편으로는 지속적으로 주민을 한 데 모아 집중적인 학습이 이루어질 수 있게 했던 핵폐기장 유치 반대운동의 '핵'으로서 촛불집회 속에서 형성되었다는 점에서 중핵적이다.

### 자발적 동조와 공명적 관계

주민들의 학습활동 속에 나타나는 학습관계는 다층적 접근을 통해 이해할 수 있다. 일차적으로 주민들은 반핵학습을 주도하고 실천 활동을 선도하는 지도부와의 관계 속에서 참여적 학습활동을 전개하고 있었다. 이때 지도부는 선도적 학습 집단, 즉 앞서서 반핵담론을 학습하고 핵폐기장 유치의 부당성을 인식하고 있었으며 사회운동의 사전 경험을 갖고 있었던 '의식 있는' 개인들로 구성되어 있었다. 이 때문에 형식적으로 지도부와 주민은 수직적 학습관계 속에 놓여있었다. 하지만, 주민들과 지도부의 형식적인 수직적 관계는 주민들의 자발적 동조와 '신뢰'관계를 통해 형성되고 있었다. 이 때문에 형식적으로 나타난 수직관계는 이러한 자발적 동조를 가능케 할 핵폐기장 백지화의 공동체적 목표가 존속하는 한에서, 그리고 지도부에 대한 신뢰가 유지되는 한에서 허용되는 잠정적인 것이었다. 등교거부 철회 결정 및 정부와의 협상 과정에서 나타난 군대책위에 대한 비판의 목소리는 형식적인 수직적 관계가 주민들의 선택과 결단에 따라 언제든지 전복될 수 있는 유약한 구조였다는 것을 보여준다.

반핵군민으로서 학습활동은 반핵담론의 일방적 수용을 통해서 이루어진 것 아니라 분노의 감성과 반핵담론이 '공명'하면서 이루어지고 있었다. 부안 주민들은 감성적 공감의 토대 위에서 반핵담론에 대한 학습과정을 선택하고 있었다. 반핵담론이 확산되고 공동체적 경험이 공유되는 과정은 경험과 경험을 나누고 타자의 삶을 자신의 삶의 맥락 안에서 이해하는 과정이기도 했다. 이 점에서 반핵공동체 구성원들이 맺고 있는 학습관계는 강력한 권위나 강제, 또는 제도적 장치 및 경제적 논리에 의해 던져진 일방적 관계와는 거리가 멀다.

이 점에서 반핵공동체 구성원들이 맺었던 보다 중요했던 관계는 '공명적(共鳴的)' 관계라고 할 수 있다. 공명(共鳴, resonance)이란 물리학적 용어로 진동계가 그 고유 진동수와 같은 진동수를 가진 외력(外力)을 주기적으로 받아 진폭이 뚜렷하게 증가하는 현상을 의미한다. 사전적으로는 남의 사상이나 의견 따위에 동감한다는 의미를 지니기도 한다(동아출판사, 2005). 즉, 직접적인 강요나 강조가 아니라 영향을 미칠 수 있는 적절한 환경에 처하게 되면서 자연적이고 자발적으로 타인의 사상을 받아들이게 될 때 우리는 이를 공명을 통해 이루어는 학습이라고 할 수 있다. 주민들의 감성은 반복적이고 지속적인 상호작용을 통해 선도 집단들의 반핵담론과, 그리고 이웃들의 삶에 공명하게 하고 있었으며, 주민들은 이러한 공명적 관계를 통해 반핵공동체의 일원으로 참여하고 있었다. 이 점에서 반핵공동체의 구성원들이 맺고 있는 공명적 관계는 이익집단 등 사회조직체에서 맺게 되는 계약 관계와 다른 신뢰와 유대감을 토대로 한 인격적 관계, 즉 공동체적 관계를 토대로 하고 있었다. 따라서 반핵공동체 구성원간의 반복적인 상호작용의 장의 규모가 작아지고, 구성원 간의 신뢰관계가 느슨해진 일상의 복귀 이후 나타난 공명적 관계의 약화는 자연스러운 것이었다.

### 학습역동과 학습관계

이슈중심의 호의적 관계망의 확장과 자발적 동조를 통한 공명적 학습관계의 형성을 가능하게 한 것은 무엇인가? 이는 학습관계를 구성하는 기본 요소, 즉 교육활동과 학습활동의 관계에서 찾을 수 있다. 앞서 살펴보았던 것처럼 교육활동은 공감영역에 대한 기능적 통합과정을 통해 학습관리체제를 형성하고 있었다. 한편 학습활동은 이론-실천-관계의 구조 속에서 학습역동을 발현하면서 공감영역의 확장과 학습관리체제의 변화에 힘을 불어넣고 있었다.

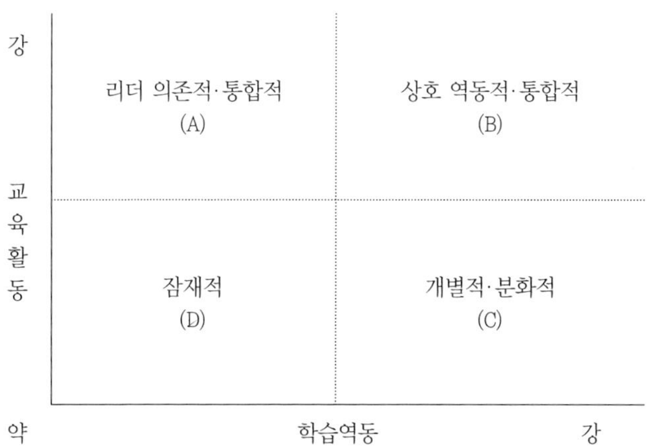


▶▶ **그림 5.** 학습역동에 따른 학습관계의 유형

반핵공동체 교육활동과 학습활동이 관계 맺는 방식, 즉 학습관계의 특성과 변화과정은 [그림 5]에서처럼 교육활동이 이루어지고 학습역동이 발현되는 강도에 따라 네 가지 유형으로 구분할 수 있다.

첫 번째 학습관계의 유형(A)은 군대책위를 중심으로 한 '동의와 공감'을 구하는 교육활동이 이루어지지만 주민들의 학습활동은 본격화되지 않은 초창기의 상황에 나타나며 '리더 의존적이고 통합적인' 특성을 갖는다. 학습과정의 목표가 핵폐기장 유치 반대를 위한 역량의 결집에 맞춰진다는 점에서 통합적이며 선도적 인식을 기반으로 교육활동에 나섰던 군대책위 및 선도 집단에 의존적인 학습관계가 맺어진다는 점에서 리더 의존적이다.

두 번째 학습관계의 유형(B)은 군대책위를 비롯하여 주민들의 자기 조직적 교육활동이 본격화 될 뿐만 아니라 주민들의 자발적 참여와 동조를 통한 학습활동이 활발히 이루어지기 시작하면서 나타난다. 이때에는 초창기 형성되었던 선도 집단과 주민들 사이의 수직적 학습관계가 강화되고 주민들 사이의 수평적 학습관계가 확산된다. 뿐만 아니라 주민들의 역량이 강화되면서 기존의 수직적 학습관계 또한 역전되거나 해체되기도 한다. 이는 학습역동의 강화를 통해 이루어진 학습관계의 변화과정으로 이해할 수 있다. 이 점에서 학습관리체제와 학습역동은 변증법적 관계를 맺는다. 즉, 체계화되고 조직화된 학습관리체제는 학습역동을 촉진하고 학습활동으로부터 발현된 힘으로서 학습역동은 수평적 학습관계의 형성 또는 수직적 학습관계의 전복을 통해 학습관리체제를 변형시킨다. 이 점에서 이 유형의 학습관계는 '상호 역동적'이며 여전히 공동의 목적 실현이라는 강한 공감영역 위에서 이루어지는 역동성이라는 점에서 '통합적'이다.

세 번째 학습관계의 유형(C)은 조직적이고 참여적인 교육활동이 축소되고 핵폐기장 백지화라는 공동체적 목표가 실현된 '일상으로의 복귀 이후'에 나타나며 '개별적이고 분화적'인 특성을 갖는다. 이때 운동기처럼 단일한 공간영역을 중심으로 한 교육활동이 이루어지지 않는다는 점에서 학습관계는 (A)와 (B)의 경우처럼 통합적인 형태로 드러나지 않는다. 하지만 일상운동 속에서 전개되는 교육활동에 대한 개인적 참여를 통해 맺어진다는 점에서 '개별적'이며, 공간영역의 분화에 따라 일상운동의 영역에서 전문화되고 특화된 교육활동이 이루어지는가 하면 일상 속에서의 공동체 경험 및 자기 성찰 등이 이루어지는 등 다양한 형태의 학습활동 속에서 형성된다는 점에서 '분화적'이다.

마지막 유형(D)은 교육활동과 학습활동이 활발히 이루어지지 않은 시기에 나타나는 것으로 핵폐기장 유치 반대운동이 전개되기 이전의 '평온하고 안정적인' 일상의 맥락에서 나타난다. 반핵공동체처럼 눈에 띄는 학습주체가 출현하지도 않았으며 구체적인 교육활동 및 학습활동도 전개되지 않는다. 하지만 필요한 순간 학습관계를 형성할 수 있는 지역사회의 역량이 내재해 있다는 점에서 이때의 학습관계는 '잠재적'이라고 할 수 있다. 이 점에서 (C)의 학습관계는 (D)로의 변화 가능성을 담고 있다. 부안 주민들이 일상으로의 복귀 이후에 맞닥뜨린 일상압과 갈등의 상황 등은 핵폐기장 유치 반대운동의 참여 과정 속에서 발현된 학습역동의 약화를 예고하는 것일 수도 있기 때문이다.

이 점에서 부안의 사례에서 나타난 학습관계는 (D)→(A)→(B)→(C)의 과정을 통해 변화했다. 그리고 일상으로의 복귀 이후에 나타난 개별적이고 분화적인 학습관계는 학습역동의 약화를 통한 잠재적 학습관계로의 전환 가능성과 지역사회라는 새로운 화두를 통한 '소통과 이해'의 학습관리방식의 구축으로 상호 역동적이고 통합적인 학습관계로의 전환 가능성을 동시에 가지고 있다고 할 수 있다. 이 점에서 핵폐기장 유치 반대운동 과정에서 형성된 학습관계는 반대운동의 결과로서의 학습역동을 어떻게 유지 존속시키는가, 그리고 새로 등장한 지역사회라는 화두를 중심으로 한 학습관리체제를 어떻게 구축해가고 분출된 학습역동을 어떻게 통합시켜나가는가에 따라 또 다른 변화 가능성을 담지하고 있는 것이다.

## 5. 지식: 규범적 탈주지의 생산

### 일상경험의 긍정과 단절

핵폐기장 유치 반대운동의 참여는 '낯선 세계'로의 진입을 의미하는 것이었다. 이전의 일상의 맥락을 떠나 광장과 거리로 나선 주민들은 일상 속에서 접해보지 못했던 공권력과의 대립, 핵폐기장에 대한 이야기들, 광장에서의 경험, 이웃의 만남 등의 비일상적 경험세계를 공유했다. 이는 한편으로 익숙한 경험의 세계를 벗어나 낯선 경험의 세계로 진입했다는 점에서 '일상의 단절'을 의미하는 것이기도 했다. 또한 일상의 단절과 비일상적 경험세계로의 진입은 자신들의 삶을 적극적으로 돌아보고 긍정하는 과정이기도 했다. 반핵공동체 구성원들은 반핵담론을 끊임없이 자신들의 삶의 언어로 번역하고 있었고, 자신들의 목소리로 반핵담론을 재해석하고 있었다. 추상적 언어가 아닌 경험적 언어로 번역된 반핵담론은 주민들의 일상의 경험과 결합하여 확산되고 공유되고 있었다. 자신들의 향유하고 있던 문화(세대문화, 농촌문화 등)는 '민중문화'[61]와 결합하여 반핵공동체만의 독특한 '반핵문화'를 형성하고 있었다.

이 점에서 반핵공동체의 지식과 문화의 생성과정의 특징은 '단절과 긍정'의 역설 속에서 발견할 수 있다. 이때의 단절은 일상세계에서 맺고 있던 대중문화와의 관계, 언론매체와의 관계, 권력과의 관계 등과의 단절을 의미한다. 르페브르(Lefébre)는 "소비 조장의 관료사회에서는 국가가 직접적으로 권력을 행사하는 것이 아니라 (상업적 또는 반쯤은 정책적 계획에 의한) 새로운 조직에 의해 권력이 행사되며 이러한 제도가 문제 삼고 억압하는 것이 다름 아닌 일상생활"(최종욱, 1992: 133)이라고 보고 있다. 이 점에서 일상은 사적공간이 아니라 공적 지배가 이루어지는 장이다. 하버마스는 이를 체제에 의한 생활세계 식민화의 과정으로 해석한 바 있다(Habermas, 1969 참조).

이 점에서 '단절'은 일상 속에 내재하면서 주민들의 삶을 지배하고 있었던 (정치적, 경제적, 문화적) 권력관계에 대한 단절을 의미한다. 한편, 이러한 권력 관계 속에서 열등한 것으로, 또는 사적인 것으로 치부했던 자신들의 경험세계는 핵폐기장 유치 반대운동의 참여과정을 통해 적극적으로 '긍정'된다. 그리고 이러한 '긍정'은 반핵군민의 유대감 속에서 이루어졌다는 점에서 '공동체적 긍정'이자, 집단적 실천을 통해 강화되고 있었다는 점에서 '실천적 긍정'이었다. 이 점에서 긍정과 단절의 과정은 비일상적 상황에서 이루어

61) 이때의 민중문화는 우리나라 현대사 속에서 형성된 소위 '운동권 문화'를 일컫는다. 민중가요, 민중미술, 민중음악 등 기층대중문화에 대한 저항이자 대안으로 민중운동과의 긴밀한 결합 속에서 형성되었다.

진 일상에 대한 '공동체적 성찰'의 과정이라고 할 수 있다. 자신들의 삶의 맥락을 돌아보고 일상의 지배했던 경제적, 정치적, 사회적 권력관계를 인식하고 단절하는 일, 그리고 그 속에서 자신들의 삶의 경험들을 긍정하고 재구성하는 일은 감성적인 과정이라기보다는 지적인 성찰의 과정이다. 반핵담론은 이러한 성찰의 계기를 마련해주고 이해의 틀, 그리고 세계관을 제공해주는 역할을 담당하고 있었다.[62] 이 점에서 주민들의 감성의 에너지는 공동체적, 실천적 긍정을 통한 지적 성찰을 향해 발산되고 있었다.

### 규범적 탈주지의 형성과 공동체적 내면화

핵폐기장 유치 반대운동에서 일상의 단절을 둘러싸고 나타난 지식의 성격은 어떻게 이해할 수 있을까? 사회운동의 과정에서 반대담론의 생성된다고 할 때 이때 생성되는 지식은 보편적 지식이나 공식적 지식이 아니라 구성원들의 삶의 맥락과 결합된 맥락적 지식(contextual knowledge)이다(Hill, 2004). 뿐만 아니라 구성원들의 삶의 경험과 문화를 부정하는 것이 아니라 적극적 긍정을 통해 구성되는 민중지(popular knowledge)(한숭희, 2000; Freire, 1972; Freire & Horton, 1990)이다. 힐은 이와 같은 사회운동에서 생성된 지식을 전문가들의 공식적 지식과 과학적 지식, 그리고 거대담론으로서의 운동담론과도 차별화된다는 의미에서 탈주지(fugitive knowledge)라고 보았다.

62) 이에 대해서는 허준(2001)의 도시빈민 지역의 야학 학습자들에 대한 연구를 참고해볼 만하다. 대학생들로부터 정치경제학을 학습한 도시빈민학습자들은 이를 통해 사회적 인식을 확장시킬 수 있는 계기를 갖는다. 그러나 이는 추상적인 이론지식의 확장만을 의미하는 것이 아니었다. 지식 학습의 토대 위에 자신의 삶을 사회 구조적 조건 속에 구성해 내면서 스스로를 '빈민'으로 재발견하게 된다(허준, 2001 참조).

이 점에서 핵폐기장 유치 반대운동의 과정에서 생성된 지식과 문화는 주민들의 삶의 경험에 대한 긍정을 토대로 구성된 맥락적 지식이자 민중적 지식으로서의 성격을 가지고 있었다. 뿐만 아니라 공식적 지식으로서 정부의 개발담론과 전문가 집단의 과학담론을 거부할 뿐만 아니라 환경생태담론을 주민들의 생존담론 및 일상의 경험과 결합시켰다는 점에서, 그리고 이 과정을 통해 지역사회의 새로운 문화와 화두를 생성했다는 점에서 탈주지의 성격을 갖는 것이었다.

한편 이때의 탈주지는 핵폐기장 백지화라는 공감영역을 정당화하고 확장하는 데 기여하는 지식을 선택하는 과정에서 받아들여지고 반대운동을 정당화하고 운동의 의미를 만들어가는 과정에서 생성되었다는 점에서 규범적(normative) 속성을 갖는다. 규범은 인과율에 의존한 자연법칙과 달리 당위적 가치로 설명되며, 이러한 당위적 가치로서의 규범은 현실의 구체적인 것들에 대한 일종의 척도로서 작용한다(Müller & Halder, 1980). 반대운동에 참여한 부안주민들은 핵폐기장의 반대운동의 정당성을 설명하는 지식 수용 과정에서 반핵담론을 학습하고 있었으며, 핵폐기장 유치의 옳고 그름을 판단하는 척도로서 내면화하고 있었다. 반핵담론의 수용 여부는 핵폐기장 유치에 대한 가치 판단을 어떻게 하는가의 문제와 동일한 것이었다. 요컨대, 반핵담론은 보편적이고 객관적인 지식으로서가 아니라 규범으로서 주민들에게 내면화되고 있었던 것이다.

이 점에서 사회운동에서의 지식이 객관적으로 공인될 수 없을 뿐만 아니라 이러한 지식이 생성된 상황 밖에서는 보편성을 획득하지 못한다는 이유로 실제 정책변화와 같은 사회변화에 기여하지 못한다는 관점(Hill, 2004)은 사회운동에서 학습되고 생성되는 지식의 단편적인 속성만을 드러내준다. 부안의 사례에서 볼 수 있는 것처럼 이때의 탈주지는 전문가의 영역보다는 주민들의 삶의 영역과 더 친화적이기 때문에 '주관적' 지식이라고 할 수 있다. 그리고 이러한 지식이 핵폐기장 정책을 변화시킬 수 있는 공식적 지식으로 수용된 것은 아니라는 점에서 '비공식적' 지식의 영역 속에 여전히 머물러 있다. 이는 체제의 변화를 목적으로 하는 것이 아니라 일상의 복원을 목적으로 했던 핵폐기장 유치 반대운동의 성격에서 나타나는 것이기도 하다.

이와 같은 학습담론에 대한 규범적 이해는 사회운동에서 나타난 학습결과를 주민들의 삶의 변화 속에서 이해할 수 있는 중요한 관점을 제공한다. 핵폐기장 유치 반대운동이 마무리가 되고 일상으로의 복귀 이후에 나타난 일상운동의 확장과 지역사회 문제에 대한 새로운 화두의 등장은 핵폐기장 유치 반대운동 경험을 통해 학습되고 생성된 규범적 탈주지가 공동체 차원에서 내면화되는 과정이라고 할 수 있다.

# 5

# 지역사회운동의 평생교육학적 함의

## 1. 공동체학습의 역설

사회운동이 일상적인 삶을 살아가는 우리에게 독특한 경험임에 분명하다. 개인의 사적인 일상의 영역을 벗어나 특정한 사회 이슈에 대한 집단 안에 들어간다는 것, 일상 속에서 금기시하는 '광장'으로 나가서 사적인 문제가 아니라 공적인 이야기를 소리 높여 외친다는 것, 공권력에 맞선다는 것, 그리고 누군가에 대해 반감과 증오를 집단적으로 표출한다는 것 등은 사회운동 안에서 겪게 되는 일반적인 경험이다. 이 경험은 사회운동에 참여하는 사람들뿐만 아니라 간접적으로 그 운동을 경험한 사람들의 삶에 영향을 미친다.

1980년 광주의 경험이 민주화에 대해 열망했던 시민들에게 아직까지 의미 있는 경험으로 남아 있는 이유도 이 때문일 것이다. 2008년 촛불과 광장을 경험한 10대들, 이른바 촛불세대의 삶은 다른 세대의 삶과는 다를 것이다. 때문에 당장 이루어진 사회운동의 경험을 사회운동이 이루어진 당시의 시점에서 특정하여 이해하기 쉽지 않다. 사회운동에서의 특별한 경험이 일상 속에서 보통의 경험들과 결합해가는 과정에서 삶의 양태는 다양하게 전개될 것이다.

사회운동, 특히 지역사회운동을 평생교육학적으로 본다는 것은 특정 지역에서 이루어진 사회운동의 과정에서 어떠한 가르치고 배우고 관계 맺고 변화하는 학습과정이 형성이 되었는가에 주목하는 일이기도 하겠지만 이러한 학습과정이 사회운동의 종료, 또는 일상으로의 복귀 이후에 어떻게 진화 또는 퇴화하는가에 대해 주목하는 일이기도 하다. 이 책에서 다룬 부안 핵폐기장 반대운동을 경험한 부안 지역의 공동체학습과정도 마찬가지였다. 지극히 사적인 영역을 살아가던 주민들에게 핵폐기장 유치 반대운동은 비일상적인 삶의 장을 열어 놓았고, 핵폐기장 유치 반대 운동이 끝나 일상으로 돌아간 이들의 일상도 긍정적이든 부정적이든 이전과는 다른 일상이었다. 사회운동 중에는 지도부의 주도 및 주민들이 자발적인 동조로 독특한 학습과정이 형성이 되었고, 이러한 학습과정은 일상으로의 복귀 이후에 또 다른 양상으로 전개되었다.

사회운동 과정에서 형성되는 학습과정은 교실과 같은 폐쇄적 세계가 아니라 지역사회운동의 장이라는 특수한 삶의 현장에서 형성되고 변화한다는 점에서 복잡성을 띤다. 이 복잡성 또한 다차원적인데, 지역사회운동의 경우 지역이라는 특수성 위에 사회운동의 경험이 덧붙여서 전개된다는 점에서, 그리고 이러한 독특한 경험이 다시 일상과 부딪힌다는 점에서 그렇다. 부안 사례의 경우 반핵 공동체가 겪은 공동체학습과정의 특수성이 이러한 복잡성을 강화한다. 예컨대, 특정한 사회운동의 목적을 달성하기 위해 교육활동이 기능적으로 결합한 체제인 '학습관리체제'는 공감영역을 구축하는 동시에 주민 참여를 촉진하는 과정 속에서 기능을 수행한다. 자발적 학습활동을 통해 발현되는 에너지인 학습역동은 학습관계를 주도하고 일상경험의 단절과 긍정을 통한 지식 생성에 참여함으로써 학습관리체제의 지평을 변화시킨다. 이 과정에서 학습관계의 확장을 통한 호의적 관계망과 참여자들의 경험세계와 결합된 규범적 탈주지가 만들어지며 이렇게 생성된 관계와 지식이 다시 학습관리체제와 학습역동에 영향을 미친다.

이 점에서 지역사회운동에서 나타난 공동체학습 과정은 다음과 같은 특성을 갖는다. 일차적으로, 사회운동에서의 학습과정은 '목적지향성을 기본 원리로 한 제한적 자기 완결 구조'를 갖는다. 사회운동이 집단의 참여를 통해 이루어진다고 할 때 사회운동의 장은 집단 학습의 장이다. 이때 사회운동의 참여과정이 참여자들의 의식의 변화를 가져온다는 점에서 참여의 장이기도 하지만 교육활동을 동반한다는 점에서도 그러하다. 사회운동의 장에서는 끊임없는 자기 정당화와 설득과 이해를 구하는 교육활동의 필요성이 상존한다. 집단행동과 집단의지를 정당화하고 세력화를 통한 운동역량 강화가 사회운동의 성패와 직결될 수 있기 때문이다. 이때 공동체학습은 사회운동에 필요한 운동역량을 결집하는 힘을 제공한다. 교육활동은 구성원들의 경험과 지식을 결집하고 네트워킹하며 구성원들이 공유하고 참여할 수 있는 공감영역을 생성한다. 그리고 공동체의 구성원들이 참여와 실천을 통해 운동담론을 학습하고 맥락적 지식을 생산하면서 공동체적 역량을 모아간다. 이 점에서 공동체학습 과정은 사회운동을 위한 집단적 역량을 모아내고 의미 있는 운동 담론을 생산한다. 여기에서 구성원들의 참여를 견인하는 공감영역의 생성은 사회운동에서의 학습과정을 본격적으로 작동시키는 데 중요할 수밖에 없다.

부안의 사례에서 보았던 것처럼 부안 주민들의 지속적인 학습과정의 참여를 가능하게 했었던 것은 공감영역 강화의 메커니즘이었다. 이 때문에 사회운동에서 나타난 공동체학습 과정은 공감영역이 유지되는 한 자기 완결적이다. 공감영역을 균열시킬 수 있는 학습활동은 공고한 학습과정의 구조 속에서 허용되지 않기 때문이다. 예컨대, 공감영역의 근간을 흔들 수 있는 비판적 성찰은 공동체학습 과정 속에서 허용될 수 없다. 그러나 공감영역의 생명력이 공동의 목표에 의존적이라는 점에서 사회운동에서의 공동체학습 과정이 갖는 자기 완결성은 제한적이다. 목표의 성취 또는 목표의 상실(운동의 성공 또는 실패)은 공감영역에 대한 자연스러운 변형 또는 해체를 가져올 것이기 때문이다.

다음으로, 사회운동에서 이루어지는 공동체학습은 '불완전한 자기 영속성'을 지닌다. 부안의 사례에서 단일한 목표로 형성되었던 공감영역은 학습역동에 의해 분화하고 있었으며, 운동의 목적과 기능적으로 결합하여 형성된 학습관리체제는 주민들의 참여와 공감영역의 분화 속에서 새로운 교육활동으로 변화하고 있었다. 지역주민들은 학습활동 참여를 통한 학습역동의 발현으로 공동체적 운동주체로서의 성장하고 있었으며, 이슈를 중심으로 한 호의적 관계망은 일상 속에서의 공동체적 의사소통 방식을 강화하고 있었다. 또한 주민들의 경험과 결합된 공동체적 가치 판단의 준거로서 규범적 탈주지는 지역사회에 새로운 화두를 던져 주고 있었다. 이 점에서 사회운동에서 형성된 학습과정은 집단의 목적에 기능적으로 결합할 뿐만 아니라 사회운동에 대한 공동체적 경험을 통해 새로운 학습과정으로 진화할 수 있는 잠재력을 갖는다. 이는 사회운동이라는 독특한 경험을 통해서 구성된 학습과정이 사회운동의 목적이 달성된 이후에 해체 되는 것은 아니라 독특한 학습양식을 내포한 체제로 진화한다는 것을 보여준다. 이는 사회운동 속에서 형성된 공동체학습과정의 영속성을 보여주는 대목이다. 사회운동이 집단의 목적 실현과 함께 생명력을 다하는 것이 아니라 지역사회 차원에서의 새로운 학습과정을 잉태한다는 점에서 사회운동에 대한 교육학적 탐구의 정당성이 확보된다. 사회운동은 끝났지만 지역사회의 학습 경험은 일상으로의 복귀 이후에도 살아있다.

공동체학습과정의 영속성은 그러나 완전하지 못하다. 부안의 사례에서 볼 수 있었던 것처럼 핵폐기장 반대운동 과정에서 형성된 공동체학습과정은 일상으로의 복귀 이후 표면적으로 해체된다. 이는 이때의 학습생태계가 사회운동이라는 비일상적 상황에 최적화되어 있었기 때문에 나타나는 현상이다. "부풀어 오른 의식"을 담아낼 수 있는 교육활동의 부재, 반대 진영에 참여했던 주민들 간의 갈등, "먹고 사는 문제"의 전면화 등은 공동체학습경험을 위태롭게 하는 부정적인 일상의 토양을 구성한다. 이러한 이유들 때문에 지역사회에서 이루어진 운동 경험에 대한 자기 부정이 전면화된다면, 그 속에서 구축된 공동체학습과정의 해체는 가속화될 것이다.

요컨대, 사회운동 속에서 공동체학습은 공동의 목적을 실현하기 위해 통합성을 강조하고 자기 성찰을 제한한다는 점에서 자기 완결적인 동시에 이 과정 속에서 새로운 공감영역, 교육활동, 학습주체, 학습관계 및 학습내용을 생성한다는 점에서 자기 영속적이다. 한편, 이때의 자기 완결성은 사회운동에서의 학습과정이 공감영역 의존적이라는 점에서 제한적이며, 자기 영속성은 부정적 일상의 토양 속에 학습과정이 위치하게 된다는 점에서 불완전하다.

사회운동에서 이루어지는 공동체학습과정이 이러한 특성은 그렇기 때문에 다양한 가능성을 내포한다. 공동체학습과정의 갖는 자기완결성에 대한 제한성은 사회운동에 대한 비판적 성찰의 틈새를 마련해준다. 그리고 일상의 조우와 함께 나타나는 공동체학습과정의 불완전성은 비일상적 학습과정이 일상의 구조와 결합하는 과정 속에서 나타나는 필연적인 통과의례와도 같은 것이다. 사회운동에서 나타나는 이와 같은 공동체학습 과정의 역설은 사회운동의 상황과 일상의 상황을 동시에 고려할 때 발견되는 것이다. 따라서 '제한적 자기 완결성'과 '불완전한 자기 영속성'은 사회운동에서의 학습과정이 품고 있는 일반적 모순이라고 할 수 있다.

## 2. 평생교육학적 함의

평생교육학은 생활세계의 다양한 장면에서 일어나는 학습현상을 중요한 연구 대상으로 삼는다. 이때의 학습현상이란 개인 수준에서 일어나는 학습현상에만 국한되지 않는다. 한 개인의 서 있는 존재적 궤적 속에 드러나는 학습은 때로는 개인학습의 형태로, 또는 집단학습의 형태로 나타나기도 하지만 한 사회를 구성하는 학습체제 또는 학습생태계의 형태로 나타난다. 물론 학습생태계의 관점에서 보면 우리 인간은 하나의 학습관계망 속에서 학습생활을 영위하고 있는 셈이다.

사회운동은 인간세계에서 일어나는 학습현상을 이해하는 응축된 실험실과도 같다. 부안의 사례에서 보았던 것처럼 개인과 집단이 공존하며, 의도적인 학습과 우연적인 학습이 교차하고, 특유의 학습과정이 형성되었다가 해체된다. 또한 일상의 구조가 비일상적 구조와 충돌하면서 압축적이고 집중적인 경험이 집단적으로 일어난다. 우리는 이러한 사회운동의 현실 위에서 사회운동만이 갖는 독특한 학습양식을 이해할 수도 있지만, 한편으로는 일반적인 학습양식의 단초를 발견할 수도 있다.

사회운동에서 일어나는 학습과정의 특성은 다음과 같은 의미를 지닌다. 첫째 사회운동에서 나타난 학습과정은 집단적인 수준에서 일어나는 목적지향성 학습의 특성을 설명해준다. 사회운동에서 일어나는 학습은 일차적으로 공동의 목적을 실현하기 위한 역동적 과정임에 분명하다. 이때의 목적지향성은 다른 생활세계의 영역에서 이루지는 학습과정과 구별되는 중요한 특성이다. 기존의 사회운동론과 비판적성인학습담론이 사회운동을 통해 실현해야하는 공동의 목적에 관심을 가졌던 이유도 여기에 있다. 그러나 이때의 목적지향성은 고정되고 불변하는 것이 아니라 끊임없이 변화하고 진화하며 분화되는 공감영역과의 관계 속에서 드러나는 것이다. 이러한 관계 속에서 목적은 구조적으로 실재하거나 선도그룹을 통해 기획되는 것이 아니라 구성원들의 삶의 경험과의 조우를 통해 의미있게 수용되고 교육활동과 학습활동을 통해 강화 확산됨으로써 구성되고 있다. 지역사회운동의 본질적인 속성인 목적지향성도 결국은 공동체적인 학습과정의 시작이자 산물인 셈이다.

둘째, 사회운동은 학습과정이 발생하고 진화하다가 쇠퇴하는 일련의 과정이 어떻게 일어나는지를 잘 보여준다. 학습주체가 개인이 아니라 집단으로 등장할 때 나타나는 학습과정은 개인학습 과정과 다를 수밖에 없다. 뿐만 아니라 사회운동과 같이 외부환경의 변화와 내부의 역동에 의해 끊임없는 변화와 맞닥뜨려야 하는 영역에서의 학습과정은 어느 정도 안정적이고 체제화되어 있는 학교에서의 학습과정과 다를 수밖에 없다. 사회운동 학습과정은 외부 환경 변화에 민감하고 집단적 실천을 통해 형성된다. 또한 기존의 지역사회와 외부 시민사회의 역량의 결집과 주민들의 의식적 참여를 통해 자연발생적으로 구성된다. 부안 사례에서 나타난 지도부의 교육에 대한 의지는 주민들의 자발적 참여와 만나 의도치 않은 학습과정을 구성했다. 이는 학습과정이 갖는 자연발생적 속성을 보여주는 사례였다. 이러한 의미에서 학습과정에 대한 발생론적 관점은 학습과정의 전경을 자연 상태에서 드러낼 수 있는 이해 방식을 제공한다.

셋째, 사회운동은 학습과정이 생활세계의 새로운 국면과 어떻게 조우하는지를 보여준다. 앞서 사회운동에서 나타난 공동체학습과정이 갖고 있는 두 가지 속성, 즉 제한적인 자기완결성과 불완전한 영속성에 대한 논의에서 살펴본 바 있다. 이때 중요한 국면은 사회운동 안에도 있지만, 사회운동이 일어난 시간적인 전후의 시기, 즉 사회운동의 밖에도 존재한다. 사회운동의 '안'이 비일상의 국면이라면, 사회운동의 '밖'은 일상의 국면이다. 부안의 사례에서 나타난 사회운동의 장은 주민들의 일상경험과 완벽히 단절하고 백지상태에서의 반핵담론 학습을 통해 형성되는 것이 아니었다. 일상의 경험은 적극적으로 핵폐기장 유치 반대운동이라는 비일상적 경험세계 속으로 결합되고 있었기 때문이다. 예컨대 공감영역을 강화시키는 결정적 계기였던 군수에 대한 분노의 감정은 민주주의에 대한 기존의 감수성에서 비롯된다. 반대운동 과정에서 형성된 맥락적 지식은 반핵으로서의 운동담론이 주민들의 헝클어진 일상의 복원을 외치는 생존 담론과 결합함으로써 생성된다. 주민들의 세력화는 일상의 터전에서 형성하고 있었던 주민들 사이의 호의적 관계망을 확장시키는 일을 의미한다. 이 점에서 일상의 영역은 사회운동을 촉발시키는 에너지와 공동체적 기본 역량을 축적하고 있는 공간이자 사회운동에서의 학습과정을 형성하는 기본적 자원을 제공하는 공간으로 등장한다. 한편, 일상은 사회운동을 통해 이루어진 경험을 제한하기도 한다. 생계의 문제, 서로 간의 차이의 문제, 정치적 입장의 문제 등은 비일상적 운동의 장에서 이루어졌던 사회운동의 경험의 확장을 가로 막는 장애 요소가 되기도 한다. 그러나 사회운동에서 나타난 학습과정의 결과가 운동의 성패에서뿐만 아니라 일상의 변화 속에서 발견된다고 할 때 일상의 문제는 여전히 중요하게 부각될 수밖에 없다. 이와 같은 일상과 비일상의 만남, 그리고 비일상적 경험의 일상으로의 맥락화 과정에 주목하는 사회운동에 대한 독해 방식은 사회운동을 교육학적으로 이해하는 데 중요한 단초를 던져준다. 일상에 대한 관심은 사회운동의 경험을 운동의 목적성에 가두지 않고 일상의 변화라는 지속성과 연속성 속에서 공동체학습 과정을 읽어낼 수 있는 가능성을 던져주기 때문이다.

# 참고문헌


강대기 (2001). 『현대사회에서 공동체는 가능한가』. 서울: 아카넷.

강은숙 (2003). "주민자치센터 평가와 지역공동체구축에 관한 연구, 군포시 사례를 중심으로" 『행정논총』 41(2). pp. 117-141.

고길섶 (2005). 『부안 끝나지 않은 노래. 코뮌놀이로 본 부안항쟁』. 서울: 앨피.

고순철 (1994). "공동체 문화 운동의 필요성과 의미". 시민교육학술 세미나 자료집. pp. 3-16.

구해근 (2002). 『한국 노동계급의 형성』. 파주: 창작과 비평사.

김경일 (1985). "공동체의 기본문제". 신용하(편)(1985). 『공동체 이론』. 서울: 문학과지성사. pp. 183-210.

김남선·김만희 (2000). "지역공동체와 사회자본과의 관계에 관한 연구". 『지역사회개발학술지』. pp. 31-60.

김민호 (2003). "지역운동 속의 성인학습에 관한 연구". 『평생교육학연구』 9(2). pp. 21-46.

김선구 (1999). 『공동체주의와 교육』. 서울: 학지사.

김성국 (1998). "한국 시민사회 성숙과 신사회운동의 가능성". 임희섭, 양종희(공편) (1998). 『한국의 시민사회와 신사회운동』. 서울: 나남출판. pp. 15-71.

김신일 (2005). “학습시대의 교육학 패러다임”. 김신일, 박부권(편저) (2005). 『학습사회의 교육학』. 서울: 학지사. pp. 61-102.

나일주·정인성 (1998). 『교육공학의 이해』. 서울: 학지사.

동아출판사(2005). 『동아국어사전』. 서울: 동아출판사.

박노영. (1987). “자본주의 전개와 공동체의 해체과정”. 서울대학교 사회학연구회(엮음). 『현대자본주의와 공동체이론』. 서울: 한길사. pp. 11-79.

박성익·홍순정 (2003). 『교수학습이론과 매체』. 서울: 한국방송통신대학출판부.

부안방폐장 유치 찬·반 주민투표관리위원회 (2004). 『부안 방폐장 유치 찬·반 주민투표 백서』.

송재룡 (2001). 『포스트 모던 시대와 공동체주의』. 서울: 철학과현실사.

신용하 (1985). “공동체에 대한 현대인의 추구”. 신용하(편)(1985). 『공동체이론』. 서울: 문학과지성사. pp. 11-17.

양병찬·이시혜·성잔남·김호석·허준 (2004). 『야학의 실태 및 지원 방안 연구』. 교육인적자원부.

임희섭 (1999). 『집합행동과 사회운동의 이론』. 고려대학교 출판부.

장춘익 (1996). “계몽의 옹호: 하버마스의 근대문화론”. 『철학과 현실』 28. 철학문화연구소. pp. 76-88.

정수복 (1996), 『참여민주주의를 위한 시민단체의 역할과 정책과제』. 서울: 박영률출판사.

정수복 (2001). 『시민의식과 시민참여, 문명전환을 꿈꾸는 새로운 시민운동』. 서울: 아르케.

정옥분 (2004). 『발달심리학』. 서울: 학지사.

정태석 (2002). 『사회이론의 구성: 구조/행위와 거시/미시 논쟁의 재검토』. 서울: 한울아카데미.

정호근 (1996). “의사소통과 합리성”. 『철학과 현실』 28. 철학문화연구소. pp. 64-75.

최장집 (1996). “한국의 민주화, 시민사회, 시민운동”. 『한국시민사회의 이해』, 크리스찬 아카데미 한국사회교육원 엮음. 서울: 한울.

최종욱 (1992). “앙리 르페브르”. 『이론』 1992(1). pp. 132-153.

한숭희 (1995). “민중교육의 이론과 실천: 참여 지향적 성인교육이론의 정립을 위하여”. 『평생교육연구』 1(1). 서울대학교 교육연구소.

한숭희 (2001a). 『민중교육의 형성과 전개』. 서울: 교육과학사.

한숭희 (2001b). 『평생학습과 학습생태계』. 서울: 학지사.

한숭희 (2002). “평생학습시대는 오는가”. 『평생교육연구』 8(2). pp. 1-20.

한숭희 (2005). 『포스트모던시대의 평생교육학』. 파주: 집문당.

한완상 (1984). 『민중사회학』. 서울: 종로서적.

허　준 (2001). “도시빈민학습자의 비판적 성인학습 과정 연구”. 서울대학교 대학원 석사학위 논문.

Balatti, J. & Falk, I. (2002). Socioeconomic Contributions of Adult Learning to Community: A Social Capital Perspective. *Adult Education Quarterly*, 52(4). pp. 281-298.

Bean, W. E. (2000). Community Development and Adult Education: Locating Practice in Its Roots. *New Directions for Adult and Continuing Education*(35). pp. 67-76.

Bell, C. & Newby, H. (1972). *Theory of community, Community Studies: An Introduction to the Sociology of the Local Community ch 2.* 신용하(역)(1985). 『공동체 이론』. 서울: 문학과지성사. pp. 52-101.

Callahan, J. L. (2004). Breaking the cult of rationality: Mindful awareness of emotion in the critical theory classroom. *New Directions for Adult and Continuing Education*, 2004(102). pp. 75-83.

Elias, J. & Merriam, S. B. 2nd (ed) (1995). *Philosophical Foundation of Adult Education.* Krieger Publishing Company.

Etzioni, A. (1995). Old Chestnuts and new spurs. Etzioni, A. (ed)(2004) *New Communitarian Thinking, Person, Virtues, Institutions and Community.* Charlottesville and London: University Press of Virginia. pp. 16-36.

Eyeman, R. & Jamison, A. (1991). *Social Movement. a Cognitive*

*Approach.* Cambridge: Polity Press.

Falk, I. (1997). Community Learning: Using Learning To Re-Think Community Well Being. *Community Arts Network News*(57). pp. 30-36.

Finger, M. & Asun, J. M. (2001). *Adult education at the crossroad, learning our way out.* London & New-York: Zed Books.

Foley, G. (1999). *Learning in social action: a contribution to understanding informal education.* New York: Zed Book.

Freire, P. & Horton, M (1990). *We Make the Road by Walking.* Philadelphia: Temple University Press.

Freire, P. (1972). *The Pedagogy of the Oppressed.* 성찬성(역) (1995), 『페다고지』, 서울: 한마당.

Freire, P. (1985). *The Politics of Educaiton: Culture, Power and Liberalization.* 한준상 (역) (1987), 『교육과 정치의식, 문화, 권력 그리고 해방』. 서울: 학민사.

Freire, P. (1998). *Teachers as Cultural Workers: Letters to those Who Dare Teacher.* 교육문화연구회(역) (2000). 『프레이리 교사론』. 서울: 아침이슬.

Garcia, R. F. (1999). *Of maps and Leapfrogs, Popular Education and Other Disruption.* Popular Education for People's Empowerment.

Giddens, A. (2005). *Sociology* (4th). 김미숙(역) (2005). 『현대사회학』. 서울: 을유문화사.

Habermas, J. (1969). Knowledge and Interest, Technology and Science as Ideology, Shapiro, J. J. (tr.) (1971). *Toward a Rational Society.* Beacon press. pp. 301-317.

Hall, B. & Chow, W. (2005). *Social movement learning* (final report submitted to Canadian Council for Learning).

Hill, R. (2004). Fugitive and Codified Knowledge: Implications for Communities Struggling to Control the Meaning of Local Environmental Hazards. *International Journal of Lifelong Education.* 23(3). pp. 221-242.

Holford, J. (1995). Why social movement matter: Adult educaiton theory, cognitive praxis and the creation of knowledge. *Adult Education Quarterly* 45(2). pp. 95–111.

Johnston, R. (2003). *Adult learning and citizenship: clearing the group (Pam Coare, Rennie Johnston, Adult learning, citizenship and community voices).* Leicester: NIACE.

Kilgore, D.W.(1999). Understanding learning in social movements: a theory of collective learning. *International Journal of Lifelong Education* 18(3). pp. 191–202.

Kilpatrick, S. (2000). Community Learning and Sustainability: Practice and Policy. CRLRA Discussion Paper Series. Keynote address to the Conference on the Future of Australia's Country Towns (1st, Bendigo, Australia, June 29, 2000).

Kilpatrick, S., Field, J., Falk, I., & Univ. Launceston Centre for Learning & Research in Regional Australia., T. (Australia). (2001). Social Capital: An Analytical Tool for Exploring Lifelong Learning and Community Development. CRLRA Discussion Paper.

Kymlicka, W.(1990). *Contemporary Political Philosophy, an introduction.* New York: Oxford Press.

Lyotard(1979). *Post-modern Condition.* 이현복(역)(1992). 『포스트모던 적 조건』. 서울: 서광사.

Marx, K. & Engels, F. (1848). *Communist Manifesto.* 남상일(역) (1987). 『공산당 선언』. 서울: 백산서당.

Marx. K. (1867). *Capital I.* 김수행(역) (1995). 『자본론 I (상)』. 서울: 비봉출판사.

Mayo, P. (1999). *Gramsci, Freire and Adult Education, Possibilities for Transformative Action.* London&New York: ZED BOOKs.

Merriam, L. B. (2001). An Update on Transformational Learning. *New Directions for Adult and Continuing Education* 2001(89). pp. 15–24.

Merriam, S. B. (2001). Andragogy and Self-Directed Learning: Pillars of Adult Learning Theory. *New Directions for Adult and Continuing*

*Education* 2001(89). pp. 3-14.

Mezirow, J. (2001). *Transformative Dimensions of Adult Learning.* San Francisco: Jossey-Bass.

Müller, M. & Halder, A. (1980). *Kleinses Philosophiesches W rterbuch.* 강성위(역)(1994). 『철학소사전』. 서울: 이문출판사.

Negri, A & Hart. M. (2001). *Empire.* 윤수종(역)(2001). 『제국』. 서울: 이학사.

Offe, C. (1985), "New Scial Movement: Challenging the Boundary of Institutional Politics". *Social Reasearch* (52/4), 이병천, 박형준 편저 (1993), 『후기자본주의와 사회운동의 전망』. 서울: 의암출판.

Perkins, D. (1998). community psychology, planning and learning: A U.S. perspective on sustainable development. *Learning Regional Sustainability and the Learning Society*: An International Symposium Conference Proceedings(Ⅱ). Launceston, Tasmania, Australia 13-20 June 1998. pp.271-279.

Poplin, D. E. (1979). The concepts of community, in Communities. *A Survey of Theories and Methods of Research.* New York: Macmillan Publishing Co.pp.1-25. 신용하(역)(1985). 공동체 이론. 서울: 문학과 지성사. pp. 18-51.

Scott, A. (1994), 이복수(역), 『이데올로기와 신사회운동』, 서울: 한울.

Spencer, B. (1995). Old and new scial movements as learning sites: greeting labor unions and unionizing the greens. *Adult Education Quarterly* 46(1). pp. 31-42.

Stein, S. D. (2002). Creating local knowledge through learning in community: A case study. *New Directions for Adult and Continuing Education* 2002(95). pp. 27-40.

Stein, S. D.& Imel, S. (2002). Adult learning in community: Themes and threads. *New Directions for Adult and Continuing Education,* 2002(95). pp. 93-97.

Tight, M. (1998). Lifelong learning: opportunity or compulsion. *British Journal of Education Studies* 46(3). pp. 251-263.

Welton, M. (1993). Social revolutionary learning: The new social movement as learning sites. *Adult Educational Quarterly* 43(2). pp. 151–164.

Welton, M. (1995). In Defendense of the lifeworld: a Habermasian approach to adult leaning. Welton, M. (ed). *In Defendense of the lifeworld:critical perspective on adult learning.* New York:State Unv. of New York Press. pp. 127–156.

Wenger, E. (2003). *Communities of practice, learning, meaning and identity.* New York: Cambridge Unversity Press.

Zhu, E. & Baylen, D. M.(2005). From learning community to community learning: pedagogy, technology and interactivity. *Education Media International* 42(3). pp. 251–268.

# 문서자료

노듯돌 토론모임 회의록 1차, 2차, 3차 - 2003
동아일보, 2003. 11. 25
동아일보, 2005. 12. 9
부안 21, 2003. 9. 20
부안군청(2004). 부안군 통계연보
부안독립신문, 2005. 9. 7
부안반핵군대책위. 보도자료 (2003-2005)
부안반핵군대책위. 상임위원회 회의록 (2003)
부안반핵군대책위. 성명서 (2003-2005)
부안반핵군대책위. 투쟁일지 (2003-2005)
부안반핵군대책위. 투쟁소식지 "핵 없는 세상"(2003)
새전북신문. 2003. 10. 3
세계일보, 2003. 11. 21
연합뉴스, 2003. 8. 3
오마이뉴스, 2003. 8. 11
참소리 2003. 8. 13
통계청 (2005). 통계연보
홍보방송 문안-허윤행 씨 작성

기타 교육자료 및 문건 등

〈홈페이지〉

부안반핵대책위홈페이지-http://nonukebuan.or.kr

전라북도 인터넷 대안신문 "참소리"-http://cham-sori.net

부안 21-http://buan21.com

부안독립신문-http://ibuan.com

# 찾아보기

【인명】

【키워드】

# 저자소개

▸ 허 준

서울대학교 철학과를 졸업하고 같은 대학 교육학과에서 평생교육전공으로 석사학위와 박사학위를 받았다. 이후 한국교육개발원과 한국통신방송대학교에서 연구원으로 근무하였으며 목포대학교 교육학과를 거쳐 현재 영남대학교 사범대학 교육학과에서 조교수로 재직하고 있다. 시민사회의 맥락에서 이루어진 비판적인 교육실천에 대한 지속적인 관심을 가져 왔으며, 박사논문이었던 "사회운동에 나타난 공동체학습과정의 특성에 관한 연구"로 한국교육학회에서 수여하는 '박사학위 우수논문상'을 수상한 바 있다. 주요 논문으로 '탈국가체제론저 평생교육론 탐색', '학습사회론에 비춰 본 문해교육의 제도화' 등이 있다.


위기, 변화, 그리고 공동체학습

2012년 2월 25일 1판 1쇄 발행
2013년 8월 25일 1판 2쇄 발행

저 자 : 허 준
발행자 : 김 동 규
발행처 : 교육과학사

저자와의 협의하에 인지생략

경기도 파주시 교하읍 문발리
파주출판문화정보산업단지 514-5
전화 (031) 955-6956~8/ FAX (031) 955-6037
Home-page : www.kyoyookbook.co.kr
E-mail : kyoyook@chol.com
등록 : 1970년 5월 18일 제2-73호

낙장 · 파본은 교환해 드립니다.
Printed in Korea.

정가 12,000 원
ISBN 978-89-254-0556-8